Amplitud
(RANGE)

DAVID EPSTEIN

Amplitud

(RANGE)

Por qué los generalistas triunfan
en un mundo especializado

Traducción de Sergio Bulat Barreiro

EMPRESA ACTIVA

Argentina – Chile – Colombia – España
Estados Unidos – México – Perú – Uruguay

Título original: *Range – Why Generalists Triumph in a Specialized World*
Editor original: Riverhead Books – An imprint of Penguin Random House LLC, New York
Traducción: Sergio Bulat Barreiro

1.ª edición: julio 2025

ISBN: 978-84-18308-16-1
E-ISBN: 978-84-17780-69-2
Depósito legal: M-11.435-2025

Fotocomposición: Ediciones Urano, S.A.U.
Impreso por Romanyà Valls, S.A. – Verdaguer, 1 – 08786 Capellades (Barcelona)

Impreso en España – *Printed in Spain*

Para Elizabeth,
este libro y cualquier otro.

Índice

«Y se negó a especializarse en nada, prefiriendo mantener
un ojo en *el estado general* en lugar de en cualquiera
de sus partes… Y la gestión de Nikolai produjo resultados
de lo más brillantes.»

— León Tolstoi, *Guerra y paz*

«Ninguna herramienta es omnicompetente.
No existe una llave maestra que abra *todas* las puertas.»

— Arnold Toynbee, *Estudio de la historia*

Introducción

Roger vs. Tiger

E mpecemos con un par de historias del mundo de los deportes. La primera es la más conocida.

El padre del niño pronto notó que algo en él era diferente. A los seis meses, el niño podía mantener el equilibrio en la palma de la mano de su padre[1] mientras él caminaba por su casa. A los siete meses, el padre le dio un pequeño *putter* para que jugara, y el niño lo arrastraba a todas las partes a las que iba con su andador. A los diez meses, se bajó de su silla alta y se apropió de un palo de golf que había sido reducido a su medida, e imitó en el garaje el *swing* que había estado viendo realizar a otros. Puesto que el padre aún no podía conversar con su hijo, hizo dibujos para mostrarle al niño cómo debía poner las manos para sujetar el palo. «Es muy difícil enseñar a usar el *putt*[2] cuando el niño es demasiado pequeño para hablar», explicaría él más tarde.

A los dos años (una edad en la que los protocolos de control y prevención de enfermedades enumeran, como hitos del desarrollo físico, definiciones como «patea una pelota» o «se sostiene de puntillas»), acudió a la televisión nacional y utilizó un palo de golf cuya altura le llegaba al hombro para pegarle a una bola ante la admiración de Bob Hope. Ese mismo año, disputó su primer torneo y ganó la división para menores de diez años. No había tiempo que perder. A los tres, el niño estaba aprendiendo a salir de un búnker de arena, y su padre ya estaba trazando su destino. Sabía que su hijo había sido elegido para esto, y que era su deber guiarlo. Es para pensarlo: si uno está así de seguro acerca de cuál es el camino que le espera por delante a su hijo, tal vez uno también comenzaría a preparar a su hijo de tres años para aprender a lidiar con los inevitables e insaciables periodistas que vendrían. Interrogaba al niño, como si fuese un reportero, enseñándole a dar respuestas breves, nunca a contestar más de lo que se le preguntaba. Ese año, el niño hizo 48 golpes, once sobre par, en los nueve hoyos de un campo en California.

Cuando el niño tenía cuatro años, su padre podía dejarlo en un campo de golf a las nueve de la mañana y recogerlo ocho horas después, a veces con dinero que le había ganado a aquellos tan tontos como para dudar de él.

A los ocho años, el hijo ganó a su padre por primera vez. Al padre no le importó, porque estaba convencido de que su hijo tenía un talento singular y de que él sabía cómo podía ayudarlo. Él había sido un deportista destacado, a pesar de muchas adversidades. Jugó al béisbol en la universidad siendo el único jugador negro en toda la conferencia. Él entendía a la gente y la disciplina. Graduado en Sociología, sirvió en Vietnam como miembro del grupo de élite del ejército, los Boinas Verdes, y más tarde enseñó Psicología de la Guerra[3] a futuros oficiales. Sabía que no había dado lo mejor de sí con los tres hijos de un matrimonio anterior, pero ahora tenía una segunda oportunidad de hacer lo correcto con el número cuatro. Y todo iba según lo planeado.

El niño ya era famoso cuando llegó a la Universidad de Stanford, y pronto su padre comenzó a pronosticar la importancia de su hijo. Insistía en que tendría un mayor impacto que Nelson Mandela, que Gandhi, que Buda. «Tiene un público más grande que cualquiera de ellos»[4], dijo. «Él es el puente entre el este y el oeste. No hay límites porque tiene quien lo guíe. Todavía no sé exactamente cómo lo hará. Pero es el Elegido.»

La segunda historia también es conocida, pero tal vez sea difícil de reconocer en sus comienzos.

Su madre era entrenadora, pero nunca entrenó a su hijo. Él solía jugar a la pelota con ella en cuanto aprendió a andar. De niño, jugaba los domingos al *squash* contra su padre. Probó el esquí, la lucha libre, la natación y el *skateboard*. Jugó al baloncesto, al balonmano, al tenis, *ping-pong*, al bádminton por encima de la reja que lo separaba de su vecino, y al fútbol en el colegio. Luego le atribuiría a toda esta variedad deportiva su capacidad de desarrollo deportivo y de coordinación visual.

No le importaba qué deporte fuera, siempre y cuando involucrara una pelota. «Siempre me interesaba más una actividad si incluía una pelota» [5], recuerda. Era un chico al que le encantaba hacer deporte. Aunque sus padres no tenían ninguna aspiración deportiva especial para él. «No teníamos ni plan A ni plan B», diría su madre tiempo después. Ella y su padre le animaban a probar distintos deportes, en parte porque «era insoportable» [6] si tenía que estarse quieto durante mucho tiempo.

Aunque su madre era profesora de tenis, decidió no entrenar a su hijo. «Me hubiera vuelto loca. Él probaba todo tipo de golpes extraños, nunca devolvía una bola de forma normal. Eso no es divertido para una madre.» En lugar de presionarlo, observó un escritor de *Sports Illustrated,* si algo hacían sus padres era desmotivarlo [7]. Al llegar a la adolescencia, comenzó a decantarse por el tenis y sus padres lo único que le dijeron es que «no se tomara el tenis tan en serio». Durante los partidos, la madre se iba a charlar con sus amigas, y su padre solo le exigió que nunca hiciera trampas. No lo hizo, y pronto empezó a ser muy bueno.

Ya de adolescente, era lo bastante bueno como para que lo entrevistara un medio local. Su madre leyó horrorizada que su hijo contestó a la pregunta de qué se compraría con su primer hipotético cheque por jugar al tenis: «Un Mercedes». Luego se sintió aliviada, ya que había sido un malentendido; lo que en realidad había contestado era *Mehr CD's*, con su acento suizo alemán. Es decir, solo quería comprarse más cedés de música.

El muchacho era competitivo, de eso no cabía duda, pero cuando sus entrenadores quisieron ponerlo con un grupo de jugadores mayores de mejor nivel, prefirió seguir entrenando con sus amigos de menor nivel. Después de todo, lo divertido eran las cosas de las que hablaban después de entrenar, como la música, la lucha libre o el fútbol.

Cuando decidió dejar de lado los otros deportes, especialmente el fútbol, para centrarse en el tenis, los demás ya hacía años que trabajaban con entrenadores personales, psicólogos deportivos y nutricionistas. Pero eso no parece haber sido un inconveniente para su carrera. Con treinta y cinco años, una edad a la cual los más célebres tenistas de la historia ya se han retirado, él recuperó el número uno del mundo.

En el año 2006, Tiger Woods y Roger Federer se conocieron por primera vez, cuando ambos estaban en la cima de sus carreras. Tiger acudió en su avión privado a ver la final del Open de Estados Unidos, lo que puso algo nervioso a Roger, a pesar de que ganó por tercer año consecutivo. Woods fue a visitarlo al vestuario para celebrar la victoria con champán. Conectaron inmediatamente. «Nunca había conocido a nadie que tuviera ese sentimiento de ser invencible»[8], diría Federer luego. Pronto se convirtieron en amigos, así como en el centro de debates acerca de cuál de los dos era el deportista que tenía más dominio en su campo.

Aun así, el contraste entre ambos no pasó desapercibido para Federer. «Su historia es completamente distinta a la mía», le dijo a un biógrafo en 2006. «Desde niño, su meta era romper el récord de más torneos grandes ganados, mientras que yo, a lo sumo, soñaba con conocer a Boris Becker o jugar algún día en Wimbledon.»

Parece bastante inusual que un niño con padres que no lo presionaron y que al principio se tomó el deporte a la ligera llegara a dominar su deporte como nadie lo había hecho antes. A diferencia de lo sucedido con Tiger, miles de niños le llevaban una gran ventaja a Roger. La increíble crianza de Tiger ha sido el centro de muchos libros sobre la formación de especialistas, incluyendo el escrito por su padre, Earl. Tiger no se limitaba a jugar al golf, sino que hacía «prácticas deliberadas», las únicas que cuentan, según la teoría de las diez mil horas para llegar a ser experto en algo. Esa «teoría» se basa en la idea de que el número de horas acumuladas de entrenamiento específico es el único factor en el desarrollo de habilidades, no importa cuál sea la disciplina. La práctica deliberada, de acuerdo con el estudio sobre treinta violinistas[9] que dio lugar a la teoría, ocurre cuando los aprendices «reciben instrucciones explícitas acerca de cuál es el mejor método» y son supervisados por un instructor que pueda «dar al momento consejos y conocimientos acerca del rendimiento y los resultados que está teniendo» y que pueda «reproducir repetidamente iguales o similares resultados». Muchos estudios especializados en el desarrollo muestran que los deportistas de élite pasan más tiempo en prácticas deliberadas muy técnicas que quienes han alcanzado su máximo rendimiento a menor nivel.

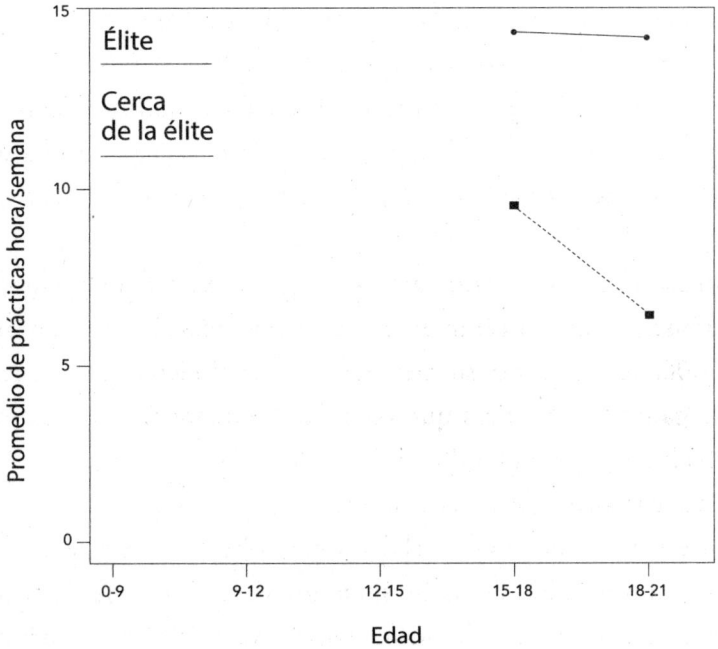

Tiger simboliza la idea de que la cantidad de práctica deliberada determina el éxito, y también su corolario de que la práctica debe comenzar lo antes posible.

La presión para centrarse pronto en una disciplina y especializarse se extiende mucho más allá de los deportes. A menudo, se nos dice que cuanto más complejo y competitivo es el mundo, más debemos especializarnos (y antes debemos comenzar) para poder enfrentarnos a él. Nuestros iconos más preciados son encumbrados aún más por su precocidad: Mozart, en los teclados; Mark Zuckerberg, fundador de Facebook, al otro extremo del teclado. La respuesta, en cada campo, al aumento del conocimiento humano y a nuestro mundo interconectado, ha sido exaltar la necesidad de enfocarnos en especialidades cada vez más pequeñas. Los oncólogos ya no se especializan en el cáncer, sino en el cáncer de un determinado órgano, y la tendencia continúa. El cirujano y escritor Atul Gawande dice que cuando bromean acerca de la existencia de un médico especialista en cirugía de la oreja izquierda «tenemos que comprobar[10] que no exista realmente».

En su libro *Bounce*, el periodista británico Matthew Syed sugirió que el Gobierno británico funciona mal por no seguir el ejemplo de Tiger de especializarse. Pasar altos funcionarios de un lado a otro por distintos ministerios «no es menos ridículo que hacer que Tiger pase del golf al hockey, al béisbol y al fútbol».

El inconveniente es que el gran éxito que ha tenido Gran Bretaña en las últimas olimpiadas, tras décadas de actuaciones mediocres, se debe justamente a programas que han buscado reconvertir a deportistas ya grandes, y a permitir que quienes se desarrollan tarde tengan posibilidades (a estos se les llama «de horneado lento»[11], tal como los denominó el funcionario que me explicó el programa). Aparentemente, la idea de que un deportista que quiere llegar a la élite siga el camino de Roger no es tan absurda después de todo. Los mejores deportistas, cuando están en la cima de su carrera, sí que hacen más prácticas deliberadas que quienes están a un nivel más bajo, pero cuando los científicos examinan el camino de desarrollo de los deportistas, resulta algo así:

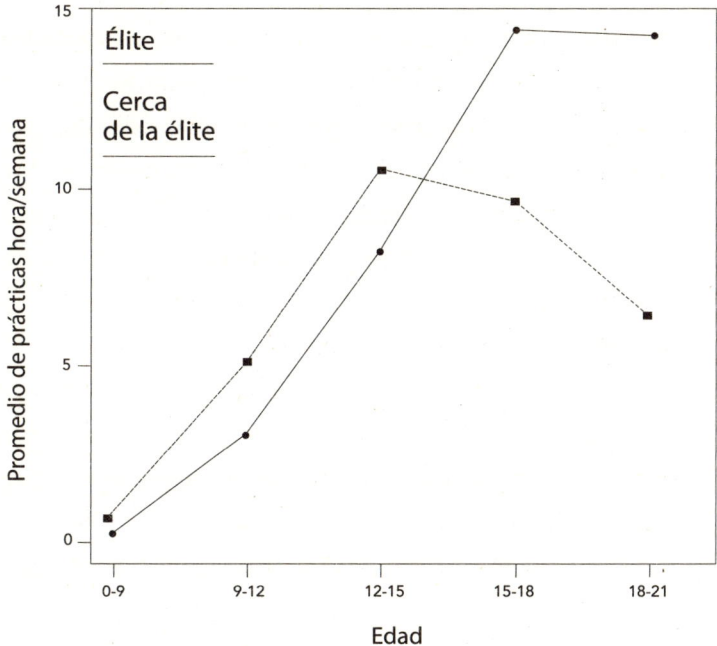

Normalmente, los deportistas de élite han dedicado menos horas de práctica deliberada en las disciplinas en las que finalmente compiten. En su lugar, pasan por «un período de prueba», haciendo distintos deportes sin demasiada presión o estructura; de esa forma, ganan una amplia experiencia y distintas aptitudes deportivas, descubren sus habilidades y a qué son proclives, y únicamente después de eso se concentran en la práctica técnica de un deporte específico [12]. El título de un estudio sobre deportistas proclama «la especialización tardía» como «la clave del éxito»; y otro dice que «Para llegar a lo más alto en deportes de equipo, empieza tarde, intensifica y hazlo con determinación».

Cuando comencé a divulgar estos estudios, me encontré con críticas razonables, pero también con negacionismo. Escuché cosas como: «Tal vez en otros deportes, pero no en el nuestro». La comunidad del fútbol, el deporte más popular del mundo, fue la que más ruido hizo. Luego, en 2014, un estudio alemán publicó que los miembros de su equipo, que acababan de ganar el mundial, eran en su mayoría especialistas tardíos que no habían jugado en ligas profesionales hasta casi los veintidós años. Pasaron su niñez y juventud jugando a un fútbol menos estructurado y practicando otros deportes. Otro estudio siguió a futbolistas de once años durante dos años. Aquellos que habían practicado otros deportes, o jugado sin tanta estructura, tenían mucho mejor rendimiento a los trece que quienes habían seguido un entrenamiento estructurado. Descubrimientos como estos se han dado también en el hockey y en el voleibol.

La alardeada necesidad de hiperespecialización forma parte de una vasta, exitosa y a veces bien intencionada máquina de *marketing*, tanto en los deportes como más allá. La realidad es que el camino al éxito de Roger es mucho más prevalente que el de Tiger, pero esas historias no suelen ser contadas. Algunos de los nombres tal vez sean conocidos, pero su pasado tal vez no.

Comencé a escribir esta introducción en 2018, justo después de la *Super Bowl* de fútbol americano, en la cual el mariscal de campo de un equipo, que había jugado antes profesionalmente al béisbol (Tom Brady), se enfrentaba a uno que había practicado baloncesto, béisbol y karate, y que tuvo que elegir entre el fútbol o el baloncesto universitario (Nick Foles). Ese mismo mes, la deportista checa Esther Ledecká fue la primera mujer que ganó la medalla de oro, tanto en esquí como en *snowboard*, en la misma olimpiada. Cuando era joven, había practicado muchos deportes (aún hace *windsurf* y juega voleibol de playa), era buena estudiante y nunca fue número uno en las categorías juveniles. Después de que ganase su segunda medalla de oro, el artículo del *Washington Post* rezaba: «En la era de la especialización deportiva [13], Ledecká es una evangelizadora de la variedad». Poco después, el boxeador ucraniano Vasyl Lomachenko estableció el récord de menos peleas para obtener el título de campeón en tres pesos distintos. Lomachenko, quien de pequeño había abandonado el boxeo durante cuatro años para practicar danza ucraniana tradicional, dijo: «He practicado tantos deportes distintos[14] de pequeño (gimnasia, baloncesto, fútbol, tenis), que creo que todo eso me ayudó a tener un buen movimiento de pies».

El científico deportivo Ross Tucker sintetizó las investigaciones existentes en su campo al decir: «Sabemos que probar varias cosas tempranamente es clave, como lo es la diversidad».

En 2014 incluí en el anexo de mi libro *El gen deportivo* algunos comentarios sobre la especialización tardía. Al año siguiente, me invitaron a hablar sobre ello para un público que no estaba compuesto ni por deportistas ni por entrenadores, sino por militares veteranos. Para prepararme mejor, revisé estudios científicos fuera del campo deportivo. Me sorprendió mucho lo que encontré. Un estudio demostró que quienes se especializan pronto tienen una ventaja inicial en relación al sueldo que ganan al salir de la universidad, pero que los tardíos suelen encontrar trabajos que se adecuan mejor a sus habilidades y personalidades. Encontré varios estudios acerca de cómo los inventores tecnológicos aumentan su creatividad si acumulan experiencias en varias disciplinas, comparados con los que se concentran en una. Se benefician si sacrifican proactivamente algo de profundidad en aras a una mayor variedad a lo largo de su carrera. Otro estudio arrojó conclusiones similares sobre los creadores artísticos.

También empecé a darme cuenta de que algunas de las personas que tanto admiraba (desde Duke Ellington, que de niño dejó la música para dibujar y jugar a béisbol, hasta Maryam Mirzakhani, que soñaba con ser novelista y terminó siendo la primera mujer en ganar la Field's Medal, el premio más relevante en el campo de las matemáticas), parecen tener historias más similares a la de Roger que a la de Tiger. Profundicé y me encontré con personas que triunfaron no *a pesar de*, sino *gracias al* amplio abanico de intereses y experiencias: un CEO que comenzó su carrera cuando sus colegas se retiraban; un artista que pasó por cinco profesiones distintas hasta que encontró su vocación y cambió el mundo; un inventor que decidió evitar toda especialización y convirtió una empresa del siglo XIX en una de las más relevantes de la actualidad.

Apenas había comenzado a investigar la especialización en el mundo laboral, por lo que mi charla con los militares veteranos se centró en los deportes, casi no mencioné los otros temas, pero el público insistió en preguntarme por ellos. Todos eran especializados tardíos o habían cambiado de carrera, y en las conversaciones posteriores a la charla pude darme cuenta de que algunos estaban preocupados por serlo y hasta estaban avergonzados de sus cambios.

La charla había sido convocada por la Fundación Pat Tillman, un exjugador de fútbol americano que se convirtió en miembro del ejército. Sus objetivos son brindar becas a veteranos, militares en activo y sus esposas, para ayudarlos a cambiar de carrera o a volver a la universidad. Todos los presentes en la charla eran becarios de la fundación, antiguos paracaidistas o traductores que querían ser maestros, científicos, ingenieros o emprendedores. Desbordaban entusiasmo, pero tenían cierto miedo. Su perfil de LinkedIn no mostraba un camino continuo hacia una carrera, que se supone que es lo que buscan los empleadores. Estaban ansiosos por comenzar la universidad junto a jóvenes que podrían ser sus hijos o por que pudiera ser tarde para recomenzar una carrera, todo por estar obteniendo una experiencia de vida y liderazgo inimitable. De alguna forma, lo que debería ser una ventaja, en sus cabezas se veía como una carga.

Poco después de la charla con el grupo de la Fundación Tillerman, un antiguo *Navy SEAL* (grupo especial de la Marina) me envió un *e-mail*: «Todos estamos cambiando de una carrera a otra. Después de tu charla, nos reunimos unos cuantos y compartimos lo aliviados que estábamos tras escucharte». Resultaba extraño que un antiguo *Navy SEAL*, graduado en Historia y Geofísica, que se encontraba haciendo posgrados en Negocios y Administración Pública en las universidades de Harvard y Dartmouth, necesitara que llegara yo para validar sus opciones de vida. Al igual que a los demás, a él también le habían dicho, implícita y explícitamente, que cambiar de carrera era peligroso.

La charla fue tan bien acogida que me invitaron como disertante principal de su conferencia anual de 2016, y también a dar otras charlas en lugares más pequeños de distintas ciudades. Antes de cada ocasión, profundicé en mi investigación, hablé con investigadores y encontré más evidencias de que se requiere tiempo (sin necesidad de una ventaja inicial) para lograr un desarrollo personal y profesional de largo alcance, pero vale la pena. Descubrí estudios que demuestran que los expertos más cualificados pueden tener tal estrechez de miras, que cuanta más experiencia tienen, peores resultados obtienen a pesar de que se muestran más confiados, lo que es una combinación peligrosa. También me quedé sorprendido cuando psicólogos cognitivos con los que hablé me mostraron que existen numerosos estudios, a menudo ignorados, que demuestran que el aprendizaje es mejor cuando se realiza lentamente, ya que así se convierte en un conocimiento duradero, aun cuando eso implique rendir menos en un examen o mostrar poco progreso. Es decir, el aprendizaje más eficiente aparenta ser ineficaz; aparenta quedarse rezagado.

Empezar algo a mediana edad también puede aparentarlo. Mark Zuckerberg dijo una vez que «los jóvenes son más inteligentes»[15]. Aun así, es el doble de probable que el fundador de una tecnológica tenga cincuenta años[16] antes que treinta, y el de treinta tiene más posibilidades que uno de veinte. Investigadores del MIT, de Northwestern y de la Oficina del Censo de EE.UU. destacaron que las empresas que más rápido crecen cuentan con un fundador cuya edad promedio era de cuarenta y cinco años en el momento de su creación.

Zuckerberg tenía veintidós cuando dijo eso. Era bueno para él dar esa imagen, así como es del interés de los organizadores de ligas deportivas juveniles asegurar que la devoción a un solo deporte durante todo el año es necesaria para tener éxito, aunque la evidencia diga lo contrario.

Pero el empuje a la especialización va más allá. No afecta únicamente a individuos, sino que afecta a sistemas enteros, que ven cada vez partes más pequeñas del mundo, sin fijarse en el rompecabezas entero.

Una de las cuestiones que reveló la crisis financiera de 2008 es el grado de segregación existente en los grandes bancos. Legiones de grupos especializados en optimizar los riesgos de su pequeño sector crearon un panorama general catastrófico. Para complicar las cosas, las respuestas a la crisis indujeron un grado de perversión inducida por la especialización. Un programa federal lanzado en 2009 incentivó a los bancos a reducir los pagos mensuales de las hipotecas de aquellos propietarios a los que les costaba pagar su cuota, pero aún podían pagar cuotas parciales. Una buena idea que en la práctica funcionó así: la división de entrega de hipotecas de un banco confería la reducción de pagos, pero la división de morosidad del mismo banco, al ver que pagaban menos, los intimidaba con el desalojo. «Nadie imaginó que los bancos trabajaran con silos tan aislados»[17], comentó luego un asesor gubernamental. La superespecialización puede llevar a la tragedia colectiva, aun cuando cada uno tome una decisión razonable dentro de su nicho.

Los profesionales de la salud altamente especializados han adoptado su particular versión del clásico problema: «Si lo único que tienes es un martillo, todo te parecerá un clavo». Los cirujanos cardíacos se han acostumbrado tanto a tratar el dolor de pecho con *stents* (tubos de metal que abren las venas) que los aplican aun en casos en los que se ha demostrado que no son convenientes o incluso peligrosos. Un reciente estudio demostró que los pacientes cardíacos tenían menos riesgo de morir si su infarto se producía durante la reunión nacional de cardiólogos[18], a la cual asisten miles de ellos. Los investigadores sugieren que se debe a la aplicación de tratamientos habituales de dudoso efecto.

Un renombrado científico internacional (a quien conoceremos al final del libro) me dijo que la creciente especialización en pro de la innovación ha creado un «sistema de trincheras paralelas». Cada uno cava más profundo en su trinchera y rara vez se asoma para ver qué sucede en las otras trincheras, aun cuando la respuesta a su problema suele estar en alguna de ellas. El científico se ha marcado como objetivo «desespecializar» la formación de los jóvenes investigadores y espera que lo mismo suceda en todos los campos. Él aprovechó muchísimo el hecho de tener una amplia experiencia, aun cuando se le instaba a especializarse. Ahora se encuentra una vez más abriendo nuevos caminos al diseñar un programa de formación con el fin de darle a otros la posibilidad de desviarse del sendero al estilo Tiger. «Tal vez esto sea lo más importante que haya hecho en mi vida», me confesó.

Espero que este libro te ayude a entender por qué.

Cuando los becados por la fundación Tillman me decían que se sentían a la deriva y que les preocupaba estar cometiendo una equivocación, los entendía mejor de lo que dejé translucir. Al terminar la universidad, yo trabajaba en un barco de investigación científica por el océano Pacífico cuando decidí que quería ser escritor, no científico. Nunca supuse que el camino que me llevaría de ser científico a escritor pasaría por ser reportero de crímenes para un pasquín de Nueva York o redactor de la revista *Sport Illustrated*, un trabajo que, para mi sorpresa, pronto abandoné. Comencé a preocuparme por si pudiera tener fobia a comprometerme con un trabajo o por si estuviera haciéndolo todo mal en mi carrera. Ser consciente de las ventajas derivadas de tener un mayor abanico de conocimientos y de ser una persona de desarrollo tardío, me ha permitido cambiar la forma de ver el mundo y de verme a mí mismo. Esto sucede en todas las etapas de la vida, desde el desarrollo de los niños en matemáticas, música o deportes a los recién graduados, buscando su propio camino, a los profesionales, cambiando de carrera a mitad de camino o a los futuros jubilados, buscando una nueva ocupación una vez que dejen la anterior.

El desafío que todos nos planteamos es cómo mantener los beneficios de la amplitud de miras, de las diversas experiencias, del pensamiento interdisciplinar y de la concentración tardía en un mundo que incentiva, y hasta demanda, la hiperespecialización. Aunque es cierto que hay áreas que requieren de individuos con la precocidad y claridad de propósito de Tiger, a medida que crece la complejidad y la tecnología interconecta sistemas en los cuales cada individuo ve solo su pequeña parte, también necesitamos más Rogers: gente que tenga una amplia experiencia en distintos ámbitos y diferentes perspectivas mientras va progresando. Gente con amplitud.

1

El culto a la ventaja inicial

Un año y cuatro días después de que acabase la Segunda Guerra Mundial, nació en un pequeño pueblo de Hungría Laszlo Polgar, quien sería la semilla de una nueva familia. No tenía abuelos, abuelas, ni primos, todos habían perecido en el Holocausto junto con la primera mujer de su padre y sus cinco hijos. Laszlo creció determinado no solo a tener una familia, sino a formar una que fuese especial.

Se preparó para la paternidad en la universidad estudiando las biografías de pensadores legendarios, desde Sócrates hasta Einstein. Pensó que la educación clásica estaba finiquitada y que podría convertir a sus hijos en genios con solo darles una adecuada ventaja inicial. Al conseguirlo probaría algo mejor: que todo niño puede ser moldeado para ser una eminencia en cualquier disciplina. Solo necesitaba una esposa que estuviese de acuerdo con su plan [19].

La madre de Laszlo tenía una amiga con una hija, Klara. En 1965 Klara viajó a Budapest, donde conoció a Laszlo en persona. Durante ese primer encuentro, le comentó su plan de tener seis hijos y criarlos de forma distinta para que fueran brillantes. Klara regresó a su casa pensando que había conocido a «una persona interesante» [20], pero no se imaginaba casada con él.

Continuaron un intercambio epistolar. Ambos trabajaban como maestros y coincidían en que el sistema escolar era un mecanismo frustrante, igual para todos, que solo buscaba conseguir lo que Laszlo llamaba «una masa gris promedio»[21]. Después de casi dos años, finalmente Laszlo le propuso matrimonio, se casaron y se mudaron a Budapest. En 1969 nació Susan y comenzó el experimento.

Para su primer genio, Laszlo eligió el ajedrez. En 1972, año en que empezó a jugar, el estadounidense Bobby Fischer le ganó al ruso Boris Spassky en el definido como «*match* del siglo». Fue considerado un choque más de la guerra fría y, de pronto, el ajedrez se hizo popular. Además, agregó Klara, «el ajedrez tiene la ventaja de ser muy objetivo[22] y fácil de medir». Ganas, pierdes o empatas y hay un sistema de puntos que mide la habilidad en comparación con el resto de ajedrecistas del mundo. Su hija, decidió Laszlo, sería campeona mundial.

Laszlo era paciente y meticuloso. Primero le enseñó a Susan la «guerra de peones». Consistía en utilizar solo los peones y el que llega primero al otro lado, gana. Pronto la niña comenzó a estudiar aperturas y formas de terminar el juego. Le gustaba el ajedrez y progresó rápidamente. Después de ocho meses de estudio, la llevó a un club de ajedrez de Budapest lleno de humo y desafió a los adultos a jugar contra su hija de cuatro años, cuyas piernas colgaban de la silla. Susan ganó la primera partida y el adulto se enfureció. Más tarde, la anotó en el campeonato de Budapest para niñas menores de once años. Con solo cuatro años, no perdió ninguna partida.

A los seis, Susan podía leer y escribir, y estaba muy avanzada en matemáticas respecto de sus compañeros de escuela. Laszlo y Klara decidieron educarla en casa y así tener más tiempo para el ajedrez. La policía húngara los amenazó con arrestarlos si no llevaban a su hija a la escuela obligatoria. Les llevó meses convencer al Ministerio de Educación de que les dieran permiso para educarla ellos mismos. La hermanita de Susan, Sofía, también sería educada en el hogar, como la que les seguiría, Judit, a quien casi pusieron de nombre Zseni, que en húngaro significa «genio». Las tres fueron parte de un gran experimento.

En un día normal, las niñas llegaban al gimnasio alrededor de las siete de la mañana y jugaban al tenis de mesa con sus entrenadores. A eso de las diez, regresaban a casa para desayunar y luego tenían un largo día de ajedrez. Cuando alcanzó el límite de su pericia, Laszlo contrató entrenadores para sus tres genios en formación. Recortó doscientos mil registros de partidas de ajedrez de distintas revistas especializadas y las ordenó en forma de catálogo de cartas al que llamó «cartotech». Antes de los programas informáticos de ajedrez, los Polgar tenían la mejor base de datos del mundo para estudiar, tal vez con la excepción de los archivos secretos soviéticos.

Cuando cumplió diecisiete años, Susan fue la primera mujer que se calificó para un campeonato mundial masculino, aunque la federación no le dejó participar (una regla que pronto se modificaría debido a sus resultados). Dos años más tarde, en 1988, cuando Sofía tenía catorce y Judit doce, las niñas ocuparían tres de los cuatro puestos del equipo húngaro femenino para las olimpiadas de ajedrez. Ganaron, batiendo a las soviéticas, que habían ganado once de las doce olimpiadas disputadas. Las hermanas Polgar se convirtieron en «tesoro nacional», tal como recuerda Susan. Al año siguiente, cayó el comunismo y las hermanas pudieron competir por todo el mundo. En enero de 1991, a los veintiún años, Susan se convirtió en la primera mujer en obtener el título de «gran maestro» jugando contra hombres. En diciembre, Judit, con quince años y cinco meses, se convirtió en el gran maestro más joven (ya sea hombre o mujer). Cuando le preguntaron a Susan si quería ganar el título mundial masculino o femenino, astutamente respondió que quería ganar el «título absoluto» [23].

Finalmente, ninguna de las hijas cumplió el objetivo de Laszlo de ser campeón mundial absoluto, pero las tres fueron sobresalientes. En 1996 Susan ganó el campeonato mundial femenino. Sofía llegó a obtener el título de «maestro internacional» (justo debajo de «gran maestro») y Judit llegó a quedar octava en el *ranking* mundial absoluto en 2004.

El experimento de Laszlo funcionó, y funcionó tan bien que, en la década de los noventa, sugirió que, si se aplicara su sistema de especialización temprana a miles de niños, la humanidad podría solucionar problemas como el cáncer o el SIDA[24]. Después de todo, el ajedrez era solo un medio para demostrar su punto de vista. Al igual que la historia de Tiger, la de las Polgar inundó revistas y diarios de todo el mundo, y también fomentó debates sobre la importancia de tener una ventaja inicial y comenzar temprano para lograr éxito en la vida. Un curso *online* llamado «Bring up Genius» ofrecía lecciones sobre el método Polgar para «crear tu propio plan de vida para ser un genio». El libro *Talent is Overrated*, que fue un éxito, usó el ejemplo de las Polgar y el de Tiger como prueba de que una ventaja inicial basada en la práctica deliberada era la clave para alcanzar el éxito «prácticamente en cualquier actividad que te interese».

La gran idea era que cualquier cosa en el mundo podía ser conquistada del mismo modo. Se basaba en una muy importante, y muy olvidada, asunción: que el golf y el ajedrez son representativos de todas las actividades que pueden interesarte.

Pero ¿cuánto de lo que existe en el mundo y cuántas de las cosas que los humanos quieren aprender y hacer son realmente como el ajedrez o el golf?

El psicólogo Gary Klein es un pionero del modelo *Naturalistic Decision Making* (NDM o «Forma de decidir natural»). Los investigadores de NDM observan el proceder de expertos en su lugar de trabajo habitual y aprenden cómo toman sus decisiones cuando el tiempo apremia. Klein ha demostrado que los expertos de muchas disciplinas reconocen instintivamente patrones familiares de forma muy similar a como lo hacen los maestros de ajedrez.

Cuando le pedí a Garri Kasparov, quizás el mejor jugador de ajedrez de la historia, que me explicara su proceso de toma de decisiones, me dijo: «Veo una jugada, una combinación casi instantáneamente», basada en patrones que ya ha visto anteriormente. Kasparov me dijo que apostaría a que los grandes maestros, habitualmente, juegan conforme a la primera imagen que apareció en sus mentes. Klein también estudió a comandantes de bomberos y estimó que el 80% de sus decisiones se toman instintivamente y en segundos. Después de años luchando contra el fuego, reconocen patrones repetitivos en las llamas y en los edificios que están al borde del colapso. Cuando estudió a comandantes navales en tiempos de paz, descubrió que eran muy rápidos discerniendo potenciales amenazas. El noventa y cinco por ciento de las veces, los comandantes reconocen un patrón familiar y escogen la primera respuesta que les viene a la mente.

Uno de los colegas de Klein, Daniel Kahneman, estudió la toma de decisiones desde el modelo de juzgamiento humano llamado «heurística y sesgos cognitivos». Sus hallazgos no podían ser más distintos que los de Klein. Cuando Kahneman analizó los juicios de expertos altamente cualificados, a menudo descubrió que la experiencia no les ayudaba en lo más mínimo. Peor aún, les daba confianza, pero no habilidad.

Kahneman también se incluía a sí mismo en esa crítica. Comenzó a dudar acerca de la relación entre experiencia y pericia en 1955, cuando era un joven teniente en la unidad de psicología del ejército israelí. Una de sus tareas era evaluar candidaturas de oficiales a través de test adaptados del ejército británico. En un ejercicio, equipos de ocho soldados que cargaban un poste telefónico debían sortear una pared de casi dos metros sin que el poste ni ninguno de los soldados tocase el muro.* La diferencia en el rendimiento individual era patente. Ante el estrés de la situación, enseguida afloraban los líderes, seguidores, fanfarrones y debiluchos, por lo que Kahneman y sus colegas creían confiados que podían analizar las cualidades de liderazgo de los candidatos

---

* Una solución habitual es que varios miembros del equipo sostengan el poste en ángulo mientras los otros se turnan para arrastrarse a través hasta que puedan saltar al otro lado. Luego se pasa el poste y nuevamente se pone en ángulo para que los que faltan salten, se monten al poste y puedan pasar por encima hasta que sean capaces de saltar la pared y pasar al otro lado.

e identificar cómo reaccionarían en el entrenamiento oficial y en combate. Estaban completamente equivocados. Cada varios meses, tenían lo que llamaban «días de estadística» donde veían cuánto de certeras habían sido sus predicciones. Cada vez podían observar que apenas lo habían hecho ligeramente mejor que si hubiesen adivinado a ciegas. Cada vez tenían más experiencia y hacían juicios con más confianza, y nunca mejoraban. Kahneman se maravilló ante «la total falta de conexión entre la información [25] estadística y la abrumadora experiencia de la intuición». Al mismo tiempo, se publicó un influyente libro sobre el juicio de expertos que Kahneman me dijo que lo impresionó «enormemente» [26]. Se trataba de una amplia revisión de estudios que conmocionaron a la psicología, porque demostraron que la experiencia no mejoraba la habilidad en la mayoría de los escenarios de la vida cotidiana; desde evaluadores universitarios hasta psiquiatras prediciendo conductas de pacientes o directores de Recursos Humanos prediciendo quién sobresaldría en su trabajo. En los dominios en los que está involucrada la conducta humana y donde los patrones no se repiten nítidamente, la reiteración no aumenta el conocimiento. El ajedrez, el golf y la extinción de fuegos son la excepción, no la regla.

Esta diferencia entre lo que descubrió Klein y lo que descubrió Kahneman presentó una gran duda: ¿mejoran los especialistas con más experiencia o no?

En 2009 ambos tuvieron [27] la poco frecuente actitud de coescribir un ensayo, en el cual mostraban sus hallazgos y buscaban acuerdos. Y los encontraron. Que la experiencia o la falta de la misma lleve a tener más pericia, depende enteramente del tipo de disciplina de que se trate. Una experiencia especializada hace mejores jugadores de ajedrez, póker o bomberos, pero no mejores pronosticadores políticos o financieros, ni dicta cómo se comportará un empleado o un paciente. Las disciplinas que había estudiado Klein, en las cuales el reconocimiento de patrones funciona poderosamente, son las que el psicólogo Robin Hogarth llama entornos de aprendizaje «buenos» [28]. Los patrones se repiten una y otra vez y las respuestas a nuestra acción son precisas y rápidas. En golf o ajedrez, una bola o pieza se mueve conforme a unas reglas y dentro de unos límites, sus consecuencias son fáciles de ver y desafíos similares ocurren con frecuencia. Pégale a una pelota de golf, y puede que vaya más o menos lejos, con efecto a un lado o a otro. El jugador ve lo que ha sucedido e intenta corregirlo enseguida. Vuelve a intentarlo, y así durante años. Esa es la definición exacta de práctica deliberada que se identifica tanto con la teoría de las diez mil horas como con el apuro del entrenamiento precoz. El entorno de aprendizaje es bueno porque el aprendiz mejora simplemente repitiendo la actividad e intentando hacerlo cada vez mejor. Kahneman se enfocó en lo opuesto a los entornos «buenos», a los que Hogarth llamó «malos».

En los entornos «malos», las reglas del juego no suelen ser muy equitativas ni claras, o son incompletas. Pueden o no haber patrones repetitivos y pueden o no ser obvios, y las respuestas no siempre son inmediatas o precisas, o ninguna de las dos.

En los entornos más malos y diabólicos, la experiencia reforzará las lecciones erróneas. Hogarth menciona a un médico de Nueva York famoso por su habilidad para diagnosticar. Su especialidad era la fiebre tifoidea y la diagnosticaba pasando la mano por las lenguas de sus pacientes. Una y otra vez, su diagnóstico mostraba diganósticos positivos antes de que hubiese síntomas evidentes, y, una y otra vez, sus predicciones eran correctas. Como me señaló otro médico: «Era el mejor propagador[29] de fiebre tifoidea que pueda imaginarse». Su éxito repetitivo le enseñó la peor lección. Pocos entornos son tan malos, pero no se necesita mucho para hacer descarriar a los expertos. Bomberos expertos en apagar incendios en casas pueden verse privados de su intuición ante el incendio de un rascacielos y, por lo tanto, tomar malas decisiones. Con un cambio en el *statu quo*, un maestro de ajedrez puede, de pronto, ver que la habilidad que tanto le costó conseguir se vuelve obsoleta.

En un evento realizado en 1997[30], que se anunció como la batalla final entre la inteligencia natural y la artificial, el superordenador *Deep Blue* de IBM derrotó a Garri Kasparov. *Deep Blue* evaluaba doscientos millones de posiciones por segundo. Eso es tan solo una pequeña parte de las distintas posiciones que puede haber en una partida de ajedrez (hay tantas como átomos en el universo observable), pero es suficiente como para ganar al mejor humano. Según Kasparov, «hoy en día, las aplicaciones de ajedrez gratuitas[31] para tu teléfono son más poderosas que yo». No está siendo retórico.

«Todo lo que hacemos, aun sabiendo cómo lo hacemos, las máquinas lo harán mejor», dijo en una reciente conferencia. «Si se puede codificar y programar en un ordenador, estas lo harán mejor.» Perder contra *Deep Blue* le dio una idea. Al jugar con ordenadores, se dio cuenta de la llamada «paradoja de Moravec»: máquinas y humanos, frecuentemente, tienen fortalezas y debilidades opuestas.

Hay un dicho que asegura que «el ajedrez es 99% táctica». Las tácticas son pequeñas combinaciones de movimientos que los jugadores utilizan para obtener ventajas. Cuando los jugadores estudian todos esos patrones, están elaborando esas tácticas. La gran planificación en el ajedrez es gestionar las pequeñas batallas para poder ganar la guerra, es decir, la estrategia. Como escribió Susan Polgar, «puedes llegar bastante lejos[32] siendo bueno en tácticas, memorizando patrones, sin tener un gran conocimiento de estrategia».

Gracias a su poder de cálculo, las máquinas prácticamente no tienen debilidades tácticas en comparación con los humanos. Los grandes maestros prevén el futuro cercano, pero las máquinas lo hacen mejor. «¿Qué pasaría —se preguntó Kasparov—, si se combina la capacidad táctica de las máquinas con la estrategia global humana?».

En 1998 ayudó a organizar el primer campeonato de ajedrez avanzado, donde cada participante jugaría en pareja con una máquina. Ella se encargaría de los patrones y la táctica, mientras que el humano se podría enfocar en la estrategia. Era como si Tiger se enfrentara a los mejores jugadores de videojuegos de golf. Sus años de repetición serían neutralizados y el desafío estaría en la estrategia y no en la ejecución. En el ajedrez, esto modificó instantáneamente el orden de importancia. «La creatividad humana[33] era más importante en este contexto, no menos», según Kasparov. En la primera partida empató tres a tres contra un jugador al cual había vencido cuatro a cero hacía un mes de la forma tradicional. «Mi ventaja para calcular tácticas fue neutralizada por la máquina.» El beneficio de años de experiencia y en un contexto de estrategia, Kasparov tenía rivales a su altura.

Pocos años después, se realizó el primer torneo de «ajedrez *freestyle*»[34], en el cual los equipos podían estar formados por muchos humanos y máquinas. Si con el ajedrez avanzado las ventajas adquiridas por la experiencia habían sido diluidas, ahora quedaban borradas. Un dúo de ajedrecistas aficionados con tres ordenadores normales no solo le ganaron a Hydra, el mejor superordenador de ajedrez, sino que también vencieron a equipos de grandes maestros utilizando ordenadores. Kasparov concluyó que los humanos del equipo ganador fueron quienes mejor enseñaron a los ordenadores qué es lo que tenían que computar, y después sintetizaron esa información en la mejor estrategia. Los centauros, como se les llama a los equipos humano/máquina, juegan al nivel más alto de ajedrez jamás visto. Si la victoria de *Deep Blue* simbolizó el traspaso del poder ajedrecístico del humano al ordenador, la victoria sobre Hydra significó algo más interesante: humanos empoderados para hacer lo que mejor saben sin la necesidad de años de reconocimiento especializado de patrones.

En 2014 un sitio *online* de ajedrez de Abu Dabi estableció un premio de veinte mil dólares para jugadores *freestyle* en un torneo que también incluía juegos en los que los ordenadores de ajedrez jugarían sin intervención humana. El equipo ganador estaba conformado por cuatro personas y varias máquinas. El capitán, y principal tomador de decisiones, era Anson Williams, un ingeniero británico sin *ranking* ajedrecístico. Su compañero de equipo, Nelson Hernández[35], me contó: «Lo que la gente no entiende es que requiere una serie de habilidades que a menudo no tienen nada que ver con el ajedrez». En el ajedrez tradicional, Williams tiene el nivel de un buen aficionado, pero está bien versado en integrar información proveniente de ordenadores para tomar decisiones estratégicas. De adolescente, era un gran jugador de *Command & Conquer*, un conocido juego de estrategia en tiempo real, ya que todos los jugadores se mueven al mismo tiempo. En el ajedrez *freestyle* tenía que tener en cuenta consejos de sus compañeros ajedrecistas y de los programas para saber indicarle a los ordenadores qué posibilidades tenían que buscar. Era como un ejecutivo que contaba con una serie de grandes maestros que le asesoraban, decidiendo qué consejos utilizar y cuáles no. Jugaba cada partida con cautela esperando un empate, pero intentando establecer escenarios en los que el oponente cometiese un error.

Finalmente, Kasparov sí encontró una manera de ganarle a la máquina: delegar la táctica, la parte humana más fácilmente reproducible, la parte que tanto él como las hermanas Polgar se pasaron años entrenando.

En el año 2007, la National Geographic[36] le propuso un desafío a Susan Polgar. La sentaron en una mesa en una acera del barrio Greenwich Village de Nueva York, frente a un tablero de ajedrez en blanco. Pronto pasó un camión con la imagen de un tablero de ajedrez con 28 fichas en medio de una partida. El camión pasó al lado de Polgar, la cual solo pudo verlo unos segundos, suficientes para recrear perfectamente la posición de la partida en el tablero que tenía delante. Estaban repitiendo una serie de experimentos ajedrecísticos que destacaban habilidades en entornos buenos.

El primero tuvo lugar en la década de 1940[37], cuando el ajedrecista neerlandés y psicólogo Adriaan de Groot mostró a ajedrecistas de distinto nivel pantallazos de tableros con partidas comenzadas y luego les pidió que las recrearan lo mejor que pudiesen. Un maestro lo conseguía la mitad de las veces que un gran maestro; un campeón local o aficionado nunca lo consiguió recrear del todo. Al igual que Susan Polgar, los grandes maestros parecen tener memoria fotográfica.

Después de ese primer test, el camión dio la vuelta y mostró unas piezas de ajedrez colocadas al azar en un diagrama. Cuando Susan vio ese lado del camión, aun cuando eran muchas menos piezas, fue incapaz de recrear su posición.

Este test recreó un experimento del año 1973, en el cual dos investigadores de la Universidad Carnegie Mellon, William G. Chase y quien sería ganador del Nobel, Herbert A. Simon, repitieron el experimento de De Groot pero con una variación [38]. Esta vez, la posición de las piezas en el tablero nunca podría corresponder a una partida. De pronto, los expertos se comportaron igual que los meros aficionados. Los grandes maestros no tenían memoria fotográfica, sino que, a través del estudio repetitivo de patrones, aprendieron a hacer lo que Simon y Chase llamaron «fragmentar». En lugar de memorizar la ubicación de cada peón, alfil y demás, el cerebro de los grandes jugadores agrupaba las piezas en fragmentos basados en patrones familiares. Estos patrones permiten a los expertos evaluar inmediatamente la situación basada en su experiencia, por la misma razón que Kasparov me comentó que, normalmente, los grandes maestros conocen cuál será su movimiento a los pocos segundos. Cuando Susan Polgar vio el camión, no observó un tablero con 28 piezas, sino que vio cinco fragmentos significativos que mostraban la evolución de una partida.

La fragmentación permite una memorización que parece milagrosa, como la que utilizan los músicos para memorizar largas piezas musicales, o los jugadores de fútbol para reconocer los patrones de sus compañeros y pasarles el balón. La razón por la cual los grandes deportistas parecen superhumanos es porque reconocen patrones de la pelota o de los movimientos del cuerpo que les dicen qué es lo que sucederá antes de que pase. Cuando estos son evaluados fuera del contexto de su deporte, sus reacciones sobrehumanas desaparecen.

Todos nos apoyamos diariamente en la fragmentación de las habilidades en las que somos expertos. Tómate diez segundos e intenta memorizar tantas palabras como puedas de estas veinte:

Porque grupos veinte patrones
significativa son palabras fáciles en fragmentar recordar
más oración familiares puedes en los mucho una de.

Ahora inténtalo de nuevo:

Veinte palabras son mucho más fáciles de recordar en una oración significativa porque puedes fragmentar los patrones familiares en grupos.

Son las mismas veinte palabras, pero, a lo largo de la vida, has aprendido a detectar patrones de palabras que adquieren un significado en cuanto están puestas de determinada forma y son fáciles de recordar. Un buen camarero de un restaurante tampoco tiene una memoria prodigiosa, sino que sabe agrupar trozos de información, al igual que lo hacen los músicos o deportistas.

Estudiar una cantidad enorme de patrones es tan importante para el ajedrez que el inicio temprano es clave. El psicólogo Fernand Gobet (maestro de ajedrez) y Guillermo Campitelli (entrenador de grandes maestros) descubrieron que las posibilidades que tiene una persona de alcanzar el grado de maestro internacional (un escalón por debajo del título de gran maestro) caen de una a cuatro y de una a cincuenta y cinco si no se ha comenzado un entrenamiento riguroso antes de los doce años[39]. La fragmentación puede parecer magia, pero proviene de la práctica reiterada. Laszlo Polgar tenía razón en creer en ella. Sus hijas ni siquiera son el ejemplo más extremo.

Durante más de cincuenta años, el psiquiatra Darold Treffert ha estudiado a los *savants*[40], personas que tienen un insaciable apetito por practicar un determinado campo, en el cual son muchísimo mejores que en otras áreas. Treffert las llama «islas de genios»,* y ha documentado casos increíbles como el de Leslie Lemke, que puede tocar miles de canciones de memoria. Debido a que Lemke y otros *savants* aparentan poder recordarlo todo, Treffert, al principio, creyó que tenían una memoria perfecta, que eran como grabadoras humanas, pero después comprobó que cuando evaluaban una melodía que escuchaban por primera vez, los *savants* musicales reproducían mucho mejor la música «tonal», del tipo de la mayoría de la música pop o la clásica, que la «atonal», en la cual las notas musicales no se suceden en estructuras harmónicas familiares. Si los *savants* fuesen meras grabadoras humanas, no tendría ninguna importancia el hecho de que se siguiesen las reglas populares de composición o no. Pero en la práctica la diferencia es enorme. En un estudio realizado a un pianista *savant*, el investigador, que sabía que podía tocar cientos de canciones fluidamente, se quedó desconcertado al ver[41] que el pianista no podía repetir una melodía atonal ni siquiera después de practicarla durante toda una sesión. El investigador resaltó que «tuvo que chequear que el teclado funcionase bien», ya que no se podía creer los errores cometidos por el pianista. Los patrones y estructuras musicales familiares eran imprescindibles para que el *savant* pudiera reproducirlas. De forma similar, cuando a los artistas *savants*[42] se les pide que reproduzcan imágenes, lo hacen mucho mejor con objetos reales que con imágenes abstractas.

A Treffert le llevó décadas darse cuenta de su error y de que los *savants* eran más semejantes a las Polgar de lo que pensaba. No se limitan a regurgitar, sino que su brillantez se basa en estructuras repetitivas, que es la razón por la cual la habilidad de los ajedrecistas es tan fácil de automatizar.

---

* La mitad de los *savants* son autistas y otros tienen alguna discapacidad, pero no todos.

Con los avances realizados por el programa de ajedrez AlphaZero (propiedad de una de las empresas de Inteligencia Artificial de Google), tal vez hasta los mejores centauros sean vencidos en un torneo de *freestyle*. A diferencia de los programas previos, que utilizaban capacidad de cálculo bruto para analizar posibilidades, AlphaZero puede aprender a jugar. Solo necesita saber las reglas y practicar una enorme cantidad de veces para ir aprendiendo qué funciona y qué no. Ha superado a los mejores programas de ajedrez, y también a los del juego *Go*, que tiene aún más posibilidades posicionales. Pero la lección de los centauros permanece: cuanto más depende una tarea de una visión amplia, más tienen los humanos que aportar.

Los programadores de AlphaZero aseguran[43] que su creación ha conseguido evolucionar desde cero (tábula rasa) hasta maestro por sí mismo, pero empezar con un juego no es comenzar desde cero. El programa sigue operando en un contexto cerrado y regulado. Aun en los videojuegos, que no tienen tantos patrones, la informática se enfrenta a un desafío mayor.

El último desafío en forma de videojuego para la inteligencia artificial es *StarCraft*, un juego de estrategia en tiempo real en el cual especies ficticias pelean por la supremacía en la Vía Láctea. Requiere decisiones mucho más complejas que el ajedrez. Hay que pelear en batallas, planificar infraestructuras, espiar y explorar sitios y obtener recursos. Cada uno de estos aspectos condiciona a los otros. Los ordenadores lo tienen difícil para ganar al *StarCraft*, me dijo Julian Togelius, un profesor de la Universidad de Nueva York que estudia la aplicación de la inteligencia artificial en los juegos. Aun cuando les han ganado a humanos en partidas individuales, estos han adoptado estrategias a largo plazo y han comenzado a vencer. «Hay muchas capas de pensamiento. Los humanos somos mediocres en cada una de ellas, pero tenemos una idea de cada una, lo que nos permite combinarlas de forma adaptativa y ese parece ser el truco», me dijo Togelius.

En 2019, en una versión limitada de *StarCraft*, la inteligencia artificial ganó por primera vez a un profesional (este, después de varias pérdidas, se adaptó y consiguió ganar), pero la complejidad estratégica del juego nos deja una lección: cuanto más amplio es el juego, más importante es la contribución humana. Nuestra gran fortaleza es exactamente lo contrario de la especialización. Es la habilidad de integrar ampliamente. Según Gary Marcus, un profesor de Psicología y Neurología que vendió su empresa de inteligencia artificial a Uber, «en mundos limitados[44] los humanos no tienen mucho que aportar. En juegos más abiertos, sí. No solo en juegos, en los problemas complejos del mundo aún ganamos a las máquinas».

El progreso de la inteligencia artificial en mundos cerrados y regulados, como el ajedrez, ha sido exponencial. En el mundo regulado, pero más caótico, de la conducción de automóviles, ha realizado grandes avances, pero aún quedan muchos retos. En mundos totalmente abiertos y sin reglas rígidas, la inteligencia artificial ha sido desastrosa. El ordenador Watson de IBM[45] logró ganar el concurso de preguntas *Jeopardy!* Después lo probaron para revolucionar la cura del cáncer, donde fracasó tan estrepitosamente que su reputación quedó perjudicada. Como dijo un oncólogo: «La diferencia con *Jeopardy!*[46] es que en *Jeopardy!* conocemos las respuestas; con el cáncer aún estamos intentando plantear primero las preguntas correctas».

En 2009 un informe aparecido en la revista *Nature*[47] anunció que Google Flu Trends utilizaba los patrones de búsqueda para predecir los brotes de gripe del invierno con mayor rapidez, y tan acertadamente como los centros de prevención y control de enfermedades. Pero el sistema pronto se mostró débil y, en 2013, predijo el doble[48] de gripes de las que en realidad tuvieron lugar en Estados Unidos. Hoy Google ya no publica estimaciones y simplemente cuelga un cartel que dice que «aún es pronto para este tipo de predicciones». Marcus me dio esta analogía sobre los límites de las máquinas expertas: «Todos los sistemas son *savants*. Necesitan estructuras estables y mundos reducidos».

Cuando conocemos las reglas y las respuestas, y estas no cambian (como en el ajedrez, el golf o la música clásica), se puede recomendar la práctica desde el día uno. Pero esos suelen ser malos ejemplos de lo que los humanos quieren aprender.

Cuando la especialización se combina con un entorno «malo», la tendencia humana a actuar conforme patrones familiares puede ser catastrófica, como los bomberos que pueden tomar malas decisiones ante una infraestructura desconocida. Chris Argyris, que fue uno de los creadores de la Yale School of Management, destacó el peligro de tratar al mundo «malo» como si fuese «bueno». Él estudió a los mejores consultores en las mejores escuelas de negocios durante quince años, y comprobó que actuaban eficientemente ante los problemas bien definidos y de rápida evaluación a los que se los sometía en dichas escuelas. Para ello, utilizaban lo que Argyris llama el «aprendizaje de un solo ciclo»; es decir, dar la solución más familiar que viene a la mente. Cuando esas soluciones eran incorrectas, a menudo el consultor se ponía a la defensiva. Argyris encontró sorprendente esa reacción, teniendo en cuenta que son personas cuyo trabajo es enseñar a otros[49] a hacer las cosas de una manera diferente.

El psicólogo Barry Schwartz demostró una inflexibilidad aprendida similar cuando les dio a estudiantes un problema de lógica que involucraba encender y apagar luces en una secuencia determinada que podían intentar una y otra vez. Se podía resolver de setenta formas distintas, y obtendrían una pequeña recompensa monetaria por cada vez que lo resolviesen. A los estudiantes no se les daba ninguna regla, por lo que procedían a través de ensayo y error.* Si el estudiante encontraba una solución, la repetía una y otra vez para ganar dinero, aunque no tenía ni idea de por qué funcionaba. Luego, se añadían nuevos estudiantes y a todos se les pedía que descubriesen la regla general de las soluciones.

---

* Se montaban 25 lamparitas detrás de un cristal y el juego comenzaba con la de arriba a la izquierda encendida y el marcador a cero. Si acumulaban puntos, ganarían dinero, pero no se les decía cómo acumular puntos. Probando, descubrirían que apretando los botones en una determinada secuencia lograrían encender el foco de abajo a la derecha, y esto les daría puntos. Debían llevar la luz desde arriba a la izquierda hasta abajo a la derecha.

Los que eran nuevos descubrían las setenta formas, mientras que solo uno de los que había sido recompensado por una solución lo consiguió. El subtítulo del trabajo de Schwartz[50] fue: «Cómo no enseñar a la gente a descubrir reglas»; esto es, proveyendo recompensas por soluciones repetitivas a corto plazo con un reducido abanico de posibilidades.

Todo ello supone malas noticias para las analogías de aprendizaje favoritas de la gente: las Polgar, Tiger y la mayoría de las basadas en juegos y deportes. Comparado con el golf, el tenis es más dinámico, ya que tienes que adaptarte a distintos contrincantes, superficies y hasta a tus propios compañeros. (Federer fue campeón olímpico de dobles en 2008.) Pero, aun así, el tenis está dentro del sector «bueno» del espectro comparado con, por ejemplo, una sala de emergencias de un hospital donde los médicos y las enfermeras no saben de entrada cuál es el problema del paciente que acaba de llegar. Tienen que encontrar formas de aprendizaje más allá de su experiencia y aprender lecciones que pueden ir en contra de su experiencia previa directa.

El mundo no es limitado como el golf y tampoco lo es como el tenis. Como dijo Robin Hogarth, el mundo es un «tenis marciano». Puedes ver a los jugadores en una pista, con pelotas y raquetas, pero nadie les ha dicho las reglas. Les corresponde a cada uno de ellos descubrirlas y están sujetas a cambios sin previo aviso.

Hemos estado utilizando las historias incorrectas; las de las Polgar y Tiger dan la impresión de que el talento humano se desarrolla en entornos extremadamente buenos. Si ese fuese el caso, la especialización técnica que comienza cuanto antes funcionaría mejor, pero ni siquiera funciona en la mayoría de los deportes.

Si la cantidad de práctica especializada en un determinado campo fuese la clave del rendimiento, los *savants* dominarían todos los campos y los niños prodigio siempre se convertirían en adultos eminentes. Como dice la psicóloga Ellen Winner, una de las mayores autoridades en niños superdotados, un *savant* nunca se ha convertido en «un gran creador»[51] que haya cambiado la realidad de su sector.

Hay otros campos en los que mucha práctica en un campo reducido es necesaria. Al igual que los golfistas, los cirujanos mejoran con la práctica repetitiva. Los auditores, y hasta los jugadores de póker y *bridge*[52], mejoran su intuición a través de la experiencia repetitiva. Kahneman llamó a esos sectores «robustas regularidades estadísticas»[53], pero cuando las reglas se alteran tan solo un poco, pareciera que los expertos dejasen de lado la flexibilidad a favor de las habilidades especializadas. En una investigación en la cual se alteró el orden de una jugada de *bridge*[54], los expertos tuvieron muchos más problemas para adaptarse que los no expertos. Cuando a auditores expertos[55] se les pidió que utilizaran una nueva ley de deducciones impositivas, tuvieron muchos más problemas para aplicarla que los novatos. Eric Dane, un profesor de la Universidad Rice que estudia comportamiento organizacional, llama a esto «afianzamiento cognitivo». Su consejo para evitarlo es exactamente lo opuesto a la regla de las diez mil horas de práctica: cambia drásticamente los desafíos dentro de un mismo campo, y, como dijo otro colega, insiste en «tener un pie fuera de tu mundo».

Entre científicos y población en general existen las mismas posibilidades de tener *hobbies*, pero los científicos más importantes suelen tener otros intereses además de su vocación. Y quienes han ganado el Premio Nobel, aún más. Comparados con otros científicos, los premios nobeles tienen, al menos, veintidós veces más[56] posibilidades de ser, además, actores, bailarines, magos o algún otro tipo de artista. Los científicos reconocidos a niveles nacionales tienen más posibilidades que otros científicos discretos de ser escultores, músicos o pintores, carpinteros, mecánicos, sopladores de vidrio, escritores o poetas. Y, una vez más, los nobeles aún más. Los expertos exitosos pertenecen también a un mundo más amplio. «A aquel que observa[57] desde lejos, que pareciera que estuviesen dilapidando y dispersando su energía, cuando, en realidad, la está canalizando y fortaleciendo», dijo el premio nobel español Santiago Ramón y Cajal, el padre de la neurociencia moderna. La principal conclusión del trabajo que estudió a científicos e ingenieros, reconocidos por sus pares como verdaderos expertos, fue que aquellos que no han hecho una contribución creativa[58] a su campo de estudio son los mismos que carecen de intereses estéticos fuera de su reducida área de trabajo. Como observó Dean Keith Simonton, un psicólogo e investigador de la creatividad, «en lugar de concentrarse obsesivamente en[59] un pequeño tema», los grandes creadores tienen intereses amplios. «Esta amplitud, a menudo, inspira ideas que no pueden atribuirse al dominio específico de su tema.»

Estos descubrimientos recuerdan lo que dijo Steve Jobs respecto a la importancia de su clase de caligrafía en cuanto a la estética de sus diseños. «Cuando estábamos diseñando[60] la primera Macintosh, de pronto, apareció una idea. Si no hubiera hecho ese curso en la universidad, la Mac nunca hubiese tenido distinta tipografía o espacios proporcionados para cada una de ellas.» O el ingeniero eléctrico Claude Shannon, quien dio el puntapié a la era de la informática, gracias a un curso de Filosofía que tuvo que realizar por requerimiento de la Universidad de Michigan. En el mismo, le mostraron las enseñanzas del autodidacta inglés del siglo XIX George Boole, que le asignaba un valor de uno a los juicios verdaderos y de cero a los falsos, y según el cual los problemas filosóficos podían ser resueltos como ecuaciones matemáticas. Esa idea de Boole no tuvo ninguna consecuencia práctica hasta setenta años después de su muerte, cuando Shannon entró a trabajar en los laboratorios Bell de la AT&T. Allí se dio cuenta de que podía combinar la tecnología de ruteo telefónica con el sistema lógico de Boole, para codificar y transmitir cualquier mensaje electrónicamente. En eso se basa toda la computación actual. «Nadie más estaba familiarizado[61] con esos dos campos al mismo tiempo», dijo Shannon.

En 1979 Christopher Connolly cofundó un consultorio psicológico para ayudar a personas de alto rendimiento (primero deportistas, pero luego otros) a rendir aún más. Con el tiempo, Connolly se preguntó por qué algunos se atascaban en los reducidos campos de su experiencia, mientras que otros eran capaces de expandir sus carreras a distintos ámbitos, pasando, por ejemplo, de integrar una orquesta a dirigirla. Treinta años después, Connolly regresó a la universidad para hacer un doctorado y estudiar precisamente eso, y lo hizo bajo la supervisión de Fernand Gobet, el psicólogo y maestro de ajedrez antes mencionado. Lo primero que encontró fue que quienes expandían sus carreras eran los mismos que habían tenido una formación más amplia y que habían mantenido distintas «vías de carrera»[62] mientras se especializaban en una. «Viajaban por una autopista de ocho carriles» en lugar de por una calle de una sola vía. Tienen amplitud. Quienes se adaptan exitosamente son aquellos capaces de tomar conocimientos de un campo y trasladarlos creativamente a otros evitando el afianzamiento cognitivo. Emplean lo que Hogarth llama un «cortacircuitos». Se basan en experiencias y analogías distintas para evitar acudir a soluciones previas que ya no funcionan. Su habilidad consiste en evitar los mismos viejos patrones. En el mundo «malo», con desafíos poco definidos y pocas reglas estables, la amplitud de miras puede ser un salvavidas.

Pretender que el mundo es como el ajedrez o el golf puede ser reconfortante; permite creer en un mundo «bueno» lleno de mensajes bonitos que da lugar a libros apasionantes. El resto de este libro comienza donde aquellos terminan, un lugar donde el deporte popular es el «tenis marciano», comenzando con una mirada acerca de cómo el mundo moderno se convirtió en uno tan «malo».

2

Cómo se formó este mundo «malo»

El pueblo de Dunedin se asienta sobre una montañosa península en la Isla Sur de Nueva Zelanda, que da al Pacífico sur. La península es famosa por sus pingüinos de ojos amarillos y Dunedin se jacta, sin rodeos, de tener la calle más empinada del mundo. También es la sede de la Universidad de Otago, la más antigua de Nueva Zelanda, donde trabaja James Flynn, un profesor de Ciencias Políticas que cambió cómo piensan los psicólogos acerca de pensar.

Comenzó en el año 1981, estudiando unos informes de treinta años de antigüedad[63] sobre el cociente intelectual (CI) de los soldados estadounidenses en la Primera y Segunda Guerra Mundial. Los de la Segunda Guerra Mundial tenían un nivel mucho más alto. Quien estaba justo en el percentil 50 entre los de la primera estaría tan solo en el percentil 22 de entre los de la segunda. Flynn se preguntó si los civiles también habrían experimentado ese cambio: «Pensé que, si el CI había cambiado en algún lugar, tal vez también había cambiado en todos los lados». Si tenía razón, los psicólogos no estaban viendo aquello que tenían frente a sus narices.

Flynn escribió a otros investigadores y preguntó si le podían proporcionar datos. Una aburrida mañana de noviembre de 1984, un sobre apareció en su buzón. Era de un investigador neerlandés y contenía años de datos de exámenes de CI tomados a jóvenes neerlandeses. Provenían de un tipo de evaluación conocido como «Matrices Progresivas de Raven», diseñadas para medir la capacidad de dar sentido a la complejidad. En cada ejercicio hay una serie de diseños con un patrón determinado, y el evaluado tiene que deducir cómo es el diseño que falta. Raven es conocido por ser el epítome de lo que es una evaluación «culturalmente reducida», es decir, que el rendimiento no debería verse afectado por lo aprendido dentro o fuera de la escuela. Si los marcianos aterrizaran en la Tierra [64], el test de Raven debería permitir establecer su inteligencia. Sin embargo, Flynn pronto se percató de las mejoras que los jóvenes iban consiguiendo con el paso de los años.

Flynn encontró más referencias en los propios manuales de evaluación, ya que los que miden el CI parten de la base de que el promedio es de cien puntos. Las evaluaciones se han ido modificando para poder mantener el promedio de cien, ya que los evaluados cada vez sacaban mejores puntuaciones. En el año que siguió al envío de Países Bajos, Flynn consiguió datos de catorce países y todos demostraban lo mismo. Mejoras tanto en niños como en adultos. «Nuestra ventaja sobre nuestros ancestros desde la cuna hasta la tumba» [65], dijo.

Flynn se había hecho la pregunta adecuada. La mejora de los resultados se había producido en todos los lados. Otros académicos habían visto los datos, pero no se habían detenido a preguntarse si sucedía en todas partes, ni siquiera lo hicieron quienes tenían que actualizar los test para obtener un promedio de cien. «Al ser ajeno al tema, me sorprendieron las cosas que aceptaban los psicólogos entrenados en las evaluaciones», me contó Flynn.

El efecto Flynn (el aumento del CI con cada generación) ha sido documentado en más de treinta países. El aumento es sorprendente: tres puntos cada diez años. Para ponerlo en perspectiva, alguien que hoy apareciese en el percentil 50, hace un siglo hubiese estado en el 98.

Cuando Flynn publicó su descubrimiento[66] en 1987, cayó como una bomba entre quienes estudiaban la habilidad cognitiva. La Asociación Americana de Psicología convocó una reunión para analizar el tema, y los psicólogos expertos en la materia buscaron infinitas explicaciones. Desde mejor nutrición y educación (que puede haber contribuido), hasta mayor experiencia en ese tipo de exámenes. Pero ninguno explicaba el patrón inusual de mejora. En evaluaciones que dependían del estudio[67] o de lectura individual (conocimiento general, vocabulario, aritmética), los cambios no fueron importantes, pero en los que se evaluaban tareas abstractas como las matrices de Raven o similares, en los que se requiere una descripción de las similitudes, entre otras cosas, los resultados mejoraron enormemente.

Un joven al que hoy se le pidan similitudes entre «ocaso» y «amanecer», posiblemente establezca enseguida que ambos son momentos del día[68]. Pero tiene más posibilidades que sus abuelos de llegar a una similitud de mayor nivel: ambos separan el día de la noche. Un niño actual que se encuentre en el percentil 50, estaría en el percentil 94 de sus abuelos. Cuando un grupo de investigadores estonios[69] comparó evaluaciones nacionales de comprensión de palabras de 1930 con las de 2006, comprobó que la mejora viene dada especialmente en las palabras más abstractas. Cuanto más abstracta, mayor mejora. Los niños apenas mejoraban a sus abuelos en palabras que corresponden a cosas observables (gallina, comida, enfermedad), pero mejoraban mucho en conceptos imperceptibles (como ley, ciudadano o promesa).

Las mejoras en todo[70] el mundo de las matrices progresivas de Raven (donde menos cabría esperarlas) fueron muy significativas. «Eso demuestra que los niños actuales son mejores a la hora de resolver problemas sin tener un método aprendido de cómo hacerlo», dice Flynn. Están más capacitados para extraer reglas y patrones cuando no se les brinda ninguno. Incluso en países[71] donde ha habido un descenso en las calificaciones en lengua y matemáticas, los de Raven han crecido. La causa aparenta ser algo inefable en el aire moderno. De alguna forma, los cerebros modernos son más aptos para resolver los problemas más abstractos. «¿Qué tipo de cambio —se preguntó Flynn— podría ser a la vez tan generalizado y tan particular?».

Entre finales de la década de 1920 y principios de la de 1930, los confines más remotos de la Unión Soviética sufrieron cambios sociales y económicos que normalmente se producirían durante varias generaciones. Los granjeros de áreas aisladas de Uzbekistán solían sobrevivir cultivando pequeños huertos para alimentarse y grandes extensiones de algodón para todo lo demás. Cerca, en las montañas de Kirguistán, los pastores criaban animales. La población era totalmente analfabeta y la estructura social jerárquica estaba rígidamente impuesta por la religión. La revolución socialista desmanteló esa estructura de la noche a la mañana.

El Gobierno forzó que toda la tierra fuera colectiva y comenzó la industrialización. La economía pronto se volvió más interconectada y compleja. Los granjeros se tuvieron que asociar colectivamente, planificar la producción, distribuir funciones y evaluar el trabajo en todo el proceso. Las remotas aldeas comenzaron a relacionarse con las ciudades. Se abrió una red de escuelas y la población analfabeta comenzó a relacionar sonidos con símbolos. Los aldeanos habían utilizado números, pero solo para sus pequeñas transacciones. Ahora les enseñaban números como una abstracción que no necesitaba estar relacionada con ningún objeto concreto, como contar animales o comida. Algunas mujeres continuaron siendo analfabetas, pero recibieron cursos para enseñar a los más pequeños. Otras mujeres fueron admitidas en estudios más avanzados en escuelas para profesores. Clases sobre la ciencia de la agricultura se brindaban a personas que no tenían educación formal previa de ningún tipo. Pronto comenzaron también los institutos secundarios. En 1931 un psicólogo ruso llamado Alexander Luria[72] vio la oportunidad de realizar un «experimento natural» único en la historia.

Se preguntó si cambiar el trabajo de las personas también modificaría su mente.

Cuando Luria llegó a las aldeas más remotas, aún no habían sido afectadas por la vorágine de la modernidad. Esos aldeanos serían el grupo de control de su investigación. Junto a otros psicólogos, aprendió el idioma local[73] y convivió con los aldeanos en situaciones sociales relajadas, tales como tomar el té, caminar por los pastizales y discutir sobre tareas o hacerles preguntas para discernir sus formas de pensar y utilizar la mente.

Algunas pruebas eran muy simples, como mostrarles unas madejas de lana o seda de distintos colores y pedirles que las describiesen. Los granjeros colectivizados, o las mujeres estudiantes, enseguida las diferenciaban entre azul, rojo y amarillo, y a veces con matices como «oscuro» o «brillante». Los que podríamos considerar «premodernos», utilizaban expresiones como: «cielo», «dientes con caries», «flores de algodón», «pistacho»… para describir los colores. Luego se les pidió que las ordenasen en grupos. Los más instruidos, aun con muy poca educación, no tuvieron problemas en agruparlas por colores. Incluso cuando no sabían el nombre de un color, lo clasificaban como «oscuro» o «claro». Los más remotos rehusaron hacer la tarea; cada madeja era distinta y no podían ponerse en el mismo grupo. Ante la insistencia, algunos las agruparon en montones muy pequeños, pero sin tener en cuenta los colores.

Después probaron con formas geométricas. Cuanto más instruidos, más rápido comprendían la abstracción de «formas» y hacían grupos de triángulos, círculos y rectángulos, aun cuando no supieran los nombres de las formas. Los más remotos no veían ninguna relación entre un cuadrado hecho con líneas continuas y uno del mismo tamaño hecho con puntos. Para Alieva, una de las aldeanas de veintiséis años, el cuadrado con líneas era obviamente un mapa y el hecho con puntos, era un reloj. «¿Qué tiene que ver un mapa con un reloj?», se preguntaba, incrédula. Khamid, un aldeano de veinticuatro años, insistió en que los círculos rellenos y los círculos vacíos no podían ir juntos porque uno era una moneda y otro la Luna.

El mismo patrón se produjo con distintos ejercicios. Presionados para agrupar las cosas (al igual que sucede en las evaluaciones de CI), los aldeanos buscaban la solución en narrativas basadas en su anterior experiencia directa. Cuando los psicólogos intentaron explicarle a Rakmat, un aldeano de treinta y nueve años, el ejercicio de escoger «aquello que no corresponde al grupo», le dieron el ejemplo de tres adultos y un niño; siendo el niño, obviamente, el distinto del grupo. Solo que Rakmat no lo podía ver así, para él «el niño debe permanecer con los demás»; «los adultos están trabajando y, si tienen que ir corriendo a buscar cosas, no terminarán su trabajo. El niño es quien debe ir a buscar las cosas corriendo». Probaron con otro ejemplo: una sierra, un hacha, un martillo y un tronco. Tres son herramientas. «No son un grupo —dijo Rakmat—, porque no tienen sentido sin el tronco, así que ¿por qué tendrían que estar juntas?».

Otros aldeanos descartaban el martillo o el hacha, que veían como menos apropiados para utilizar con el tronco, a no ser que se usara el martillo para golpear el hacha y cortar el tronco; en ese caso, podría quedar en el grupo. ¿Y qué pasaría con los elementos pájaro / rifle / daga / bala? No puedes quitar uno del grupo, insistió un aldeano. La bala debe ser cargada en el rifle para matar al ave, y «entonces tienes que cortar el ave con la daga, ya que no hay otra manera de hacerlo». Estas eran simplemente las introducciones para explicar la tarea al grupo, no las preguntas reales. Ninguna cantidad de engaños, explicaciones o ejemplos pudieron hacer que los aldeanos empleasen un razonamiento basado en cualquier concepto que no fuera una parte concreta de su vida cotidiana.

Los granjeros y estudiantes que habían comenzado a vivir modernamente, pudieron comenzar a utilizar un tipo de pensamiento llamado «educción»[74], que permite establecer principios guía cuando se les da hechos o cosas, aun si no tienen instrucciones y aunque nunca los hayan visto antes. Esto es exactamente lo que evalúan las matrices de Raven. Imagina evaluar a los aldeanos premodernos con un test de Raven.

Algunos de los cambios aparejados con la modernidad y la cultura colectiva resultan casi mágicos. Luria comprobó que los aldeanos menos instruidos de zonas remotas no padecían las mismas ilusiones ópticas que los ciudadanos del mundo industrializado, como la ilusión de Ebbinghaus. ¿Cuál de los dos círculos del medio es más grande?

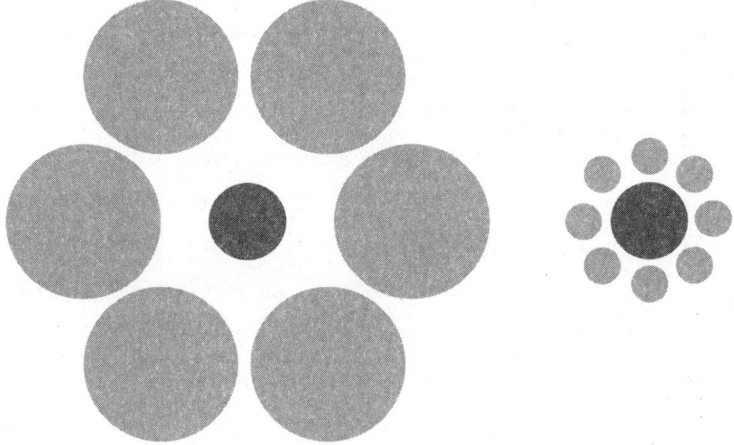

Si has dicho que el derecho, eres un ciudadano del mundo industrializado. Los aldeanos remotos los vieron iguales, mientras que los aldeanos más instruidos eligieron el de la derecha. Estos descubrimientos han sido replicados en otras sociedades tradicionales y los científicos creen que es porque los premodernos no miran el contexto holístico (la relación con los otros círculos), por lo que su percepción no se ve afectada por ellos. Por utilizar una metáfora habitual, los premodernos no ven el bosque por ver el árbol[75], mientras que los modernos no ven el árbol por ver el bosque.

Desde los viajes de Luria por el interior de la Unión Soviética se ha replicado su trabajo en otras culturas. El pueblo Kpelle[76] de Liberia subsistía a base de arroz, pero en 1970 comenzaron a construirse carreteras que los conectaron con las ciudades. Ante evaluaciones similares, los jóvenes que tenían más contacto con la modernidad agrupaban las cosas en categorías abstractas («todo lo que nos sirve de abrigo»), mientras que los tradicionales agruparon las cosas arbitrariamente y las cambiaban de lugar aun cuando se les pedía que hicieran lo mismo. Al haber construido grupos temáticos, los más modernos también podían recordar mejor qué es lo que había en cada lugar. Cuanto más modernos, más poderoso era su pensamiento abstracto y menos tenían que depender de su experiencia directa como punto de referencia.

En palabras de Flynn, ahora vemos el mundo a través de «lentes científicas». Se refiere a que, en lugar de basarnos en nuestra experiencia directa, damos sentido a la realidad a través de esquemas de clasificación, utilizando capas de conceptos abstractos para entender cómo las piezas de información se relacionan entre ellas. Hemos crecido con unos esquemas clasificatorios totalmente ajenos a los aldeanos remotos: clasificamos a algunos animales como mamíferos y, dentro de esta clase, hacemos conexiones más detalladas basadas en lo similar de su fisiología y ADN.

Palabras que representan conceptos que antes eran del dominio únicamente de los expertos se convierten en generales en unas pocas generaciones. La palabra «porcentaje»[77] era prácticamente inexistente en los libros de 1900. En el año 2000, aparecía una vez cada 5.000 palabras (este capítulo tiene unas 5.500 palabras). Los programadores apilan capas de abstracción (son muy buenos en los test de Raven[78]). En la barra que indica la progresión de una descarga en la pantalla, las abstracciones son muchas. Desde la fundamental (que es la representación en código binario, 1 y 0 que utiliza la computación) hasta la psicológica (la barra es una proyección visual del tiempo, que provee paz mental[79] al estimar el progreso de una inmensa cantidad de actividades que están sucediendo).

Un abogado podría plantearse cómo el resultado de un juicio personal en Oklahoma es susceptible de tener relevancia en un juicio realizado a una empresa en California. Para prepararse, debe tratar de efectuar distintas hipótesis y ponerse en el lugar de la otra parte, y predecir qué es lo que argumentará. Los esquemas conceptuales son flexibles, capaces de ordenar ideas e información de distintos usos y de transferir conocimientos de un dominio a otro. El trabajo moderno demanda la transferencia de conocimiento, la habilidad de aplicar conocimiento a nuevas situaciones y distintos campos. Nuestros procesos fundamentales de pensamiento han ido cambiando para acomodarse a la complejidad creciente y a la necesidad de encontrar nuevos patrones, en lugar de confiar en los más familiares. Nuestros esquemas clasificatorios conceptuales proveen un andamiaje para conectar conocimientos, haciéndolos accesibles y flexibles.

Investigaciones sobre miles de adultos en seis países industrializados descubrieron que la exposición a trabajos modernos en los que es necesario solucionar problemas y desafíos no reiterativos, estaba relacionado con ser «flexibles cognitivamente»[80]. Como apunta Flynn, eso no quiere decir que los cerebros tengan hoy en día más potencial inherente que antes, sino que los lentes utilitarios han sido reemplazados por lentes a través de los cuales se ve el mundo clasificado por conceptos.* Incluso dentro de comunidades tradicionales u ortodoxas que se han modernizado, pero que aún relegan a la mujer del mundo moderno, el efecto Flynn ha sido más lento para las mujeres[82] que para los hombres. La exposición al mundo moderno nos hace más adaptables a la complejidad, y esto se ha manifestado en más flexibilidad, con profundas implicaciones para la amplitud de nuestro mundo intelectual.

Desde toda perspectiva cognitiva, las mentes de los ciudadanos premodernos se ven constreñidas por el mundo concreto al que se enfrentan. Apelando a trucos, algunos han solucionado secuencias lógicas

---

* Los psicólogos aún debaten acerca de los aportes del efecto Flynn. Steven Pinker, psicólogo de Harvard, caracteriza las mejoras como algo más que un cambio de mentalidad: «Ningún historiador que analice a la humanidad[81] en escala de siglos puede omitir el hecho de que actualmente vivimos en un período de un poder cerebral extraordinario».

como la siguiente: «El algodón crece bien en climas calurosos y secos. Inglaterra es fría y húmeda. ¿Puede el algodón crecer allí o no?». Tienen experiencia directa con el crecimiento del algodón, por lo que algunos (tentativamente y bajo presión) opinan sobre un país que no conocen. El mismo acertijo, con distintos detalles, los bloqueó: «En el norte, donde hay nieve, todos los osos son blancos. Novaya Zemlya está en el norte y siempre nieva. ¿De qué color son los osos?». En este caso, por más presión que se les hizo, los aldeanos no contestaron. Solo respondían con principios: «Eso solo lo puede contestar alguien que esté allí», contestó un hombre que nunca había visitado Inglaterra y que acababa de responder a la pregunta del algodón. Tan solo un poco de trabajo moderno cambió eso. Abdul, de cuarenta y cinco años y que apenas sabía escribir, pero que era jefe de una granja colectiva, no dio una respuesta contundente, pero utilizó la lógica formal: «Según tus palabras, todos los osos deberían ser blancos», dijo.

La transición cambió por completo los mundos interiores de los aldeanos. Cuando los científicos de Moscú preguntaron a los aldeanos qué les gustaría saber de la ciudad de la cual venían, a los aldeanos más aislados no se les ocurría ninguna pregunta. «Nunca he visto lo que hace la gente en otra ciudad, así que ¿qué les podría preguntar?». En cambio, quienes ya estaban trabajando en granjas colectivas eran más curiosos. «Acabas de mencionar a los osos blancos», dijo Akhmetzhan, un colectivista de treinta y un años. «No entiendo de dónde provienen». Se detuvo un momento y preguntó: «¿Has mencionado a América, está gobernada por nosotros o por algún otro poder?». Siddakh, de diecinueve años, que trabajó en una granja colectiva y asistió a la escuela dos años, bullía de preguntas imaginativas que iban desde lo local hasta lo global: «¿Qué puedo hacer para que nuestros *kolkhozniks* [granjeros colectivos] sean mejores personas? ¿Cómo puedo obtener mejores plantas que crezcan grandes como árboles? También me gustaría saber cuándo comenzó el mundo. ¿De dónde vienen las cosas? ¿Por qué los ricos son ricos y los pobres son pobres?»

Mientras que los pensamientos de los aldeanos premodernos se circunscriben a su experiencia directa, las mentes más modernas son comparativamente libres. Esto no quiere decir que una forma de vida sea siempre mejor que otra. Como dijo hace unos cuantos siglos el historiador árabe Ibn Khaldun, considerado un fundador de la sociología: «Un ciudadano comerciante atravesando el desierto depende completamente de un nómada para sobrevivir. Mientras estén en el desierto, el nómada será un genio».

Pero es cierto que la vida moderna requiere amplitud para realizar conexiones entre distintos campos e ideas. Luria calificó como «pensamiento categórico» lo que Flynn después definiría como «lentes científicos». Luria dijo que «Suele ser muy flexible. Los sujetos están preparados para cambiar un atributo por otro y construir categorías apropiadas. Clasifican objetos según sus sustancias (animales, flores, herramientas), su material (madera, metal, vidrio), su tamaño (pequeño, mediano, grande), su color (oscuro, claro) u otra propiedad. La capacidad de cambiar libremente de una categoría a otra es una de las principales características del "pensamiento abstracto"».

La gran desilusión de Flynn es cómo la sociedad, y especialmente la educación superior, ha respondido a la amplitud de la mente, forzando la especialización en lugar de enfocarse en practicar, desde temprano, el conocimiento conceptual y transferible.

Flynn realizó un estudio comparando la puntuación promedio de los estudiantes de último año de las principales universidades estadounidenses, de neurociencias a literatura, y lo cotejó con las evaluaciones de pensamiento crítico. Esta evaluación medía la capacidad de aplicar conceptos abstractos fundamentales de economía, ciencias físicas y sociales, y la lógica ante escenarios comunes del mundo real. Flynn se quedó estupefacto al comprobar que la correlación entre la prueba de pensamiento conceptual y la de puntuación general era de cero. En palabras de Flynn: «Las habilidades que te dan buenas notas[83] en la universidad no requieren, significativamente, la habilidad de pensar críticamente».*

Cada una de las veinte preguntas del examen medía una forma de pensamiento conceptual que se puede emplear en el mundo moderno. Para las preguntas que requerían del tipo de razonamiento conceptual que puede tenerse sin entrenamiento formal, detectando la lógica circular, por ejemplo, los estudiantes lo hicieron bien. Pero en términos de marcos que pudieran mejorar sus habilidades de razonamiento conceptual, lo hicieron fatal. Los estudiantes de Biología y de Literatura lo hicieron muy mal en todo lo que no fueran sus respectivos campos de especialidad. Ninguno de los estudiantes, incluidos los de Psicología, entendieron cómo funcionan los métodos de las ciencias sociales. Los estudiantes de ciencias aprendieron los hechos de su campo específico sin comprender cómo debería funcionar la ciencia para sacar conclusiones verdaderas. Los especialistas en neurociencia no lo hicieron bien en ningún campo en especial, y los de empresariales tuvieron un desempeño muy pobre en todos los ámbitos, incluso en ciencias económicas. Los de Economía fueron los que mejor lo hicieron. La economía es un campo amplio por naturaleza, y los profesores de economía[84] han demostrado aplicar los principios de razonamiento aprendidos también fuera de su área.** Los químicos[85], por su parte, son extraordinariamente brillantes, pero en varios estudios sufrieron a la hora de aplicar el razonamiento científico a problemas ajenos a la química.

---

* Flynn también me contó que realizó la evaluación con alumnos de secundaria de una escuela británica que envía a muchos de ellos a la London School of Economics, así como a alumnos graduados de esa institución. Su conclusión: «No eran mejores en pensamiento crítico al salir de la universidad que al entrar en ella».

** El psicólogo Robin Hogarth dice de los economistas: «Lo que me sorprende de su discurso… es cómo los procesos terminológicos y de razonamiento de la economía se abren campo en todos los dominios. Ya se trate de deportes, fenómenos económicos, política o currículum académico».

Los estudiantes evaluados por Flynn, a menudo, confundían juicios de valor sutiles con conclusiones científicas y, en un caso que presentaba un escenario complejo que requería que no se confundiera correlación con evidencia de causación, se desempeñaron peor que si hubiera sido aleatoriamente. Casi ninguno de los estudiantes demostró consistentemente cómo aplicar métodos de evaluación de la verdad, que aprendieron en sus disciplinas, para evaluar otros campos. En ese aspecto, los estudiantes tenían ciertas similitudes con los aldeanos de zonas remotas de Luria. Incluso los estudiantes avanzados eran incapaces de generalizar métodos de investigación de uno a otro campo. La conclusión de Flynn fue: «No hay ninguna señal que muestre que un departamento universitario esté intentando desarrollar algo que vaya más allá de su estricta competencia».

Flynn ya ha cumplido los ochenta años, tiene una espesa barba blanca, mejillas que atestiguan una larga vida de corredor al aire libre y unos mechones blancos y rizados que, como nubes, rodean su cabeza. Su casa, sobre una colina de Dunedin, preside un paisaje verde salpicado de granjas.

Cuando recuerda su propia educación en la Universidad de Chicago, donde era el capitán del equipo de *cross*, levanta la voz y dice: «Ni las mejores universidades están desarrollando la inteligencia crítica. No les dan a los estudiantes las herramientas para analizar el mundo moderno, excepto en su área de especialización. Su educación es muy reducida». No quiere decir que baste poner una clase de Historia del Arte a informáticos, sino que todos necesitan tener hábitos mentales que les permitan moverse entre distintas disciplinas.

Chicago siempre se ha vanagloriado de contar con un currículum que incluye el pensamiento crítico interdisciplinario. Según la universidad, los dos años básicos «pretenden mostrar las[86] herramientas de investigación utilizadas en cada disciplina: ciencia, matemáticas, humanidades y ciencias sociales. El objetivo no es solo transferir conocimiento, sino despertar inquietudes y que todos se familiaricen con las poderosas ideas que conforman nuestra sociedad». Pero, incluso en Chicago, dice Flynn que la educación no maximiza el potencial moderno de aplicar el pensamiento conceptual a través de distintos campos.

Los profesores, me dice, están muy ansiosos por compartir sus hechos favoritos, producto de años de estudio especializado en campos muy reducidos. Él ha enseñado durante cincuenta años, de Cornell a Canterbury, y se incluye en su propia crítica. Cuando enseñó Introducción a la Filosofía Política y Moral, no pudo resistir la tentación de compartir sus temas favoritos sobre Platón, Aristóteles, Hobbes, Marx y Nietzsche.

Flynn introdujo conceptos amplios en sus clases, pero está seguro de que muchas veces los tapaba con montañas de información especializada y específica de esa clase. Un mal hábito contra el que siempre luchó. El estudio que realizó en la universidad lo convenció de que los departamentos universitarios se apuran en formar estudiantes especializados, mientras que fracasan en afilar las herramientas del pensamiento que podrían servirles en cualquier área. Eso debe cambiar, argumenta, si se quiere que los estudiantes aprovechen su capacidad de pensamiento abstracto sin precedentes. Se les debe enseñar a pensar antes de enseñarles qué pensar. Los estudiantes vienen con los lentes científicos puestos, pero no disponen de una navaja multiusos que utilizar.

En ciertos lugares, algunos profesores han recogido el desafío. Una asignatura de la Universidad de Washington titulada *Calling bullshit* (algo así como «Descubrir idioteces» [código INFO 198/BIOL 106B]) se dirigía a obtener amplios principios fundamentales para entender un mundo interdisciplinario y evaluar la avalancha informativa diaria. Cuando se ofertó la asignatura en 2017, las vacantes se llenaron[87] en el primer minuto.

Jeannette Wing, profesora de Informática en la Universidad de Columbia y exvicepresidenta corporativa de Microsoft Research, ha impulsado un amplio «pensamiento computacional» que actúe como la navaja multiusos mental. Ella aboga por que se convierta en algo tan fundamental como la lectura, incluso para aquellos que no tendrán nada que ver con la informática o la programación. «El pensamiento computacional es utilizar la abstracción [88] y la descomposición al enfrentarse a una gran tarea compleja. Se trata de elegir una representación adecuada para un problema», escribió Wing.

Sin embargo, la mayoría de los estudiantes reciben lo que Bryan Caplan llama «entrenamiento vocacional reducido» [89] para trabajos que la mayoría de ellos nunca realizará. Las tres cuartas partes de los graduados de Estados Unidos terminan realizando trabajos que no están relacionados con sus estudios [90] (una tendencia que incluye a los matemáticos y a los científicos), y salen con herramientas que sirven para una sola disciplina.

Una buena herramienta rara vez es suficiente en un mundo complejo, interconectado y rápidamente cambiante. Tal como dijo el filósofo e historiador Arnold Toynbee al referirse al mundo en una época tecnológica y de cambios sociales, «ninguna herramienta es omnicompetente» [91].

La pasión de Flynn me impactó profundamente. Antes de convertirme en periodista, yo era un estudiante de posgrado viviendo en una tienda de campaña en el Ártico para investigar cómo podía impactar el permafrost subterráneo en los cambios de la vegetación. Las clases consistían en llenar mi cerebro de detalles sobre la fisiología de las plantas del Ártico. Años más tarde, trabajando como periodista de investigación acerca de los estudios científicos, me di cuenta de que había cometido un error estadístico en una parte de la tesis gracias a la cual obtuve un máster de la Universidad de Columbia. Como cualquier estudiante de posgrado, tenía una buena base de datos informatizada que, con simplemente apretar un botón, haría un análisis estadístico, sin plantearme nunca cómo ese análisis estadístico funcionaba realmente. El programa estadístico escupía un número que consideraba «estadísticamente significativo». Desafortunadamente, era casi seguro que fuese un falso positivo, porque yo no entendía las limitaciones de la evaluación estadística dentro del contexto en el cual la utilicé. Tampoco los científicos que revisaron mi trabajo. Como dice el estadístico Doug Altman: «Todos están tan ocupados realizando estudios e investigaciones[92] que no tienen tiempo para pararse a pensar en la forma en la que los están haciendo». Me había puesto a realizar investigaciones científicas muy especializadas sin ni siquiera haber aprendido el razonamiento científico. (Y luego me recompensaron con un máster, lo que constituye un entorno de aprendizaje muy «malo».) Curiosamente, solo comencé a pensar en cómo funciona la ciencia varios años después de abandonarla.

Afortunadamente, cuando era universitario tuve un profesor de Química que tenía ideales similares a Flynn. En cada examen, en medio de las preguntas típicas, hacía preguntas como: «¿Cuántos afinadores de piano hay en Nueva York?». Los estudiantes tenían que estimar, a través del razonamiento, y dar un número de una magnitud aproximada. El profesor explicó que esos eran «problemas de Fermi»[93], porque Enrico Fermi, quien creó el primer reactor nuclear debajo de la pista de fútbol de la Universidad de Chicago, constantemente hacía estimaciones que le ayudaban a enfrentarse mejor a los problemas.* La lección última era que el conocimiento detallado previo es menos importante que la forma de pensar.

En el primer examen, recurrí a la intuición («No tengo ni idea, ¿tal vez 10.000?»). Era demasiado alto. Hacia el final del curso, tenía una nueva herramienta en mi navaja multiusos mental, una forma de utilizar lo poco que sabía para estimar lo que no sabía. Sabía la población de la ciudad de Nueva York, la mayoría de los solteros probablemente no tuvieran pianos y la mayoría de las familias de mis amigos tiene entre uno y tres hijos, así que ¿cuántas casas hay en Nueva York? ¿Qué proporción puede tener pianos? ¿Cada cuánto tiempo se afina un piano? ¿Cuánto

---

* Fermi estuvo presente en la primera detonación de la bomba atómica y, según escribió en documentos que en su momento fueron clasificados, lanzó pedazos de papel «antes, durante y después de que pasase la onda expansiva». Utilizó la distancia entre los papeles para calcular la fuerza de la explosión.

tarda un afinador en afinar un piano? Ninguna de las estimaciones tiene por qué ser exacta como para llegar a un número razonable. Los aldeanos menos instruidos de Uzbekistán no lo harían bien con los problemas de Fermi, pero tampoco yo antes de hacer ese curso. Sin embargo, es algo fácil de aprender. Habiendo crecido en el siglo XX, tengo los lentes científicos puestos, solo necesitaba ayuda para aprovecharlos. No recuerdo nada de estequiometría, pero uso el pensamiento de Fermi regularmente, descomponiendo un problema de tal forma que pueda aprovechar lo poco que sé para comenzar a investigar lo que no sé, una especie de problemas de «similitudes».

Afortunadamente, muchos estudios demuestran que algo de entrenamiento en estrategias de pensamiento amplio, como las de Fermi, tiene mucho recorrido y puede ser aplicado a través de distintos campos. No es sorprendente que los problemas de Fermi fuesen uno de los temas del curso de *Calling Bullshit*, al analizar un cable de noticias engañoso para demostrar «cómo las estimaciones de Fermi pueden cortar con las idioteces[94] al igual que un cuchillo la mantequilla». Le permite a cualquiera que consuma números, ya sea de noticias o de publicidad, la posibilidad de oler rápidamente una estadística engañosa. Ese cuchillo para la mantequilla es una herramienta muy buena, fácil de tener a mano y que me hubiera sido de mucha utilidad en diversas tareas, incluyendo la fisiología de las plantas del Ártico.

Al igual que los maestros de ajedrez y los bomberos, los aldeanos confiaban en que el mañana fuese como el ayer. Estaban muy preparados para lo que ya habían experimentado antes, y poco preparados para el resto. Su forma de pensar estaba especializada en algo que para el mundo moderno es obsoleto. Eran perfectamente capaces de aprender de la experiencia, pero eran incapaces de aprender sin experiencia, y eso es lo que un mundo cambiante y «malo» requiere (habilidades de razonamiento conceptual que puedan conectar nuevas ideas y funcionar en distintos contextos). Enfrentados a un nuevo problema, los aldeanos se mostraban perdidos. Esa no es una opción que tengamos nosotros. Cuanto más repetitivo y contenido sea un desafío, más fácil será automatizarlo, mientras que los mayores beneficios los obtendrán quienes sean capaces de utilizar conocimiento conceptual en distintos campos y aplicarlo de formas novedosas.

La habilidad de aplicar conocimiento de una forma amplia proviene de un entrenamiento amplio. Una habilidad especial que un grupo de personas en otro tiempo y lugar convirtió en un arte. Su historia es más vieja y, aun así, es una parábola mucho mejor y más inspiradora que la de los prodigiosos ajedrecistas de la época actual.

3

Cuando menos de lo mismo es más

ualquier lugar hacia el que un viajero en la Venecia del siglo XVII dirigiese su atención, le permitiría escuchar música que se saliera de sus límites tradicionales. Incluso el nombre de la era musical, «Barroco», está tomado de un término de joyería que describe a una perla extravagantemente grande y de forma inusual.

La música instrumental, música que no dependía de las palabras, sufrió una completa revolución. Algunos de los instrumentos eran nuevos, como el piano; otros fueron mejorados (violines hechos por Antonio Stradivari se venderían siglos después por millones de dólares). Se creó el sistema moderno de claves mayor y menor. Aparecieron los «virtuosos», las primeras celebridades musicales. Los compositores aprovecharon su gran habilidad y escribieron solos para que ellos llevaran la música al límite[95] de sus habilidades. Así nació el concierto, en el que un solista virtuoso tocaba una y otra vez con una orquesta de fondo, y el compositor veneciano Antonio Vivaldi (conocido como *il Prete Rosso*, «el sacerdote rojo», por su pelo flameado) se convirtió en el indiscutible maestro del mismo. *Las cuatro estaciones* de Vivaldi es lo más cercano a un éxito pop de hace trescientos años. (Como curiosidad, un *mashup* realizado entre *Las cuatro estaciones* y una canción de *Frozen* de Disney lleva más de noventa millones de reproducciones en YouTube).

La creatividad de Vivaldi se vio facilitada por una serie de músicos que podían aprender a tocar nueva música con distintos instrumentos. Hacia Venecia iban reyes, príncipes y cardenales de toda Europa para deleitarse con la música más innovadora de la época.

Allí también estaba el elenco totalmente femenino de las *figlie del coro* (literalmente, «las hijas del coro»). Las actividades recreativas tradicionales de la época, como montar a caballo y los deportes de campo, eran escasos en la ciudad flotante, así que la música era el entretenimiento[96] de sus ciudadanos. Los sonidos de violines, flautas, cuernos y voces llenaban la noche, provenientes de cada ventana y góndola, y en un tiempo y lugar lleno de música, las *figlie* dominaron la escena durante un siglo[97].

Un visitante prominente escribió: «Únicamente en Venecia[98] puede uno ver estos prodigios musicales». Eran tanto una rareza como la vanguardia de una revolución musical. En el resto del mundo, sus instrumentos estaban reservados para los hombres[99]. «Cantan como los ángeles[100], tocan el violín, la flauta, el órgano, el oboe, el violonchelo, el fagot, en definitiva, no hay instrumento que teman», comentó un asombrado político francés. Otros fueron menos diplomáticos. El aristocrático escritor británico Hester Thrale se quejó: «La visión de niñas[101] sosteniendo el contrabajo y soplando el fagot no me agradó», ya que, como se sabe, «los instrumentos femeninos[102] apropiados» eran más bien el arpa y las copas musicales.

Las *figlie* dejaron asombrado al rey de Suecia. Casanova se maravilló al ver al público totalmente de pie. Un comentarista francés destacó a una violinista en concreto: «Ella es la primera de su sexo que desafía el éxito de nuestros grandes artistas». Inclusive conmovió a oyentes no acostumbrados. Francesco Coli las describió como «sirenas angelicales»[103] que superan «a los pájaros más etéreos» y que «abren para los oyentes las puertas del paraíso». Especialmente sorprendente porque Coli era el censor oficial de la inquisición veneciana.

Las mejores *figlie* se convirtieron en celebridades europeas, como Anna Maria della Pietà. Un barón alemán la declaró «la mejor violinista de Europa»[104]. El presidente del parlamento de Borgoña dijo que era «insuperable», ni siquiera en París. Un listado de gastos[105] de Vivaldi registra que en 1712 destinó veinte ducados a comprar un violín para Anna Maria, de dieciséis años. De entre el centenar de conciertos que Vivaldi escribió para las *figlie del coro,* solo veintiocho sobrevivieron en el «Cuaderno de Anna Maria», que está recubierto en cuero teñido de rojo veneciano y tiene marcado el nombre de Anna Maria en caligrafía dorada. Los conciertos, escritos exclusivamente para que demostrara su habilidad, están llenos de pasajes rápidos que requieren distintas notas tocadas en varias cuerdas a la vez. En 1716 Anna Maria y las *figlie* fueron requeridas por el Senado[106] veneciano para intensificar su trabajo musical en un intento por obtener el favor de Dios para el ejército que luchaba contra el imperio otomano en la isla de Corfú (en esa ciudad, el violín veneciano y una oportuna tormenta demostraron ser más fuertes que los cañones turcos).

Anna Maria ya era de mediana edad en 1740, cuando Jean-Jacques Rousseau fue a visitarla. El filósofo rebelde que alimentaría la revolución era también un compositor. «He traído desde[107] París un fuerte prejuicio contra la música italiana», escribió Rousseau. Aun así, declaró que la música de las *figlie del coro* «no tienen parangón ni en Italia ni en el resto del mundo». Rousseau tuvo un problema «que lo llevó a la desesperación». No podía ver a las mujeres. Ellas tocaban detrás de unos finos telones que colgaban de unas rejillas de celosía en los balcones elevados de la iglesia. Podían ser escuchadas, pero solo se veían sus siluetas moviéndose al compás de la música. Las rejillas «me escondieron a los ángeles de la belleza —escribió Rousseau—. No puedo hablar de ninguna otra cosa».

Habló tanto de ello que llegó a hacerlo con uno de los más importantes mecenas de las *figlie*. «Si realmente desea ver a las pequeñas niñas —le dijo el hombre a Rousseau—, será muy fácil satisfacer su deseo.»

Tal era su deseo que no dejó de incordiar al hombre hasta que este lo llevó a ver a las intérpretes. Entonces Rousseau, cuyos bravos escritos serían prohibidos y quemados antes de que fertilizaran el campo de la democracia, fue presa de la ansiedad. «Cuando entramos al salón en el que estaban las ansiadas bellezas —escribió—, sentí un temblequeo que nunca antes había experimentado.»

El mecenas le presentó a las mujeres, las prodigiosas sirenas cuya fama se había extendido por toda Europa, y Rousseau se quedó perplejo.

Allí estaba Sophia. «Horrible», dijo Rousseau; Cattina «solo tenía un ojo»; a Bettina, «la viruela le había desfigurado el rostro». «Apenas una de ellas —según Rousseau— carecía de un defecto evidente.»

Un poema había sido escrito poco antes respecto a una de las mejores cantantes: «Faltan los dedos [108] de su mano izquierda / también falta su pie izquierdo». De otra de ellas decían que era «la pobre criada de la limpieza». Otros visitantes dejaron aún peores comentarios.

Al igual que Rousseau, la inglesa Lady Anna Miller se quedó encantada con la música y rogó poder verlas tocar sin ninguna barrera. «Mi petición fue concedida [109] —escribió Miller—, pero cuando entré me dio tal ataque de risa que me sorprende que no me echaran… Mis ojos se abrieron como platos al ver a doce o catorce señoras viejas y feas… junto a algunas jóvenes.» Miller cambió de opinión y no quiso verlas tocar; «a tal punto su visión me había disgustado».

Las niñas y mujeres que deleitaban a quienes las escuchaban no habían tenido vidas felices. La mayoría de sus madres provenían de la vibrante industria sexual de Venecia y habían contraído sífilis antes de quedarse embarazadas y abandonar a sus bebés en el *Ospedale della Pietà*. Es decir, el hospital de la piedad, donde las niñas crecían y aprendían a tocar música. Era el más grande de los cuatros *ospedali* de Venecia, instituciones de caridad que buscaban mejorar las enfermedades sociales. En el caso de la Pietà, la enfermedad eran los bebés huérfanos (en su mayoría mujeres) que, de otra manera, hubieran acabado flotando en los canales venecianos.

La mayoría nunca conoció a sus madres, pues solían ser abandonados en la *scaffetta*, un cajón que había en la parte exterior del muro de la Pietà. Al igual que el probador de maletas de un moderno aeropuerto, si el bebé era lo suficientemente pequeño como para entrar en él, la Pietà lo criaría.

La gran Anna Maria era un ejemplo representativo. Alguien, probablemente su madre, posiblemente prostituta, llevó a la pequeña Anna Maria hasta la entrada de la Pietà. Una campana junto a la *scaffetta* alertaba de nuevas llegadas. A menudo se dejaba a los bebés con algo de tela[110], una moneda, un anillo o algo que les permitiera identificarlo, si es que alguien alguna vez los reclamaba. Una madre dejó la mitad de un cuadro brillantemente ilustrado, con la esperanza de regresar con la otra mitad algún día. Como la mayoría de los objetos y de los niños, permanecerían toda la vida en la Pietà. Al igual que con Anna Maria, la mayoría nunca conocería a sus familiares y entonces la llamarían según su procedencia[111]. Ella sería Anna Maria della Pietà. De hecho, una lista del siglo XVIII nombra también a algunas de sus hermanas, Adelaida della Pietà, Agata della Pietà y así hasta Vittoria della Pietà.

Los *ospedali* eran emprendimientos público-privados, cada uno supervisado por algún miembro de la clase alta veneciana. Las instituciones eran oficialmente seculares, pero estaban muy ligadas a la Iglesia y la vida se regía por reglas casi monásticas. Los residentes eran separados por edad y sexo. Asistían a misa diaria antes del desayuno y se confesaban regularmente. Todos, inclusive los niños, trabajaban para mantener a la institución funcionando. Un día al año, se permitía a las niñas un paseo por el campo, por supuesto acompañadas. Era una vida estricta, pero tenía sus beneficios.

A los alumnos se les enseñaba a leer y escribir, así como aritmética y alguna habilidad vocacional. Algunos se convertían en farmacéuticos de los residentes, otros lavaban ropa o cosían velas que pudieran ser vendidas al exterior. Los *ospedali* eran comunidades autosuficientes y a pleno funcionamiento. A todos se los recompensaba por su trabajo y la Pietà tenía su propio banco que hasta pagaba intereses para que sus pupilos aprendieran a gestionar su dinero. Los niños solían aprender un oficio o ingresar en la marina y solían irse de adolescentes. Para las mujeres, el casamiento era la principal forma de emancipación. Cada una tenía su dote, pero muchas pupilas nunca se iban.

Cuando el *ospedali* adquirió instrumentos, se enseñó a las niñas a utilizarlos para que tocaran en las ceremonias religiosas de las iglesias circundantes. Después de una plaga en 1630 que acabó con la tercera parte de la población, los venecianos se encontraban en lo que un historiador llamó «un estado especialmente penitente» [112]. De pronto, los músicos adquirieron mayor importancia.

Los gestores de los *ospedali* se dieron cuenta de que acudía más gente a las iglesias y de que aumentaban las donaciones a las instituciones conforme mejoraba la música de las chicas. Hacia el siglo XVII, ya promovían abiertamente la música para conseguir más donaciones. Cada sábado y domingo los conciertos comenzaban justo antes del atardecer. La iglesia se llenaba tanto que dejaron de dar la Eucaristía. La asistencia seguía siendo gratis, pero si te querías sentar podías alquilar una de las sillas del *ospedali*. Una vez que estaba lleno, la gente se quedaba fuera escuchando y hasta las góndolas se detenían al pasar por la iglesia. Las huérfanas se convirtieron en una máquina económica no solo para mantener el sistema de bienestar veneciano, sino para atraer turistas. El entretenimiento y la penitencia se mezclaron de una forma inusual. No se permitía al público aplaudir dentro de la iglesia, por lo que, al finalizar una pieza, la gente tosía, arrastraba los pies o hacía ruido de alguna forma en señal de aprobación.

Los *ospedali* encargaron nuevas partituras a los compositores. En un período de seis años, Vivaldi escribió 140 conciertos solo para la Pietà. Se desarrolló un nuevo sistema de enseñanza en el cual las *figlie* más viejas enseñaban a las más jóvenes. Tenían múltiples obligaciones

(Anna Maria era maestra y también copiadora) y, a pesar de ello, sacaban una estrella virtuosa tras otra. Después de Anna Maria, su sucesora solista fue Chiara della Pietà, que sería considerada la mejor violinista de Europa.

Esto nos lleva a la pregunta: ¿cuál era el ingrediente mágico que permitía convertir a las hijas abandonadas de las prostitutas de Venecia, destinadas a morir ahogadas en un canal, en las primeras estrellas musicales de fama internacional?

El programa de enseñanza musical de la Pietà no era especialmente destacable por su rigor. Las lecciones formales eran los martes, jueves y sábados, y las *figlie* podían practicar por su cuenta. De muy pequeñas, el trabajo y las rutinas consumían casi todo su tiempo, por lo que solo se les permitía una hora de música diaria.

Lo más impresionante era la cantidad de instrumentos que aprendían a tocar. Poco después de obtener su doctorado en Música por Oxford, el compositor e historiador del siglo XVIII Charles Burney se propuso escribir la historia definitiva de la música y acudió a los *ospedali* en varias ocasiones. Burney, que sería famoso tanto por sus relatos de viajes como por su conocimiento de la música, se quedó sorprendido por lo que encontró en Venecia. En un viaje se le concedió un concierto privado de dos horas sin cortina con las intérpretes. «Era realmente curioso[113], tanto escuchar como ver, cada parte de ese excelente concierto realizado por mujeres que tocaban violines, oboes, cuernos, contrabajos y arpas.» Más curioso aún, escribió Burney, «es que estas jóvenes se intercambiaban frecuentemente los instrumentos».

Las *figlie* recibían lecciones de canto y aprendían a tocar cada uno de los instrumentos que tenía la institución. Ayudaba el hecho de que se les pagaba por aprender a tocar uno nuevo. Una de ellas, llamada Maddalena, se casó y, después de dejar la vida institucional, hizo giras de Londres a San Petersburgo tocando el violín, el arpa y el violonchelo y cantando como soprano. Ella lo describió como «adquirir habilida-des no esperables[114] para las personas de mi sexo» y fue tan famosa que su historia personal era contada por los periodistas chismosos del mo-mento.

Para quienes pasaban toda su vida en la institución, su manejo mul-tinstrumental tenía una importancia práctica. Pelegrina della Pietà[115], que llegó a la *staffeta* envuelta en trapos, comenzó tocando el bajo, luego el violín y luego pasó al oboe, todo mientras trabajaba como en-fermera. Vivaldi compuso partes de oboe especialmente para ella, pero a los sesenta años se quedó sin dientes, lo cual puso punto final a su carrera con el oboe, así que cambió al violín y siguió tocando hasta entrados los setenta.

A las intérpretes de la Pietà les encantaba demostrar su versatilidad. Según un escritor francés, practicaban «todos los estilos de[116] música, sacra o profana» y daban conciertos que «requerían la combinación más variada de voces e instrumentos». El público quedaba azorado ante la cantidad de instrumentos que podía tocar cada una y se sorprendía cuan-do, después de ver cantar a una virtuosa, la veía en el intermedio, impro-visando un solo instrumental.

Además de los instrumentos que las *figlie* utilizaban en los conciertos, también tocaban otros que se utilizaban para el aprendizaje, tales como un órgano de cámara, un pequeño piano con forma de arpa, un instrumento de cuerdas gigantes llamado «tromba marina», una flauta de madera cu-bierta de cuero llamada «zink» y la viola da gamba, un instrumento de cuerdas que se tocaba de pie con un arco, al igual que un violonchelo, pero con más cuerdas y una forma algo distinta. Las *figlie* no solo tocaban bien, sino que eran protagonistas de un período extraordinario de invención y reinvención de instrumentos. Según el musicólogo Marc Pincherle[117], Vi-valdi tenía, gracias a la multidisciplinariedad de las *figlie*, «un laboratorio musical de recursos ilimitados».

Algunos de los instrumentos que ellas tocaban son tan poco conoci-dos que nadie sabe exactamente cómo eran. Una joven llamada Prudenza, aparentemente, además de cantar muy bien, tocaba fluidamente el violín y «el violonchelo a la inglesa». Los musicólogos han debatido sobre a qué se refieren con este término, pero sucede lo mismo con cualquier objeto que pudiera servir de instrumento musical para las de la Pietà, como el chalumeau (de viento) o el salterio (de cuerda) que tocaban las *figlie.*

Elevaron a los compositores a alturas inexploradas. Formaron parte del puente que llevó la música de los compositores barrocos a los clásicos: Bach, que transcribía las partituras de Vivaldi; Haydn, que compuso específicamente para Bianchetta, una de las *figlie* que cantaba y tocaba el arpa y el órgano; y tal vez Mozart, que visitó un *ospedali* de niño y luego volvió de joven. La habilidad de las *figlie* con tantos instrumentos permitía una experimentación tan profunda que facilitó la creación de la orquesta moderna. Según el musicólogo Denis Arnold, la modernización de la música religiosa que causaron las *figlie* fue tan influyente para una de las piezas sacras de Mozart que «sin ellas tal vez nunca hubiese sido creada» [118].

Pero sus historias fueron olvidadas o, literalmente, tiradas por la ventana. Cuando las tropas de Napoleón [119] llegaron en 1797, tiraron los manuscritos por las ventanas de los *ospedali*. Cuando, doscientos años después, se exhibió una famosa pintura del siglo XVIII en la National Gallery of Art de Washington D.C. que retrataba un concierto dado por mujeres, las misteriosas figuras de negro en un balcón elevado pasaron totalmente desapercibidas [120].

Tal vez las memorias de las *figlie* se desvanecieron porque se trataba de mujeres tocando música en lugares públicos en contra de una autoridad papal, o por el hecho de que no provenían ni dejaban familia alguna [121]. Carecían de apellido, pero estaban tan identificadas con sus instrumentos que estos se convirtieron en sus nombres. Así, Anna Maria también fue conocida como «Anna Maria del violino», «Anna Maria del mandolino» o «Anna Maria del cémbalo»…

Imagina qué sucedería hoy en día si en Internet te recomendasen una famosa orquesta compuesta por huérfanas que tocasen los instrumentos que te gustan, así como otros que nunca antes has escuchado. Además, las intérpretes intercambiarían sus instrumentos durante el *show*. Y, por favor, síganos en Twitter: @huerfanasfamosas. Con dotes de doscientos ducados, las *figlie* seguramente tendrían representantes y contratos para hacer películas.

Al igual que sucedió con la aparición en televisión de Tiger a los dos años, desencadenaría una locura en los medios y en los padres para conocer cuál es el secreto de su éxito. En realidad, los padres sí acudieron en el siglo XVIII, y muchos nobles pagaron para que sus hijas pudiesen practicar con esas «hábiles indigentes» [122], tal como las describió un historiador.

Pero las estrategias de su desarrollo musical serían difíciles de vender hoy en día. Actualmente, tocar varios instrumentos parece ir en contra de todo lo que sabemos que hay que hacer para ser un buen músico. Ciertamente va en contra del marco de práctica deliberada que solo tiene en cuenta lo que se dedica a practicar exactamente la habilidad que se requiere desarrollar. Según esa perspectiva, tocar muchos instrumentos es una pérdida de tiempo.

En el género de libros de autoayuda, el entrenamiento musical está, junto al golf, en lo más alto del podio como ejemplos de la conveniencia de enfocarse especializadamente en algo y en comenzar lo antes posible un entrenamiento altamente técnico. Ya sea la historia de Tiger Woods o la de la profesora de Derecho de Yale, autoconsiderada como «Madre Tigre», el mensaje es el mismo: escoge pronto, enfócate en la especialización y nunca dudes.

El nombre real de la «Madre Tigre» es Amy Chua, y el término proviene de su libro de 2011 titulado *Madre tigre, hijos leones*. Al igual que en el caso de Tiger, el tema llegó a la cultura popular. Chua promovía los secretos de «Cómo los chinos criaban chicos tan estereotípicamente exitosos». En la primera página del primer capítulo comienza con una serie de cosas que sus hijas, Sophia y Lulu, nunca deben hacer, tales como tocar otro instrumento que no sea el violín o el piano. (A Sophia le correspondía el piano, a Lulu el violín.) Chua supervisaba la práctica diaria de tres, cuatro y hasta cinco horas.

En Internet muchos padres se preguntan ansiosos qué instrumento escoger cuando sus hijos son demasiado pequeños para elegir por sí mismos, ya que se quedarán rezagados si esperan a que puedan hacerlo. «Estoy poco a poco convenciéndolo de lo importante que es tocar música (comentó un padre de un niño de dos años y medio), lo que no sé es qué instrumento le irá mejor.» Otro comentó que, si no comienza antes de los siete años, mejor que no pruebe con el violín, ya que irá muy rezagado. En respuesta a esas inquietudes, el director de una escuela privada de música escribió una columna dando consejos sobre «cómo escoger un instrumento» [123]. Todo para un chico que aún no sabe ni cuál es su color favorito.

Hay, por supuesto, muchos caminos para convertirse en un experto. Algunos grandes músicos comenzaron muy temprano. El sublime violonchelista Yo-Yo Ma es un ejemplo conocido. Lo que es menos conocido es que Ma empezó tocando el violín y luego probó con el piano, antes de llegar al violonchelo [124]. Simplemente pasó por el período de prueba de instrumentos más rápido que otros.

Los «padres tigre» intentan evitar esa fase. Me recuerda a una conversación que tuve con Ian Yates, un científico deportivo y entrenador británico que ha ayudado a deportistas de distintas disciplinas. Los padres, me dijo Yates, cada vez acuden más a él «porque quieren que sus niños hagan lo mismo que los deportistas olímpicos hacen ahora, no lo que hacían los olímpicos cuando tenían doce o trece años», que incluía una variedad de actividades que les ayudaban a desarrollar sus habilidades físicas en general y a probar varias cosas antes de enfocarse reducidamente en una sola actividad. El período de prueba no es una cuestión incidental en el desarrollo del rendimiento, algo que se pueda obviar para comenzar antes, sino que es una cuestión esencial.

John Sloboda es, sin duda, uno de los investigadores más influyentes en la Psicología de la Música. Su libro de 1985 *La mente musical* abarca desde los orígenes de la música hasta la adquisición de habilidades musicales, y estableció una serie de investigaciones a realizar que aún se están llevando a cabo. Durante la década de 1990, Sloboda y sus colegas estudiaron estrategias para crecer musicalmente. La práctica, por supuesto, era crucial para un buen músico. Pero otros descubrimientos no eran tan intuitivos.

Un experimento con estudiantes de música[125] de entre ocho y dieciocho años, con una habilidad musical desde principiantes hasta muy avanzados, demostró que, cuando comenzaban a tocar, no había diferencia en la cantidad de horas que practicaban, del peor al mejor. Los estudiantes que llegaron a un nivel superior solo comenzaron a practicar más que los otros, una vez que identificaron un instrumento en el cual querían concentrarse, ya sea porque se les diera mejor o porque les gustaba más. El instrumento motivaba al músico.

En otro estudio realizado a mil doscientos músicos, aquellos que abandonaban lo hacían por «falta de correlación entre los instrumentos[126] que querían tocar y los que realmente tocaban». Amy Chua describía a su hija Lulu como una «música natural». Una amiga cantante de Chua definía a Lulu como «extraordinaria», con un don «que no se puede enseñar». Lulu progresó rápidamente con el violín, pero más adelante le dijo a su madre «Tú lo escogiste, no yo». A los trece años abandonó la práctica del violín. Chua, cándida e introspectiva, se pregunta al final de su libro si Lulu aún tocaría música si se le hubiera permitido escoger su propio instrumento.

Sloboda también realizó un experimento con estudiantes internos de una escuela de música británica, que eran alumnos provenientes de todo el país. El único requisito de admisión era una audición. Se sorprendieron al comprobar que los mejores provenían de familias con menos tradición musical que los que no eran tan buenos. No comenzaron a tocar desde pequeños, y no tenían un instrumento al alcance en su casa. Además, habían recibido pocas clases y simplemente habían tenido mucha menos práctica antes de entrar en la escuela. «Parece evidente [127] que una gran cantidad de clases no es un buen indicador de la excelencia», escribió el psicólogo. En cuanto a clases estructuradas, cada uno de los alumnos que recibió muchas clases cuando era pequeño se encontraba en el promedio de habilidad, y ninguno estaba entre los excepcionales. «Esto indica que demasiadas lecciones a una edad muy temprana no son útiles», dice el investigador.

«Sin embargo, la distribución de esfuerzos entre distintos instrumentos parece ser importante. Aquellos alumnos excepcionales resultaron ser quienes probaron más instrumentos distintos», agregó. Los menos habilidosos eran los que habían practicado más en el primer instrumento que habían escogido, como si no pudiesen perderse la importancia de esa ventaja inicial. Los excepcionales se desarrollaron como las *figlie del coro*. «La modesta inversión en probar un tercer instrumento dio grandes ganancias a los mejores alumnos», concluyó el científico.

Los psicólogos destacan la variedad de caminos existentes hacia la excelencia, pero el más común es tener un período de pruebas, a menudo hechas de forma desestructurada, con algunas lecciones y un amplio rango de actividades e instrumentos, y luego sí, seguidas de una especialización, mayor estructura y un aumento exponencial de la cantidad de entrenamiento. ¿Resulta familiar? Un estudio realizado dos décadas [128] después de Sloboda comparó a jóvenes músicos admitidos en un conservatorio de élite con otros igualmente comprometidos, pero menos habilidosos. Prácticamente todos los mejores estudiantes habían tocado, al menos, tres instrumentos, proporcionalmente muchos más que los menos buenos, y muchos de ellos habían incluso tocado cuatro o cinco. El relato de la importancia de la ventaja inicial y comenzar temprano ha tenido en el aprendizaje de la música clásica uno de sus soportes. La música es un entorno similar al del golf: tiene un patrón determinado, los errores son evidentes inmediatamente y requiere una práctica repetitiva de exactamente las mismas acciones. ¿Cómo puede ser, entonces, que escoger un instrumento tan pronto como sea posible y practicar técnicamente no sea el camino hacia el éxito? Pero hasta la música clásica contradice la simpleza de la historia de Tiger.

El *Cambridge Handbook of Expertise and Expert Performance,* publicado en 2006, es una especie de biblia para escritores populares, conferenciantes e investigadores partidarios de la escuela de las diez mil horas. Es una compilación de pequeños ensayos escritos por diferentes personas que tocan temas relacionados con la danza, las matemáticas, los deportes, la cirugía, la escritura y el ajedrez. La sección sobre música se enfoca solo en la música clásica. En las novecientas páginas que tiene el libro, solo menciona una vez a expertos en otros géneros musicales, y lo único que dice es que, en el *jazz* y en otros géneros de música popular, los músicos y los cantantes no siguen una trayectoria fija de entrenamiento técnico y suelen comenzar «mucho más tarde».

Jack Cecchini puede agradecer a dos tropiezos, uno metafórico y otro literal, el haberse convertido en uno de los pocos músicos de fama mundial tanto en *jazz* como en música clásica.

El primero fue en 1950, en Chicago, cuando tenía trece años y se tropezó con una guitarra que estaba sobre un sofá y con los dedos de la mano tocó las cuerdas. El dueño de la misma, que era su casero, la tomó y le mostró cómo tocar dos acordes, e inmediatamente le pidió a Cecchini que le hiciera el acompañamiento. Por supuesto que no pudo hacerlo. «Él movía la cabeza en señal de desaprobación cada vez que yo debía cambiar de acorde y, si no lo hacía, comenzaba a maldecir», recuerda sonriendo Cecchini. Pero su interés se había activado y comenzó a intentar imitar las canciones que escuchaba en la radio. A los dieciséis, tocaba *jazz* en clubes de Chicago a los que no podría acudir por su edad. «Era como una fábrica en cadena. Si tenías que ir al baño, debías pedir a otro que te reemplazara, pero al menos practicabas todos los días.» Recibió las únicas clases gratis que encontró, aunque eran de clarinete, e intentó transferir a la guitarra ese aprendizaje. «Hay ocho millones de lugares en una guitarra donde tocar las mismas notas. Estaba intentando buscar soluciones a problemas y así comencé a saber dónde debía poner los dedos.» Poco después, estaba tocando con Frank Sinatra en el Villa Venice, con Miriam Makeba en el Apollo y de gira con Harry Belafonte desde el Carnegie Hall hasta estadios de béisbol llenos. Fue entonces cuando sucedió el segundo tropiezo.

Durante un concierto, cuando tenía veintitrés años, una de las bailarinas de Belafonte se tropezó con el cable que unía su guitarra con el amplificador, desconectándola y reduciéndola a un simple susurro. «Harry se volvió loco —recuerda Cecchini—, y me dijo: ¡Deshazte de esa cosa y cómprate una guitarra clásica!». Conseguir una fue fácil, pero él estaba acostumbrado a utilizar púa y para la guitarra acústica tendría que aprender a usar los dedos, por lo que el problema era aprender mientras estaba de gira.

Se enamoró del instrumento, y a los treinta y un años ya lo tocaba tan bien que lo invitaron a ser el solista en un concierto de Vivaldi, acompañado por una orquesta en el Grant's Park de Chicago. Al día siguiente, el crítico de música del *Chicago Tribune* escribió: «A pesar del creciente número de entusiastas[129] que promueven la resurrección de la guitarra como un instrumento clásico, hay pocas personas que tengan el talento y la paciencia para tocar con maestría el que sigue siendo uno de los instrumentos más maravillosos, pero obstinadamente difíciles de ejecutar. Cecchini ha probado ser uno de los pocos».

A pesar de sus azarosos y tardíos comienzos, Cecchini también se convirtió en un renombrado profesor de guitarra, tanto de *jazz* como de clásica. Estudiantes de todas partes acudían a su escuela. Su propia educación formal habían sido únicamente esas clases de clarinete; «Me considero 98% autodidacta», me dijo. Probó varios instrumentos y encontró su camino gracias a la prueba y el error. Puede parecer inusual, pero cuando Cecchini menciona a leyendas con las que ha tocado, o a las que admira, no hay ni un solo Tiger entre ellos.

Duke Ellington era uno de los pocos que alguna vez había recibido clases, a los siete años, de la exuberante profesora Marietta Clinkscales. Perdió el interés en la música inmediatamente, antes de aprender a leer notas, y se dedicó al béisbol, al dibujo y a la pintura (llegó a renunciar a una beca para una escuela de arte). Cuando tenía catorce años escuchó *ragtime* y, por primera vez en siete años, se sentó al piano para intentar reproducirlo. Recuerda que «No había conexión[130] entre la música y yo, hasta que intenté descubrirla por mí mismo. Tener a alguien que me enseñara implicaba demasiadas reglas... Mientras me pudiera sentar y descubrirlo por mí mismo, perfecto». Aun cuando luego se convirtiera en uno de los mejores compositores estadounidenses[131], dependía de que le transcribieran sus obras a la notación musical tradicional.

Johnny Smith fue el favorito de Cecchini. Smith creció en una casa de una vecindad de Alabama. Los vecinos se juntaban para tocar música y Johnny creció tocando lo que le dejaban en una esquina. «John tocaba de todo»[132], dice su hermano Ben. Eso le permitió participar en muchos concursos en los que los premios eran comida. Una vez tocó el violín solo para ganar dos kilos de azúcar. A él no le gustaba el violín. Smith dijo que hubiera sido capaz de caminar cincuenta millas por una clase de guitarra, pero no había ninguna cerca, así que tuvo que probar por sí mismo.

Durante la Segunda Guerra Mundial fue reclutado. Él quería ser piloto, pero un problema en el ojo izquierdo se lo impidió. Lo enviaron a la banda militar y, aunque no sabía leer música, tuvo que aprender a tocar todos los instrumentos para distintos eventos. Esa experiencia le permitió conseguir un trabajo de arreglador musical en la NBC después de la guerra. Había aprendido a aprender y su capacidad de multinstru-mentista le dio reconocimiento, pero también lo puso en una situación complicada.

Saliendo de la NBC un viernes por la tarde le dijeron que tenía que aprender una nueva parte de guitarra. El músico clásico contratado no podía asistir. Era para conmemorar los setenta y cinco años del compositor Arnold Schoenberg y se trataba de una de sus obras atonales, que nadie había tocado en veinticinco años. Smith disponía de cuatro días. Continuó con sus planes de viernes por la noche, se acostó a las cinco de la mañana y luego se unió a un ensayo de emergencia a las siete. El miércoles tocó tan bien que el público pidió repetir los siete movimientos. En 1998, junto a sir Edmund Hillary, quien con Tenzing Norgay fue el primero en escalar el Everest, Smith recibió el premio de la Smithsonian's Bicentennial Medal por sus destacadas contribuciones culturales.

El pianista Dave Brubeck también ganó ese premio. Su canción «Take five» fue escogida por los oyentes de la NPR como su tonada de *jazz* preferida de todos los tiempos. La madre de Brubeck le intentó enseñar piano, pero él rehusó recibir clases. Era bizco y su reluctancia tenía que ver con su imposibilidad de leer las notas. Su madre se rindió, pero él escuchaba cómo enseñaba a otros y luego los imitaba. Aún no podía leer música cuando abandonó sus estudios de veterinaria y cruzó el patio de la Universidad del Pacífico para ir a la escuela de música, pero era un gran simulador. Dejó de lado el piano por otros instrumentos en los que pudiera improvisar durante los ejercicios. Pero en su último año ya no podía ocultarse: «Tuve un gran profesor de piano[133] que a los cinco minutos se dio cuenta de que no podía leer música». El decano informó a Brubeck de que no podría graduarse y que era una deshonra para el conservatorio. Otro profesor, que había notado su creatividad, se puso de su lado y el decano llegó a un acuerdo. A Brubeck se le permitió graduarse siempre y cuando nunca avergonzara a la institución enseñando. Veinte años después, sin vergüenza alguna, la propia institución le dio un doctorado honorario.

Tal vez los mejores improvisadores no sepan leer (ni notas ni letras). Django Reinhart nació en 1910 en Bélgica en una caravana gitana. Sus habilidades infantiles consistían en robar pollos y pescar truchas. Django creció en las afueras de París, en un lugar llamado La Zone, donde los basureros descargaban su basura todas las noches. Su madre estaba muy ocupada manteniendo a la familia y fabricando brazaletes con material proveniente de la Primera Guerra Mundial, como casquillos de balas. Django iba a la escuela cuando le apetecía, y no solía apetecerle. Se colaba en cines y billares y siempre estaba rodeado de música. Siempre que se juntan los gitanos, abundan los banjos, arpas, pianos y especialmente violines.

La portabilidad del violín lo convertía en muy conveniente para los gitanos y Django comenzó con él, pero no le gustaba. Aprendió con un sistema que consistía en ir repitiendo lo que tocaba otro. Cuando cumplió doce años, le regalaron un híbrido entre banjo y guitarra. Encontró su vocación y se obsesionó. Experimentaba con distintos objetos cuando sus dedos necesitaban un descanso. Usaba cucharas, huesos de ballena, monedas y agujas. Se unió a un músico llamado Lagardere, que tocaba el banjo, y juntos improvisaron duetos por las calles de París.

En su adolescencia, en un restaurante de París donde se juntaron un día varios acordeonistas, lo invitaron a subir al escenario con su guitarra-banjo. Django tocó una polka que era conocida por su dificultad para ser interpretada; al terminar con la versión clásica, comenzó a improvisar sobre la misma obteniendo sonidos nunca escuchados por los veteranos músicos. Buscaba pelea al ponerse a modificar una tonada clásica, pero era tan original lo que hacía que lo dejaron salirse con la suya. Su creatividad era ilimitada. «Me pregunto si cuando era[134] joven —dijo uno de sus músicos—, siquiera conocía que existía la música impresa.» Django pronto necesitaría toda la versatilidad que había aprendido.

Tenía dieciocho años cuando una vela de su caravana incendió unas flores de celuloide que su mujer Bella había preparado para un funeral. La caravana se convirtió en un infierno. Django sufrió quemaduras en todo el cuerpo y estuvo un año y medio convaleciente en una cama. Durante el resto de su vida, sus dedos meñique y anular de la mano izquierda fueron inservibles para apretar una cuerda. Django estaba acostumbrado a improvisar. Como Pelegrina de las *figlie del coro* cuando perdió sus dientes, se adaptó y aprendió a tocar acordes solo con el pulgar y dos dedos. Su mano izquierda tenía que subir y bajar por el cuello de la guitarra y sus dedos índice y medio saltar locamente de cuerda en cuerda. Tuvo que sostener la guitarra de otra forma y su creatividad eclosionó [135].

Junto a un violinista francés, Django fusionó el *jazz* con la música popular bailable, dando lugar a una improvisación difícil de clasificar, por lo cual se le llamó «*jazz* gitano». Algunas de sus espontaneidades se convirtieron en estándares desde los cuales otros músicos improvisaban. Él revolucionó al ahora famoso solo de guitarra virtuoso de la siguiente generación musical, como los de Jimi Hendrix, quien tenía una colección de las grabaciones de Django [136] y le puso a uno de sus grupos *Band of Gypsies*; o los de Prince, otro autodidacta que tocó más de media docena de instrumentos distintos en su álbum debut. Mucho antes de que Hendrix hiciera su propia versión del himno estadounidense, Django había hecho la suya de «La Marsellesa».

Aun cuando nunca aprendió a leer música (ni siquiera leía palabras, y un músico de su banda le tuvo que enseñar a firmar autógrafos), Django compuso una sinfonía, tocando en su guitarra lo que quería que hiciera cada instrumento mientras un músico intentaba transcribirlo todo.

Murió de una hemorragia cerebral a los cuarenta y tres años, pero la música que hizo hace un siglo continúa en la cultura popular incluida en películas como *Matrix* o *El aviador*, y en videojuegos como *BioShock*. El autor del libro *The Making of Jazz* consideró al hombre que no sabía leer música ni utilizar apropiadamente los dedos como «sin ninguna duda, el más importante guitarrista de la historia del *jazz*».

Cecchini tiene unas cejas muy pobladas y una espesa barba que se abre y se cierra rápidamente cuando habla excitadamente, como ahora. Hablamos de Django, del cual es un gran fan. Hasta tuvo un perro al que llamó *Django*. Me muestra un vídeo de color sepia en YouTube [137] y me dice: «Mira esto».

Ahí está Django, formalmente vestido con pajarita. Lleva un bigote fino y cabello engominado. Sus dos dedos inútiles acompañan a los otros dos dedos que se deslizan por el cuello de la guitarra en una rápida sucesión de notas. «¡Asombroso! —dice Cecchini—. La sincronización entre la mano derecha e izquierda es fenomenal.»

La escuela de la práctica deliberada estricta dice que el entrenamiento práctico es aquel que se enfoca en la corrección de errores. Pero el mayor estudio en el desarrollo de las formas de improvisación, realizado por el profesor de la Universidad de Duke Paul Berliner, describe a la niñez de los profesionales como una de «osmosis»[138], no de educación formal. «La mayoría han explorado las opciones de la banda antes de elegir una especialización. No es raro que de jóvenes hayan probado varios instrumentos.» Berliner agrega que quienes aspiran a ser músicos improvisadores y «han tenido una educación formal con profesores, deben adoptar nuevas maneras de aprendizaje». Varios músicos le relataron a Berliner situaciones similares a las sufridas por Brubeck, es decir, cuando descubrieron que no sabían leer música y que «solo pretendían seguirla». Berliner repite que el consejo de un músico profesional a un estudiante joven que busque improvisar es «no pienses mientras tocas, solo toca».

Mientras estaba sentado con Cecchini, improvisó una melodía, y le pedí que la repitiera para así poder grabarla. «No podría repetirla aunque me pusieras un revólver en la sien», me dijo. Charles Limb, un especialista en audición y cirujano de la Universidad de California de San Francisco, diseñó un teclado sin metal para poder realizar una resonancia magnética a músicos de *jazz* mientras improvisaban. Limb comprobó que la actividad de las áreas del cerebro asociadas a la inhibición, la concentración y la autocensura disminuía cuando los músicos creaban. «Es como si el cerebro apagara[139] la capacidad de autocriticarse», le dijo a *National Geographic*. Mientras improvisan, los músicos están en lo opuesto a identificar conscientemente los errores y corregirlos.

Los maestros de la improvisación aprenden como los bebés: se ponen a imitar, primero improvisan y aprenden las reglas formales después. «Al principio, tu madre no te dio un libro y te dijo: "Este es un sujeto, este es un predicado y este es un pronombre" —me dice Cecchini—. Primero adquieres el sonido y luego aprendes la gramática.»

Django Reinhardt compartió un taxi una vez con Les Paul, el inventor de la guitarra eléctrica. Paul era un músico autodidacta y la única persona que está tanto en el *hall* de la fama del *rock&roll* como en el de Inventores Nacionales. Reinhardt puso su mano en el hombro de Paul y le preguntó si podía leer música. «Le dije que no —cuenta Paul—. Se rio hasta llorar y me dijo»: «Bueno, yo tampoco sé leer[140], ni siquiera sé lo que es un mi, simplemente lo toco».

Cecchini también me contó que habitualmente le sucede que, al pedirle a un gran músico de *jazz* que toque una nota determinada, este no entiende qué le están preguntando. «Hay un viejo chiste entre los músicos de *jazz*. Uno pregunta si sabe leer música, a lo que el otro le contesta: "No tanto como para perjudicar cómo toco".» Hay cierta verdad en el chiste. Él ha enseñado a músicos profesionales de la Chicago Symphony, que en 2015 era considerada la quinta mejor del mundo por un panel de críticos. «Es más fácil para alguien del *jazz* aprender a tocar clásico que al revés —dice—. El músico de *jazz* es un artista creativo, mientras que el músico clásico es un artista recreativo.»

Después de que Django Reinhardt encendiera la escena musical de los clubes nocturnos, muchos músicos clásicos buscaron migrar al *jazz*. Según Michael Dregni, que escribió muchos libros sobre esa época, la improvisación era «un concepto que iba en contra de la práctica del conservatorio[141]. Después de años de conservatorio, la migración al *jazz* resultó imposible para algunos». Leon Fleisher, considerado uno de los grandes pianistas clásicos del siglo XX, dijo en sus memorias que «su gran deseo» habría sido poder improvisar. A pesar de una vida de interpretación magistral de las notas de una página, dijo: «No puedo improvisar ni un poco»[142].

La analogía con el lenguaje que hace Cecchini no es única. Hasta el método Suzuki de educación musical, sinónimo para muchos de iniciación temprana, fue diseñado por Shinichi Suzuki para imitar la adquisición del lenguaje. Suzuki creció en la fábrica de violines de su padre y consideraba el instrumento como un juguete. Cuando peleaba con sus hermanos se pegaban con violines. No intentó tocar el instrumento hasta que tuvo diecisiete años, motivado por una grabación del *Ave Maria*. Tomó un violín de la fábrica e intentó tocarlo de oído. «Mi técnica autodidacta[143] era más un rasgueo que otra cosa —dijo de sus inicios—, pero finalmente pude conseguir tocar la pieza.» Solo después buscó lecciones técnicas y convertirse en músico y luego en educador. Según la *Suzuki Association of the Americas*: «Los niños no practican ejercicios para aprender a hablar… Aprenden a leer solo cuando su habilidad para hablar está afianzada».

Todo esto está en línea con los descubrimientos de las investigaciones clásicas no específicamente musicales: la amplitud de la práctica predice la amplitud de la transferencia.

Es decir, que en cuantos más contextos se aprenda algo, más modelos abstractos adquirirá quien aprende y menos se basará en un conocimiento particular. Aprenden a aplicar su conocimiento a situaciones que nunca antes han vivido, lo que es la esencia de la creatividad.

Comparado con el libro de la «Madre Tigre», un manual para padres orientado a la creatividad debería comenzar con muchas menos cosas en la lista de lo que no se puede hacer. Siguiendo un consejo para padres del psicólogo Adam Grant: «La creatividad puede ser difícil de fomentar, pero es muy fácil de frustrar». Hay un estudio que analizó que un niño promedio tiene que cumplir con, al menos, seis normas en casa[144], comparado con una sola norma en las casas de los niños más creativos. Los padres de los niños más creativos dicen lo que corresponde después de que los niños hagan algo que no les gusta, pero no ponen reglas por anticipado. Esas casas tenían pocas restricciones previas.

«Es extraño —me dice Cecchini durante una de nuestras largas conversaciones— que muchos de los grandes músicos fueran autodidactas o no supiesen leer música. No digo que una forma sea mejor que la otra, pero tengo muchos estudiantes que enseñan *jazz* y todos suenan igual. Pareciera que no pueden encontrar su propia voz. Creo que cuando eres autodidacta, experimentas más intentando encontrar el mismo sonido en distintos lugares, aprendes a solucionar problemas.»

Cecchini dejó de hablar por un momento y se reclinó en el sofá. Pasaron unos instantes. «Puedo enseñarle a alguien en solo dos minutos lo que me ha llevado años encontrar en el teclado. No sabes lo que es bueno o malo. No estás pensando en eso. Solo intentas encontrar una solución a un problema, y después de cincuenta vidas, comienza a tener sentido para ti. Es lento, pero a la vez hay algo especial en esa forma de aprender.»

4

Aprender rápido, aprender despacio

«Supongamos que vas a ver un partido de los Eagles[145]», le cuenta la carismática profesora de matemáticas a uno de sus alumnos de trece años. Ella se preocupa de enmarcar los problemas usando situaciones que motiven a los estudiantes: «Se venden hamburguesas en el estadio a tres dólares[146]. Quiero que me digas una expresión variable para [el coste de] X hamburguesas». Los alumnos necesitan saber qué significa que una letra represente un número indeterminado. Es una abstracción que deben asimilar para poder progresar en matemáticas, pero que no es muy fácil de explicar.

Marcus se apresura y dice: «X sobre tres dólares».

«No *sobre* —responde la maestra—, porque eso sería dividirlo.» Da la expresión correcta, que es: «Tres X. Tres X significa que sin importar cuántas compre, tendré que pagar tres dólares por cada una. ¿Correcto?». Otro estudiante está confundido y pregunta: «¿De dónde saca la X?». «La X es el número de hamburguesas, es lo que estoy usando como variable», explica la maestra. Una estudiante llamada Jen pregunta si eso significa que se debe multiplicar. «Exacto. Así que, si compro dos hamburguesas, ¿cuánto tengo que pagar?»

«Seis dólares», contesta Jen correctamente.

«Tres por dos. Muy bien, Jen». Otra mano se levanta. «¿Sí?»

«¿Puede ser cualquier letra?», quiere saber Michelle. «Sí, sí, puede ser cualquier letra».

«Pero eso no es confuso?», pregunta Brandon.

«Puede ser cualquier letra», explica la maestra. Y sigue con la segunda parte del tema: evaluando expresiones.

«Lo que acabo de hacer con los tres dólares por hamburguesa es evaluar una expresión», explica. Escribe «7H» en la pizarra y dice: «Si gano 7 por hora y trabajo dos horas, ¿cuanto ganaré?». «Catorce», contesta Ryan.

«¿Y si fueran 10 horas?». «Setenta», dice Josh. La maestra puede ver que están entendiendo lo que quiere explicar. Pronto, sin embargo, se verá que no entendieron la expresión, sino que se dieron cuenta de que había que multiplicar los dos números que dijese la maestra en voz alta.

«Acabamos de tomar el número de horas y ¿hacer qué, Michelle?».

«Multiplicarlo por siete», contesta Michelle. «Bien, aunque en realidad lo que hicimos —explica la profesora— fue ponerlo en la expresión donde está la H. Eso es lo que significa "evaluar". Sustituir un número por una variable.»

Pero ahora otra chica está confundida: «Así que para lo de la hamburguesa, ¿la X sería 2?», pregunta. «Sí. Sustituimos 2 por la X —responde la maestra—. Hemos evaluado ese ejemplo». «¿Por qué, entonces —quiere saber la chica— no puedes simplemente escribir los dólares que cuesta una hamburguesa multiplicados por dos? Si X es solo 2, ¿qué sentido tiene escribir "X" en lugar de "2"?»

Los estudiantes hacen más preguntas que, poco a poco, dejan en claro que no han logrado conectar la abstracción de una variable a más de un número dado. Cuando ella intenta retroceder a un contexto realista, están totalmente perdidos. Cuando a los alumnos se les pide convertir frases en expresiones variables, tienen que comenzar a adivinar.

«¿Qué pasa si digo seis menos un número, Michelle?», pregunta la maestra.

«Seis menos X», responde la alumna. Incorrecto.

Aubrey adivina la única otra posibilidad: «X menos seis». Muy bien.

Los niños repiten este escenario muchas veces. Viéndolo en vivo puede parecer que entienden, pero el patrón se repite. «¿Y si Kim es 5 centímetros más baja que su madre?». «5 menos N.» No. «N menos 5.» Sí.

Ante dos posibilidades, los alumnos optan por una y, si no, seguro que es la otra.

A pesar de las intenciones de la maestra, resulta claro que los alumnos no entendieron para qué pueden ser de utilidad estos números y estas letras. Cuando ella pregunta para qué se pueden usar estas expresiones variables, Patrick contesta: «Para dar respuesta a los problemas matemáticos». Los alumnos han logrado saber cómo contestar a la maestra interrogándola a ella.

Ella confunde el juego de opciones múltiples a los que la someten los niños con una exploración productiva. Por momentos, los alumnos trabajan en equipo y responden en ráfaga «K menos 8», «K por ocho», «K entre ocho». La maestra los alienta a dar respuestas aun cuando no acierten la correcta. «Está bien —dice—, al menos están pensando.» El problema es la forma en la que lo están haciendo.

Esta escena corresponde a una filmación de una escuela de Estados Unidos que se hizo como parte de un proyecto en el cual se grabó cómo se enseñan las matemáticas en distintos lugares del mundo. No hace falta decir que las clases eran muy distintas. En Países Bajos, los alumnos entran a clase tarde y trabajan mucho tiempo por sí mismos. En Hong Kong, el sistema es similar al de Estados Unidos: más lecciones del maestro que trabajo individual. Algunos países usan problemas cotidianos, otros más abstractos. Algunos mantienen a los chicos sentados, otros los hacen pasar a la pizarra. Algunos maestros son enérgicos, otros tranquilos. Las diferencias eran grandes, pero ninguna de ellas se asoció a las diferencias de rendimiento entre los alumnos de distintos países. Había similitudes también: en todos lados, los maestros usaban dos tipos de preguntas.

Las más comunes eran las preguntas procedimentales en las que se «usan procesos» [147]. Básicamente, utilizar algo que les acaban de enseñar. Por ejemplo, usar la fórmula de ángulos interiores de un polígono (180 × [Número de lados del polígono − 2]) y aplicarla a los polígonos de la hoja de ejercicios. Las otras preguntas son las conectivas, en las que hay que «hacer conexiones» que permiten a los alumnos relacionarse con conceptos más amplios, en lugar de con procesos. Como cuando un maestro pregunta: «¿Por qué funciona la fórmula?». O cuando tiene que intentar probar si funciona en todos los polígonos, tengan los lados que tengan. Ambos tipos de preguntas son útiles y se utilizan en todos los países estudiados, pero existía una diferencia importante respecto a lo que los maestros hacían después de una pregunta de conexiones.

En lugar de dejar a los alumnos lidiar con el problema, a menudo los maestros terminaban dando indicios para que los estudiantes acertasen, lo que convierte una pregunta conectiva en una procedimental. Eso es exactamente lo que nuestra maestra estaba haciendo. Lindsey Richland, profesora de la Universidad de Chicago, vio el vídeo junto a mí y me comentó que, cuando los alumnos buscaban las opciones múltiples, «lo que en realidad hacían era buscar reglas». Intentaban convertir un problema conceptual, que no entendían, en uno procedimental que pudieran ejecutar. «Los humanos somos muy buenos en intentar conseguir un resultado con la menor cantidad de trabajo posible.» Pedir indicios hacia una solución es una actitud tanto inteligente como expeditiva. El problema es que, para aprender conceptos, la velocidad puede jugar en tu contra.

En Estados Unidos, una quinta parte de las preguntas que se les hacen a los alumnos comienzan realizándose para establecer conexiones. Pero una vez que los alumnos empiezan a pedir indicios y a resolver los problemas, un total de cero termina haciendo conexiones para resolver los problemas. Los problemas de conexiones no sobreviven a los intercambios entre maestros y estudiantes.

Los maestros de todo el mundo caen en trampas similares, pero en los de mejor rendimiento educativo, muchos de los problemas conectivos sobreviven, y la clase se esfuerza para resolverlos. En Japón, alrededor de la mitad de los problemas son conectivos, y la mitad de ellos permanecen siéndolo hasta que se resuelven. Todo el tiempo que dura una clase puede llegar a ser insumido en un problema y sus derivados. Cuando un alumno ofrece una posible solución, en lugar de entrar a jugar con las opciones múltiples, el alumno pone su respuesta junto a su nombre en la pizarra. Al final de la clase, la pizarra está llena de posibles soluciones, que muestran el viaje intelectual de los alumnos. Richland, habitualmente, etiqueta los vídeos con el principal tema tratado en la clase, pero no fue capaz de hacerlo con los de Japón «porque se pueden abordar esos problemas desde muy distintos contenidos (hay una palabra japonesa para definir a estas pizarras llenas de conexiones conceptuales durante un proceso de solución de problemas: *bansho*[148]).

Al igual que en el golf, la práctica de los procesos es importante en matemáticas, pero cuando eso implica la totalidad de la práctica matemática, estamos ante un problema. «Los alumnos no ven las matemáticas como un sistema»[149], dice Richland. Las ven como una serie de procesos, como cuando a Patrick se le preguntó sobre su conexión con el mundo real, y la única utilidad que le dio es la de contestar a las preguntas de la clase de matemáticas.

En su investigación, Richland pudo comprobar que un alto porcentaje de los estudiantes universitarios de Estados Unidos (41%) han memorizado los algoritmos sin comprenderlos. Al preguntársele qué número es mayor, si a/5 o a/8, el 53% contestó correctamente, apenas mejor que una elección azarosa. Al pedir que explicasen su respuesta, la mayoría mencionó algún algoritmo. Los estudiantes recordaban que lo que importaba era el número de abajo, pero no recordaban si el denominador 8 era mayor que 5 o no. Otros creían que tenían que buscar el denominador común, pero no recordaban por qué. Otros, en un acto reflejo, multiplicaban de forma cruzada, porque recordaban que era algo que hacían cuando había fracciones, aunque no tuviera ninguna conexión con lo que se preguntaba. Solo un 15% utilizó un pensamiento conceptual amplio por el cual, si divides algo entre cinco partes, cada parte será más grande que si lo divides entre ocho partes. Todos estos contestaron correctamente.

Algunos de los estudiantes universitarios parecían incluso haber perdido la noción de los números que la mayoría de los chicos tienen, como que, si sumas dos números, tienes un tercero que incluye a ambos. Un estudiante, al que se le pidió que verificara la corrección de la suma 462 +253 = 715, restó 253 a 715 para obtener 462, pero cuando se le pidió que ofreciera otra vía de verificación, no se le ocurrió que restar 462 a 715 le daría 253, porque la regla que le enseñaron en la escuela era que tenía que restar del total el número que está a la derecha del signo más.

Cuando los alumnos más jóvenes llevan a su casa problemas en los que tienen que hacer conexiones, me comenta Richland, «los padres les dicen: "Déjame que te muestre una forma más fácil de hacerlo"». Si el maestro pudo evitar convertir el problema conectivo en procedimental, los bienintencionados padres lo terminarán haciendo. Desean que sus hijos no estén desconcertados y que lo entiendan todo rápido y fácilmente. Pero para obtener un aprendizaje que sea duradero y flexible (que pueda ser aplicado ampliamente), *rápido y fácil* son precisamente el problema.

«Algunas personas argumentan que la razón por la cual Estados Unidos no tiene una puntuación elevada en las evaluaciones internacionales de estudiantes de secundaria es que lo hacen demasiado bien en clase», me comenta Nate Kornell, un psicólogo cognitivo del Williams College. «Lo que quieres es que sea fácil hacerlo difícil.»

Kornell estaba explicando el concepto de «dificultades deseadas», obstáculos que hacen que el aprendizaje sea más desafiante, lento y frustrante a corto plazo, pero mejor a largo. Un exceso de indicios, como los de la maestra de matemáticas que vimos antes, consigue lo opuesto; obtiene un rendimiento inmediato, pero perjudica el progreso a largo plazo.

Algunas dificultades deseables que pueden aplicarse en las clases están entre los métodos más probados de enriquecer el aprendizaje, y la maestra de matemáticas, sin querer, hizo lo opuesto a todos ellos con la buena intención de ver un progreso inmediato ante sus ojos.

Una de esas dificultades deseables es el llamado «efecto de generación». Forzar a generar respuestas, aunque sean incorrectas, mejora el aprendizaje posterior. Sócrates, aparentemente, sabía lo que hacía cuando forzaba a los estudiantes a generar respuestas en lugar de darlas él. Requiere que el que aprende sacrifique el rendimiento actual en busca de un beneficio futuro.

Kornell y la psicóloga Janet Metcalfe evaluaron a niños de once años del Bronx [150] para medir su lenguaje y variaron la forma de aprendizaje para poder explorar el efecto generación. Se daban a los estudiantes algunas palabras junto a sus definiciones. Por ejemplo: «Negociar: discutir algo hasta llegar a un acuerdo». A otros solo se les daba la definición y se les pedía que encontraran una palabra, aunque no fuera la correcta. En evaluaciones posteriores, estos últimos estudiantes lo hicieron mucho mejor. El experimento se repitió con estudiantes de la Universidad de Columbia, aunque con palabras más difíciles. Los resultados fueron similares. Ser forzado a generar respuestas, aunque sean erróneas, mejora el aprendizaje posterior. Hasta puede ayudar que la respuesta sea muy errónea. Metcalfe ha demostrado la existencia de un «efecto de hipercorrección» [151]. Cuanto más confía alguien en su respuesta incorrecta, mejor queda grabada en él la respuesta correcta una vez que la aprende. Tolerar grandes errores puede llegar a crear grandes oportunidades de aprendizaje.*

---

* Este es otro ejemplo de que extrapolar algo específico de los deportes al resto de la vida puede ser erróneo. En el aprendizaje de las habilidades motoras deportivas, algunos malos hábitos pueden ser muy difíciles de corregir. Los entrenadores de élite gastan mucha energía en modificar malos hábitos que los deportistas mal entrenados adquirieron de niños. Fuera del mundo de los deportes, las respuestas erróneas pueden ayudar al aprendizaje, siempre y cuando se adopte finalmente la correcta.

Kornell también ha ayudado a demostrar que los beneficios a largo plazo de los errores también ayudan a primates algo menos estudiosos que los alumnos de Columbia. Específicamente, *Oberon* y *Macduff*[152], dos monos Rhesus entrenados para aprender una lista de cosas a base de prueba y error. En un experimento fascinante, Kornell trabajó junto a un experto en cognición animal para darle a *Oberon* y *Macduff* listas de imágenes aleatorias para memorizar en un orden determinado (por ejemplo, un tulipán, un pez, un pájaro, Halle Berry y un cuervo). Las imágenes se podían ver simultáneamente en una pantalla. Al presionar sobre ellas, los monos tenían que aprender cuál era el orden deseado y luego hacerlo repetidamente. Pero no todos los ejercicios estaban diseñados de igual forma.

En algunas clases, a *Oberon* (que, en general, parecía más listo) y a *Macduff* automáticamente se les daba pistas, mostrándoles la siguiente foto de la lista. En otras listas podían tocar la pantalla de forma voluntaria para obtener ayuda y poder ver la siguiente imagen. En otras listas podían pedir ayuda solo en la mitad de sus intentos. Y, en las últimas listas, no se les daba ningún indicio.

En las secciones prácticas con pistas bajo pedido, los monos se comportaban de forma muy similar a los humanos. Casi siempre pedían pistas cuando estaban disponibles, e hicieron correctamente la mayoría de las listas. En total, hicieron unos 250 intentos para aprender cada lista.

Después de tres días de práctica, los científicos quitaron todas las ayudas. Los monos tenían que memorizar todas las listas sin ningún indicio. El resultado fue desastroso. *Oberon* consiguió solo un tercio de las listas correctamente, y *Macduff* menos del 20%. Había, sin embargo, una excepción: las listas en las cuales nunca habían tenido ningún indicio antes.

En esas listas, el primer día de prácticas ambos lo habían hecho muy mal. Eran, literalmente, monos apretando botones. Pero fueron mejorando los días siguientes. El día de la evaluación, *Oberon* acertó el 75% y *Macduff* la mitad de las listas sin pistas.

Los resultados del experimento fueron que cuantos más indicios se les daba, mejor rendimiento tenían los primeros días, pero menor rendimiento el día de la evaluación. Para las listas de pistas automáticas, *Macduff* acertó cero el día del examen. Es como si hubiesen olvidado todo lo que practicaron. Las conclusiones son simples: «Practicar con pistas para la solución no produce ningún aprendizaje duradero».

Aprender sin pistas es más lento y se cometen muchos errores. Es, en esencia, lo que normalmente pensamos que es una evaluación, solo que para aprender y no para un examen. La maestra de matemáticas estaba evaluando a sus alumnos en clase, pero les estaba facilitando las respuestas.

Utilizada para el aprendizaje, la evaluación o la autoevaluación es una dificultad muy deseada. Incluso para evaluar antes del trabajo de los estudiantes, cuando los errores están garantizados. En uno de los experimentos de Kornell, se les enseñó pares de palabras y luego se evaluó su memorización. En el examen, lo hicieron mejor con las parejas de palabras que habían aprendido a través de cuestionarios, aun cuando las respuestas a esas preguntas fueran erróneas. El hecho de esforzarse para recuperar información condiciona al cerebro para aprendizajes siguientes, aun cuando no se haya podido recuperar la información. El esfuerzo es real y muy útil. «Como pasa con la vida[153], la recuperación depende del viaje», escribió Kornell.

Si esa clase de matemáticas sigue un típico plan académico durante todo el año, será precisamente lo opuesto a lo que recomienda la ciencia para obtener conocimientos duraderos (probablemente se trata un tema una semana, y otro a la siguiente). Al igual que sucede con muchas de las formaciones de desarrollo profesional, a cada concepto o habilidad solo se le dedica un breve período de atención, y luego se pasa al tema siguiente, y no vuelve a verse. Esta estructura parece tener sentido, pero no contempla otra dificultad deseable: el «lapso» o la distribución de la práctica.

Esto es, tal como suena, dejar tiempo entre sesiones de práctica del mismo material. Se le puede llamar «espacios deliberadamente sin práctica entre espacios de práctica deliberada». «Hay un límite respecto a cuánto tiempo puede pasar —me dice Kornell—, pero es mayor de lo que la gente piensa. Sea aprender un idioma o volar un avión, cuanto más difícil sea, más aprenderás.» Los lapsos entre las prácticas crean la dificultad que aumenta el aprendizaje. Un estudio separó a estudiantes de vocabulario en español[154] en dos grupos: un grupo que aprendió el vocabulario y fue evaluado ese mismo día, y un grupo que aprendió el vocabulario y fue evaluado al mes siguiente. Ocho años más tarde, sin volver a estudiarlo, el último grupo retuvo un 250% más que el primero. Para una misma cantidad de estudio, el lapso hizo que el aprendizaje fuera más productivo al hacer fácilmente que fuera difícil.

Tampoco se necesita tanto tiempo para comprobar el «efecto lapso». Investigadores de Iowa State[155] leyeron listas de palabras a varias personas y luego les pidieron que las repitieran, ya fuera inmediatamente, después de quince segundos de releerlas o después de quince segundos, en los cuales resolvieron un problema matemático sin ninguna relación. Los que las repitieron inmediatamente lo hicieron mejor, mientras que los que pudieron ensayarlas en segundo lugar y los que tuvieron el problema de matemáticas fueron los peores. Más tarde, cuando todos pensaban que ya habían terminado el experimento, les pidieron que, nuevamente, escribieran todas las palabras que recordaban. De pronto, el peor grupo se convirtió en el mejor. El corto plazo solo dio beneficios a corto plazo. Los otros, al estar distraídos con el problema matemático, tuvieron que pasar la información de la memoria a corto plazo a la memoria a largo plazo. El grupo que tuvo tiempo para ensayar fue el peor. La repetición es menos importante que el esfuerzo.

No es malo contestar bien mientras se estudia, pero el proceso no debería ser muy rápido, a no ser que quieras terminar como *Oberon* (o peor, como *Macduff*), con un conocimiento espejo que se evapora cuando lo necesitas. Al igual que sucede cuando se dan muchas pistas, los psicólogos concluyen que «produce altos niveles de rendimiento engañosos[156] que no sobreviven al paso del tiempo». Para determinadas cantidades de material, el aprendizaje es más eficaz a largo plazo cuando es muy ineficaz a corto plazo. Si rindes muy bien cuando te evalúas en algo, el antídoto es esperar más tiempo antes de repasar el mismo material otra vez, para que el examen sea más difícil cuando lo hagas. La frustración no es una señal de que no estés aprendiendo; la facilidad, sí.

Plataformas como Medium o LinkedIn están absolutamente llenas de gente que comenta nuevas y brillantes formas de aprendizaje que prometen, sin ninguna base, un progreso asombroso, desde suplementos alimentarios hasta aplicaciones para entrenamiento del cerebro y para alterar las ondas cerebrales. En 2007 el Departamento de Educación de Estados Unidos[157] publicó un reportaje donde pidió a seis científicos y a un destacado maestro que identificaran estrategias de aprendizaje respaldadas científicamente. Las preguntas conectivas, los lapsos de aprendizaje y generar respuestas estaban entre las más nombradas. Las tres dificultan el rendimiento a corto plazo.

Al igual que con las preguntas conectivas que estudió Richland, es difícil aceptar que el mejor aprendizaje sea lento, y que hacerlo mal ahora es esencial para hacerlo bien más tarde. Es tan contraintuitivo que engaña a los propios alumnos, tanto respecto a sus progresos como a las habilidades de sus profesores. Demostrar esto requirió un estudio extraordinario y único[158], algo que solo la Academia de la Fuerza Aérea de Estados Unidos pudo realizar.

A cambio de su completa formación gratuita, los cadetes de la Academia de la Fuerza Aérea se comprometen a servir como oficiales un mínimo de ocho años posteriores a su graduación.* Están sometidos a un estricto

---

* De los cuales cinco años deben ser de trabajo activo.

programa de estudios con mucha ciencia e ingeniería, que incluye un mínimo de tres cursos de matemáticas.

Cada año, un algoritmo selecciona aleatoriamente veinte alumnos para cada clase de Cálculo I. Para examinar el impacto de los profesores, unos economistas compilaron datos de más de diez mil cadetes que habían sido seleccionados azarosamente para los cursos de cálculo dictados por cientos de profesores durante más de una década. En cada clase se utilizaba el mismo programa de estudios, el mismo examen y la misma evaluación del profesor, por parte de los cadetes, una vez acabado el curso.

Aprobado Cálculo I, los estudiantes eran reasignados aleatoriamente a Cálculo II, nuevamente con el mismo programa y examen. Los economistas corroboraron que los cadetes eran asignados según sus notas previas de forma similar en todas las clases, de modo que todos los profesores se enfrentaban a cadetes con un rendimiento similar. La academia también tenía procesos estandarizados de evaluación para que cada alumno fuera evaluado igual. De tal forma que, si hubiera un profesor más bondadoso, no tuviera la posibilidad de subir las notas de sus alumnos. Eso era importante, porque lo que querían comprobar era qué diferencias causaban los distintos profesores.

No fue sorprendente ver que había una serie de profesores de Cálculo I cuyos alumnos tenían mejores notas, y ellos, a su vez, eran mejor calificados por los alumnos. Otro grupo de profesores no conseguía que sus alumnos rindieran tanto en el examen y, a su vez, eran peor calificados por los cadetes. Pero cuando los economistas revisaron el largo plazo, es decir, cómo se habían desempeñado posteriormente los alumnos en otras materias que requerían saber Cálculo I, los resultados fueron sorprendentes. Los profesores que consiguieron que sus estudiantes sacaran mejores notas en su examen no fueron beneficiosos para los alumnos a largo plazo. «Los profesores que destacaron por promover el rendimiento actual de los alumnos, dificultaron el rendimiento de sus estudiantes en los cursos más avanzados», escribieron los economistas. Lo que parecía una ventaja inicial, se había evaporado.

Los economistas piensan que los profesores que obligaron al esfuerzo al principio para mejorar a largo plazo, estaban facilitando un «aprendizaje profundo» al hacer conexiones. «Ampliaban el currículum y conseguían estudiantes con un entendimiento más profundo del material.» También hacían que sus cursos fuesen más frustrantes y difíciles, de ahí las bajas notas en el examen de Cálculo I y la baja consideración de los profesores. Y viceversa. El profesor de cálculo que terminó último en aprendizaje profundo de entre los cientos analizados, es decir, que sus estudiantes tuvieron peor rendimiento, había quedado sexto en la evaluación de los estudiantes y séptimo en el rendimiento de sus alumnos en su examen. Los estudiantes evaluaban a sus profesores según cómo les había ido en el momento, lo que es una mala medida para evaluar cómo los habían preparado para el futuro, por lo que las mejores calificaciones eran para los profesores que peor los habían preparado. Los economistas concluyeron que los estudiantes estaban penalizando a los profesores que más los beneficiarían a largo plazo. De hecho, los estudiantes de Cálculo I cuyos profesores estaban menos calificados y tenían menos experiencia tuvieron mejor rendimiento en el examen de esa asignatura que los que tenían profesores más calificados y los hicieron sufrir en Cálculo I, pero los prepararon mejor para el futuro.

Un estudio similar se hizo en la universidad italiana Bocconi[159] sobre mil doscientos estudiantes de primer año que fueron distribuidos aleatoriamente en las clases de Gestión, Derecho y Economía de primer año, y luego fueron siguiendo una pauta determinada durante los cursos de los siguientes cuatro años. Mostró el mismo patrón. Los profesores que conseguían las mejores notas en sus propios cursos eran mejor considerados, pero perjudicaban el rendimiento de los alumnos a largo plazo.

El psicólogo Robert Bjork fue quien primero utilizó, en 1994, el concepto de «dificultades deseables»[160]. Veinte años después, concluyó su libro sobre la ciencia del aprendizaje diciendo: «Sobre todo, el mensaje más importante [161] es que los profesores y los estudiantes deben dejar de interpretar el rendimiento actual como si fuera aprendizaje. Un buen rendimiento en una evaluación durante el proceso de aprendizaje puede indicar dominio del tema, pero deben ser conscientes de que ese resultado, a menudo, solo indica un progreso rápido pero fugaz».

El lado positivo es que, durante los últimos cuarenta años, a pesar de que los estadounidenses afirman cada vez más, en encuestas nacionales [162], que los estudiantes actuales tienen peor educación que la que ellos tuvieron, están equivocados. Los resultados de la National Assesment of Educational Progress han ido aumentando constantemente desde 1970. Sin duda, los estudiantes de hoy tienen un dominio de las habilidades básicas superiores a los del pasado. Las escuelas no han empeorado [163], solo que los objetivos de la educación son más elevados.

El economista de la educación Greg Duncan, uno de los profesores de educación más influyentes del mundo, ha documentado esta tendencia. El hecho de concentrarse en problemas procedimentales funcionó bien hace cuarenta años, cuando en el mundo había muchos trabajos que pagaban salarios de clase media por realizar tareas procedimentales, tales como trabajar en una cadena de montaje, escribir a máquina o archivar documentos. Según Duncan: «Cada vez más, los trabajos que se pagan bien requieren que los empleados resuelvan problemas inesperados, a menudo trabajando en grupos... Este cambio en el mercado de trabajo ha supuesto nuevas y crecientes demandas para la escuela».

La que sigue es una pregunta de matemáticas en el examen de habilidades básicas para las escuelas públicas de Massachusetts a principios de 1980, correspondiente a alumnos de sexto grado:

Carol puede ir en bicicleta a 10 kilómetros por hora. Si Carol va a la tienda, ¿cuánto tardará?

Para resolver este problema tienes que saber:

A. Cómo de lejos está la tienda.
B. Qué clase de bicicleta tiene Carol.
C. A qué hora sale Carol.
D. Cuánto dinero tiene Carol para gastar.

Y esta es una pregunta de 2011 para el mismo tipo de alumnos:

Paige, Rosie y Cheryl: cada una de ellas gastó exactamente 9 dólares en el bar.

- Paige compró 3 bolsas de almendras.
- Rosie compró 2 bolsas de almendras y 2 de galletitas.
- Cheryl compró 1 de almendras, 1 de galletitas y 1 batido.

A. ¿Cuál es el coste en dólares de una bolsa de almendras? Explica cómo has obtenido la respuesta.
B. ¿Cuál es el coste en dólares de una bolsa de galletitas? Explica cómo has obtenido la respuesta.
C. ¿Cuál es el número total de galletitas que puedes comprar con el coste de un batido?

Para el primer problema, bastaba con memorizar una simple fórmula que podía ser interiorizada y aplicada (distancia = velocidad × tiempo). El segundo problema requiere la conexión de conceptos que luego son aplicados a nuevas situaciones. Las estrategias de enseñanza que los actuales maestros experimentaron cuando eran estudiantes ya no son suficientes. El conocimiento no solo necesita ser duradero, sino también flexible (tanto que persista como que sea útil para una amplia aplicación).

Al final de la clase de matemáticas que vi junto a Leslie Richland, los niños se sentaron a completar una ficha en lo que los psicólogos llaman práctica «bloqueada». Esto es, practicar lo mismo repetidamente; resolver cada problema utilizando el mismo proceso. Esto conduce a un excelente rendimiento inmediato, pero para que el conocimiento sea flexible debe ser aprendido bajo distintas condiciones, bajo un método llamado «práctica variada o mixta» o, para los investigadores, «intercalación».

La intercalación ha demostrado mejorar el razonamiento inductivo. Ante diferentes ejemplos mezclados, los estudiantes aprenden a crear generalizaciones abstractas que les permiten aplicar lo que aprenden a cosas nuevas. Por ejemplo, imagina que vas a visitar un museo y deseas poder identificar al artista (Cézanne, Picasso o Renoir) de pinturas que nunca antes has visto. Antes de ir, en lugar de estudiar cada una de las pinturas de cada artista en unas cartas en tres mazos diferentes, juntas los mazos y mezclas bien para intercalar las imágenes de las pinturas. Es probable que te cueste más saber de quién es cada imagen cuando comienzas a practicar, pero estarás mucho más capacitado para identificar cada cuadro el día que vayas al museo, aun viendo cuadros que no estaban incluidos en las cartas analizadas.

En un estudio realizado con problemas matemáticos universitarios[164], quienes aprendían en bloques todos los problemas del mismo tipo a la vez rendían mucho peor que los estudiantes que estudiaban los mismos problemas, pero todos mezclados. Los estudiantes de práctica bloqueada aprendían a través de la repetición, mientras que los de práctica mixta aprendían a diferenciar los tipos de problemas.

El mismo efecto se ha descubierto en cuestiones tan disímiles como identificar especies de mariposas o diagnosticar desórdenes psicológicos[165]. En investigaciones realizadas en simulaciones de defensa aérea naval[166], quienes practicaron en bloques superaron en rendimiento a quienes practicaron situaciones mixtas, siempre que el escenario fuera muy similar al practicado. En cambio, en cuanto tuvieron que enfrentarse a escenarios distintos, los de práctica mixta vapulearon a los de práctica en bloque.

Aun así, el intercalado tiende a engañar a los propios estudiantes en cuanto a su progreso. En uno de los estudios realizados por Kornell y Bjork[167], el 80% de los estudiantes estaban seguros de que habían aprendido mejor en bloque que con práctica mixta, a pesar de que el 80% rendía de forma opuesta. El sentimiento de aprendizaje, se descubrió, se basa en el progreso actual mientras que el aprendizaje profundo no lo hace. «Cuando tu intuición dice "en bloque", probablemente debas intercalar», asegura Kornell.

El intercalado es una dificultad deseable que, a menudo, requiere tanto de habilidades físicas como mentales. Un ejemplo de habilidad motora sencilla es una en la cual a estudiantes de piano se les pide que ejecuten un salto especial entre quince notas[168] con la mano izquierda en una quinta parte de un segundo. Se les permite efectuar 190 repeticiones. Algunos utilizaron todos sus ensayos para saltar quince notas. Otros fueron alternando con saltos de 8, 10, 15 y 22 notas. Cuando fueron evaluados, los que habían hecho saltos variados eran más rápidos y precisos que quienes solo habían hecho los saltos de 15 notas. Roberto Bjork, el inventor del término «dificultad deseable», una vez comentó respecto al permanente fracaso de Shaquille O'Neal desde la línea de tiros libres[169], que debería practicar un metro adelantado y luego un metro atrasado, para poder adquirir la modulación motora que necesitaba.

Sea mental o físico, el intercalado mejora la habilidad de encontrar la mejor estrategia para un problema. Suele ser una característica de quienes resuelven problemas[170]. Seas químico, físico o sociólogo, quienes mejor solucionan problemas dedican tiempo y esfuerzo mental en ver con qué tipo de problemas se están enfrentando antes de escoger una estrategia para hacerlo, en lugar de actuar rápidamente con procesos memorizados. En este sentido, son lo opuesto a los expertos que se desarrollan en entornos «buenos» de aprendizaje, como los maestros de ajedrez, que usan su intuición. Los expertos en entornos «buenos» utilizan su intuición y luego evalúan. Los expertos en entornos menos repetitivos, evalúan y luego escogen.

Las dificultades deseables, como la generación de opciones o los lapsos, hacen que el conocimiento se adhiera y perdure. Dificultades deseables como hacer conexiones o el intercalado hacen que el conocimiento sea flexible, útiles para problemas que nunca han aparecido en clase. Todos estos ralentizan el aprendizaje y hacen que el rendimiento a corto plazo sea inferior. Eso puede ser un problema porque, al igual que los cadetes de la fuerza aérea, todos evaluamos nuestro progreso por cómo lo hacemos *ahora* y, al igual que esos cadetes, estamos equivocados.

En 2017 Greg Duncan, junto al psicólogo Drew Bailey y otros colegas, revisaron sesenta y siete[171] programas de educación temprana que pretendían acelerar el rendimiento académico. Programas como el *Head Start* daban una ventaja inicial, pero eso era todo. Los investigadores encontraron un efecto de «diseminado», en el cual cualquier ventaja inicial se iba atenuando hasta desaparecer por completo. En un gráfico, se vería muy similar al gráfico en el que se ve cómo los deportistas de élite alcanzan a quienes tuvieron una ventaja inicial.

Una de las razones para ello, concluyen, es que en los programas educativos iniciales se enseñan habilidades «cerradas», que pueden ser adquiridas rápidamente a través de procesos y que, tarde o temprano, todo el mundo adquirirá. Este efecto de diseminado no se produce porque desaparezca la habilidad de los avanzados, sino porque los demás enseguida los alcanzan. El equivalente motriz sería[172] el de enseñar a caminar a un niño un poco antes; al final todos aprenderán a andar igualmente. Aunque pueda ser impresionante al principio, no hay evidencia de que sirva de algo más tarde.

La investigación concluye que si los programas quieren impartir beneficios académicos perdurables, deberían enfocarse en habilidades «abiertas». Enseñarles a leer un poco antes no es una ventaja duradera. Enseñarles a conectar claves contextuales para entender lo que leen sí que lo es. Al igual que con todas las dificultades deseables, el problema es que una ventaja inicial ocurre rápidamente, mientras que el conocimiento profundo es lento. «El crecimiento más lento se da en las habilidades más complejas.»

Duncan acudió al programa de televisión *Today* para mostrar sus descubrimientos. La opinión opuesta la expresaban los padres y un experto en educación temprana que decía que podía ver el progreso de un niño. Eso no se discute. Lo que se cuestiona es si puede juzgar el impacto en el aprendizaje futuro, y la evidencia muestra, al igual que con los cadetes de la fuerza aérea, que no muy bien.*

Ante nuestros ojos, el progreso refuerza nuestro instinto de hacer más de lo mismo, pero al igual que en el caso del doctor de fiebre tifoidea, el *feedback* puede darnos una lección errónea. Aprender profundamente implica aprender despacio. El culto a la ventaja inicial le ha fallado a quienes aprenden, que son a quienes tenía que servir.

El conocimiento duradero tiene que ser muy flexible, compuesto de esquemas mentales que deben enfrentarse a nuevos problemas. Los oficiales navales virtuales de la simulación de defensa aérea, y los alumnos de matemáticas que hicieron prácticas intercaladas, estaban aprendiendo a reconocer profundas características estructurales de los distintos tipos de problemas. No podían basarse en los mismos escenarios, sino que tenían que identificar conexiones conceptuales subyacentes en las batallas simuladas, o en los problemas matemáticos, que nunca antes habían visto. Luego diseñaban una estrategia para cada problema. Cuando una nueva estructura de conocimiento es tan flexible que puede aplicarse a distintos dominios o situaciones novedosas, se llama «transferencia lejana».

---

* Dos de los más famosos programas de educación temprana han mostrado el efecto de diseminado en varias medidas cognitivas que evaluaban el rendimiento, pero también mostraron algunos beneficios sociales a largo plazo, tales como menores tasas de encarcelamiento. Aun cuando los efectos académicos desaparecen, parece que un programa extendido de las interacciones positivas entre adultos y niños puede dejar una marca duradera. En mi opinión, los programas deportivos para jóvenes deben tomar nota: las interacciones entre entrenador y deportistas pueden tener una vida más larga que la ventaja inicial fugaz sobre una habilidad cerrada.

Hay un tipo de pensamiento que es el que facilita la transferencia lejana, uno que los aldeanos uzbekos no podían utilizar, y que puede parecer alejado precisamente por cuán lejos puede hacerse una transferencia. Es un modo de pensamiento amplio que ninguno de nosotros utiliza lo suficiente.

5

Pensar más allá de la experiencia

Se aproximaba el siglo XVII. Se creía que el universo consistía en cuerpos celestes movidos por espíritus individuales, almas planetarias inefables que giraban alrededor de una Tierra estática. El astrónomo polaco Nicolás Copérnico acababa de proponer que los planetas giran alrededor del Sol. La idea era tan poco ortodoxa que el filósofo italiano Giordano Bruno [173] fue censurado por enseñarla, y luego condenado a la hoguera por hereje, al afirmar que hay otros soles rodeados de otros planetas.

Tal vez los espíritus fueran quienes movían los planetas, pero estos también necesitaban un lugar donde hacerlo. Se supuso que lo hacían sobre esferas cristalinas, invisibles desde la Tierra y que formaban una suerte de engranajes como los de un reloj, produciendo así un movimiento colectivo constante. Platón y Aristóteles habían sentado las bases del modelo aceptado que dominó durante dos mil años. Ese universo de relojero es el que heredó Johannes Kepler [174]. Él lo aceptó al comienzo.

Cuando la constelación de Casiopea, de pronto, obtuvo una nueva estrella (en realidad era una supernova, la brillante explosión de una estrella al final de su existencia), Kepler pensó que la idea de un universo que no cambia era incorrecta. Unos años más tarde, un cometa surcó los cielos europeos. Kepler se preguntó si habría atravesado las esferas cristalinas. Comenzó a dudar de la sabiduría ancestral.

En 1596, cuando tenía veinticinco años, Kepler aceptó el modelo de Copérnico de que los planetas giraban alrededor del Sol, pero tenía una duda. ¿Por qué los planetas que están más alejados del Sol se mueven más despacio? Tal vez los planetas más distantes tuviesen «almas más débiles», pero ¿por qué? ¿Coincidencia? Tal vez, pensó, en lugar de varios espíritus había uno solo, dentro del Sol, que, por alguna razón, actuaba con más fuerza sobre los planetas cercanos. Kepler estaba tan alejado del pensamiento previo que no había ninguna evidencia que pudiera utilizar. Debía recurrir a analogías.

Tanto los olores como el calor se disipan predictivamente desde su fuente, lo que significa que una fuerza misteriosa que mueva planetas desde el Sol también podría hacerlo. Pero tanto el calor como los olores se pueden detectar en toda la trayectoria, mientras que el alma que mueve desde el Sol, escribió Kepler, «afecta a todo el mundo, pero solo existe donde hay algo que sea movible». ¿Había alguna prueba de que algo así podía existir?

La luz «tiene su nido en el Sol», escribió Kepler. Sin embargo, parece no existir entre la fuente y el objeto que ilumina. Si la luz puede hacerlo, también puede hacerlo otro ente. Comenzó utilizando las palabras «poder» o «fuerza», en lugar de «alma» o «espíritu». El «poder motor» de Kepler fue un precursor de la gravedad, un sorprendente salto mental, porque precedió a que la ciencia concibiera la noción de fuerzas físicas que actuaban en todo el universo.

Puesto que el poder motor de Kepler parece emanar del Sol y dispersarse en el espacio, Kepler se preguntó si la luz, o algo similar a ella, era el motor de los movimientos de los planetas. Entonces, ¿podría el poder motor ser bloqueado al igual que la luz? El movimiento planetario no se paraba durante un eclipse, así que no podía ser igual que la luz o depender de ella. Necesitaba otra analogía.

Kepler leyó una descripción del magnetismo recientemente publicada y pensó que tal vez los planetas eran como imanes[175] con polos en cada extremo. Se dio cuenta de que los planetas se movían más lentamente cuando más lejos estaban del Sol, así que tal vez el Sol y los planetas se atraían y repelían según qué polo estaba más cerca. Eso podría explicar por qué los planetas se acercaban y alejaban del Sol, pero ¿por qué continuaban en su órbita? El poder del Sol también parecía empujarlos hacia delante. Hasta la siguiente analogía.

El Sol gira sobre su eje y crea un movimiento de remolino que arrastra a los planetas como botes en una corriente. A Kepler le gustó, pero traía consigo nuevos inconvenientes. Se dio cuenta de que las órbitas no eran perfectamente circulares, así que ¿qué extraña corriente estaba creando el Sol? La analogía del remolino resultaba incompleta sin los remeros.

Los remeros en un río arremolinado pueden dirigir sus botes perpendicularmente a la corriente, así que tal vez los planetas pudieran dirigirse a sí mismos dentro de la corriente. Una corriente circular explica por qué todos los planetas se mueven en el mismo sentido, y luego cada planeta se mueve en la corriente para evitar ser absorbido por la misma hacia el centro, lo que ocasiona que las órbitas no sean tan circulares, pero ¿quién capitaneaba esos barcos? Eso llevó a Kepler de nuevo a los espíritus, y no le gustaba esa solución. Kepler se escribió a sí mismo: «¿No te gustaría que los planetas tuvieran dos ojos?».

Cada vez que se encontraba empantanado, Kepler desplegaba una ráfaga de analogías. No solo la luz, remeros, calor, olor, sino también lentes ópticas, balanzas, imanes, oradores ante un público y muchas más. Analizaba exhaustivamente cada una y cada vez alumbraba nuevas preguntas.

Finalmente, decidió que los cuerpos celestiales se atraían entre ellos, y que los más grandes tenían más fuerza. Eso lo llevó a afirmar (correctamente) que la Luna influía en las corrientes marinas[176] de la Tierra. Galileo, el encarnador de ideas locas, se burló de él por la ridícula ocurrencia de que «la Luna tenía poder sobre las aguas».

Las divagaciones intelectuales de Kepler abarcaron grandes viajes. Desde los planetas imbuidos de almas y circulando por esferas cristalinas alrededor de la Tierra, hasta su iluminación de las leyes del movimiento planetario, que demostró que los planetas se movían en elipses que eran predecibles, basadas en su posición respecto al Sol.

Más importante, Kepler inventó la astrofísica. No heredó una idea de fuerzas físicas universales. No había un concepto de «gravedad» como una fuerza y no tenía una noción, de momento, que mantuviera a los planetas en movimiento. Todo lo que tenía eran analogías. Fue el primero en descubrir las leyes causales de la física para fenómenos en el cielo, y lo sabía. Al publicar sus leyes sobre el movimiento planetario escribió: «¡Hey, físicos! [177] Abrid vuestras orejas, porque ahora vamos a adentrarnos en vuestro territorio». El título de su obra magna fue *La nueva astronomía basada en causas*.

En una época en la cual la alquimia era la forma de estudiar los fenómenos naturales, Kepler llenó el universo de fuerzas invisibles que actuaban a nuestro alrededor, y ayudó a lanzar una revolución científica. La documentación, algo fastidiosa, de todos los pensamientos y sinuosos caminos que recorrió su mente, constituye un gran registro de cómo una mente realiza una transformación creativa. Sería un tópico decir que Kepler pensaba fuera de la caja, pero lo que hacía, cuando se encontraba empantanado, era pensar en un dominio totalmente distinto. Dejó registro de sus herramientas preferidas para hacer eso, aquellas que le permitían dejar a los demás con los ojos abiertos y que aceptaran sus ideas. Escribió que «especialmente me gustan las analogías [178], mis maestras más fieles, que poseen todos los secretos de la naturaleza... Uno debe hacer un gran uso de ellas».

Basta con mencionar a Kepler para que la psicóloga de la Universidad de Northwestern, Dedre Gentner, se entusiasme. Enseguida comienza a gesticular y sus gafas de carey suben y bajan. Ella es, probablemente, la mayor autoridad mundial en pensamiento analógico. El pensamiento analógico profundo es la práctica de reconocer conceptos similares en distintos dominios o escenarios que no parecen, en principio, tener mucho en común. Es una herramienta poderosa para resolver problemas endiablados, y Kepler era un adicto a las analogías, por lo que Gentner se ve naturalmente inclinada a apreciarlo. Cuando ella menciona algún detalle histórico trivial que pudiera ser malinterpretado hoy en día, sugiere que tal vez sea mejor no publicarlo, ya que puede hacerle quedar mal, aun cuando lleva muerto más de cuatrocientos años.

«En mi opinión —me dice Gentner—, nuestra capacidad de pensar relacionalmente es una de las razones por las cuales dominamos el planeta. Las relaciones son realmente difíciles para las otras especies.» El pensamiento analógico convierte en familiar algo extraño, o mira a lo familiar bajo una luz distinta, y permite a los humanos razonar sobre problemas nuevos en contextos inusuales. También nos permite entender cosas que nunca hemos visto. Los estudiantes pueden aprender sobre el movimiento de las moléculas utilizando como analogía unas bolas de billar chocando entre sí. Y los principios de la electricidad pueden ser entendidos utilizando la analogía de agua que fluye por caños. Conceptos de la biología sirven de analogía para mostrar los avances de la inteligencia artificial: «redes neuronales» que aprenden a identificar imágenes que sirvan como modelo (cuando buscas fotos de gatos, por ejemplo) han sido concebidas como las neuronas del cerebro, y los «algoritmos genéticos» están conceptualmente basados en la evolución por selección natural (se evalúan soluciones, se prueban y las más eficientes pasan sus propiedades hasta la próxima ronda de soluciones y así *ad infinitum*). Es la extensión más lejana posible del tipo de pensamiento del que carecían los aldeanos remotos de Luria, cuya resolución de problemas dependía de la experiencia directa.

Kepler se enfrentaba a un problema, no solo novedoso para él, sino para toda la humanidad. No había una base de datos de experiencias en la cual centrarse. Para investigar si él debía ser el primero en proponer la «acción a distancia» [179] en los cielos (un misterioso poder invisible atravesando el espacio y luego apareciendo en determinado objeto), recurrió a la analogía (olores, calor, luz) para considerar si era conceptualmente posible. Luego, para pensar los problemas, siguió con una letanía de distintas posibilidades (imanes, botes).

La mayoría de los problemas que tenemos no son novedosos, por lo que podemos utilizar lo que Gentner llama analogías «superficiales» de nuestra propia experiencia. «La mayor parte de las veces, si algo es similar en la superficie también serán relacionalmente similares.» Si recuerdas cómo desatascaste la tubería de la bañera, es probable que cuando se atasque la tubería de la cocina sepas solucionarlo.

Pero estas analogías superficiales funcionan en «entornos buenos», me aclara Gentner. Al igual que los entornos de aprendizaje «buenos», está basado en patrones repetitivos. «Está muy bien si permaneces toda tu vida en la misma aldea», agrega. El mundo moderno no es tan «bueno». Requiere de un pensamiento que no puede basarse en la experiencia. Al igual que los alumnos de matemáticas, debemos ser capaces de crear una estrategia para resolver problemas que nunca antes tuvimos. «En la vida actual necesitamos recordar cosas que son solo relativa o abstractamente similares, y cuanto más creativo quieras ponerte, más importante será», dice Gentner.

En 1930 Karl Duncker, durante un curso de solución de problemas, planteó uno de los más famosos problemas de psicología cognitiva:

Supón que eres un médico [180] con un paciente que tiene un tumor estomacal maligno. Es imposible operar al paciente, pero a menos que destruyas el tumor, morirá. Existe un rayo que puede ser utilizado para destruir el tumor. Si el rayo se aplica sobre todo el tumor y a cierta intensidad, lo destruirá. Desafortunadamente, a esa intensidad el tejido sano por el que atraviese también se destruirá. A menor intensidad, no afecta al tejido sano, pero tampoco afectará al tumor. ¿Qué tipo de procedimiento puede utilizarse para destruir el tumor con el rayo y, a la vez, evitar la destrucción de tejido sano?

Está en ti utilizar el rayo, pero este es o muy fuerte o muy suave. ¿Cómo lo solucionas? Mientras piensas, te contaré una historia para pasar el tiempo. Había una vez un general que tenía que capturar una fortaleza en medio de un país gobernado por un malvado dictador. Si el general pudiese agrupar todas sus fuerzas contra la fortaleza a la vez, no tendría problemas para conseguir penetrar la muralla. Muchos caminos llegan a la fortaleza desde todas direcciones, como si fuesen los rayos de la rueda de una bicicleta, pero están llenos de minas y solo un puñado de soldados puede pasar por ellos al mismo tiempo. El general concibe un plan, divide al ejército en pequeños grupos y los dirige por los distintos caminos. Sincroniza los tiempos y hace que todos lleguen a la fortaleza en el mismo momento. El plan funciona, entran en la fortaleza y deponen al dictador.

¿Ya sabes cómo salvar al paciente? Una última historia mientras sigues pensando: Hace un tiempo, un jefe de bomberos llegó a[181] un incendio y le preocupó que pudiera extenderse a la casa vecina si no lo extinguía rápidamente. No hay ningún hidrante para conectar la manguera, pero cerca hay un lago. Docenas de vecinos se estaban turnando con cubos de agua para apagar el incendio, pero no conseguían avances. El jefe de bomberos les ordenó que dejasen de tirar agua y que fuesen al lago a cargar sus cubos. Después ubicó a todos los vecinos rodeando la casa. A la señal de tres, todos vaciaron los cubos al mismo tiempo. El fuego disminuyó mucho y, al siguiente turno de descarga, se extinguió. El pueblo premió al jefe por su rápido pensamiento.

¿Ya has salvado al paciente? No te sientas mal, casi nadie lo consigue. Al menos no al principio, y luego casi todos lo hacen. Solo un 10% resuelve el problema de Duncker a la primera. Una vez que se ha contado la historia de la fortaleza, un 30% lo resuelve. Agregando la del fuego, un 50% lo resuelve. Si les dices que utilicen esas historias para obtener una solución, un 80% lo consigue.

La solución es que tú, el doctor, puedes dirigir múltiples rayos de baja intensidad que no afecten al tejido sano, pero que converjan en el tumor con la suficiente intensidad colectiva como para destruirlo. Al igual que lo hace el general con la fortaleza y el jefe de bomberos con los cubos de agua.

Estos son los resultados de una serie de estudios de pensamiento analógico realizado en la década de 1980. No te sientas mal si no lo has conseguido; en un experimento real hubieras tenido más tiempo y, además, eso no es lo importante. Lo importante es lo que nos muestra sobre la forma de resolver problemas: con solo tener una analogía de otro dominio, se triplica el acierto; con dos analogías, aún más. El impacto de las analogías es como si te estuvieran diciendo directamente que «si necesitas mucha fuerza para lograr algo, pero no es posible ejercerla de forma directa, el conjunto de pequeñas fuerzas aplicadas simultáneamente puede conseguir lo mismo».

Los científicos que hicieron el experimento esperaban que las analogías resolvieran el problema, pero se sorprendieron de que la mayoría no diesen con las claves en la historia de la fortaleza, hasta que se les indicó que las buscasen. «Uno suponía que, por el hecho de encontrarse bajo un experimento de psicología, todos los participantes del mismo hubiesen considerado que la primera parte del experimento tendría relación con la segunda», escribieron los científicos.

La intuición humana, aparentemente, no está bien diseñada para utilizar las mejores herramientas cuando se enfrentan a lo que los investigadores llaman «problemas mal definidos». Nuestros instintos, basados en experiencias, están bien preparados para los dominios de Tiger, los entornos «buenos» donde los problemas y soluciones se repiten.

Un experimento realizado con estudiantes de Relaciones Internacionales de Stanford[182], durante la guerra fría, nos impone cautela respecto a basarnos en razonamientos de entornos «buenos», esto es, en basarse en la primera analogía que se nos ocurre. A los estudiantes se les dijo que un pequeño país democrático estaba amenazado por un vecino totalitario, y que ellos tendrían que resolver cómo iba a reaccionar Estados Unidos. A algunos estudiantes se les dieron analogías que se vinculaban con la Segunda Guerra Mundial (refugiados en vagones de tren; un presidente proveniente de Nueva York, igual que Roosevelt; un encuentro con Winston Churchill), a los otros, ejemplos que los vinculaban con Vietnam (un presidente de Texas, como Johnson; refugiados en botes). Los estudiantes a los que se les había recordado la Segunda Guerra Mundial estaban más deseosos de ir a la guerra. Los de Vietnam, optaron por una diplomacia no militarizada. Este fenómeno ha sido documentado en todo tipo de situaciones. Entrenadores que evaluaron distintamente el potencial de un jugador según con quién se lo comparaba cuando se lo presentaron, aun cuando el resto de la información era la misma.

Con el problema del rayo, la estrategia más exitosa empleó situaciones múltiples que no eran similares en la superficie, pero que sí contenían estructuras profundas similares. La mayoría de los resolutores de problemas no son como Kepler. Permanecerán dentro del problema enfocados en los detalles, o tal vez buscando otras opiniones de colegas, pero no buscarán intuitivamente soluciones en otros campos. Sin embargo, deberían hacerlo, y tendrían que asegurarse de que algunas de esas analogías están en la superficie, muy alejadas del problema en concreto. En un mundo «malo», basarse en la experiencia de un solo campo no solo es limitante, sino que puede ser desastroso.

El problema de utilizar solo una analogía, especialmente si proviene de una situación similar, es que no nos ayuda a evitar utilizar «la visión interna»; un término acuñado por los psicólogos Daniel Kahneman y Amos Tversky. Utilizamos la visión interna cuando hacemos juicios basados estrictamente en los detalles de un proyecto particular que tenemos delante.

Kahneman padeció en persona[183] los riesgos de la visión interna, cuando creó un grupo para escribir los contenidos de un curso de secundaria sobre la ciencia de la toma de decisiones. Después de un año de reuniones semanales, consultó a todos acerca de cuánto pensaba cada uno que duraría el proyecto. La estimación más corta era un año y medio, y la más alta dos años y medio. Luego le preguntó a uno de los miembros del equipo, llamado Seymour, que tenía experiencia en trabajos del mismo estilo con otros equipos, en qué se comparaban con este.

Seymour se quedó pensando un rato. Momentos antes, había estimado que tomaría unos dos años. Ante la pregunta de Kahneman de que lo comparase con los otros equipos, nunca se le había ocurrido compararlos con otros proyectos, pero un 40% de los equipos que había visto ni siquiera habían acabado nunca el proyecto y ninguno de los otros terminó en menos de siete años.

El grupo de Kahneman no estaba dispuesto a esperar, al menos, otros seis años en un proyecto que podía fracasar. Pasaron unos minutos debatiendo sobre esto y decidieron seguir adelante confiando en la estimación del grupo de dos años. Ocho años más tarde, finalmente, acabaron. Para aquel entonces, Kahneman ya no se encontraba ni siquiera en el país y la agencia que había solicitado el informe ya no estaba interesada.

Nuestra natural inclinación a usar la visión interna puede ser derrotada siguiendo analogías de una visión externa. La visión externa busca otros problemas que tengan una profunda estructura similar. Esta visión externa va en contra de nuestra intuición porque requiere que el decisor ignore características únicas superficiales del proyecto, en el cual suele ser experto, y que, en su lugar, busque en otro lado analogías de estructura similar. Requiere un cambio de mentalidad de estrecha a amplia.

En un experimento único realizado en 2012, el profesor de estrategia empresarial de la Universidad de Sidney, Dan Lovallo, que había trabajado con Kahneman, y un par de economistas teorizaron que, si se comenzaba analizando una serie de analogías diversas, al estilo Kepler, eso acarrearía naturalmente tener una visión externa y mejoraría la toma de decisiones. Reclutaron a inversores de grandes empresas de inversión[184], quienes analizaron una gran cantidad de posibles inversiones en distintos dominios. Los investigadores pensaron que los inversores tenderían a utilizar una visión externa.

Se les pidió que evaluaran un proyecto real en el que estuvieran trabajando con una detallada descripción de los pasos para conseguir el éxito, y predecir el retorno sobre la inversión que obtendrían. Luego se les pidió que escribieran sobre otros proyectos que conocieran y que tuvieran algunas similitudes con el que estaban trabajando. Por ejemplo, otras empresas cuyos dueños quisieran vender u otra *start-up* con un negocio de riesgo similar. Se les pidió también que estimaran el retorno en esos proyectos.

En total, los inversores estimaron que sus propios proyectos tendrían un retorno de un 50% superior al de los otros proyectos que ellos mismos habían calificado como «conceptualmente similares». Luego, cuando se les dio la oportunidad de repensar y revisar sus estimaciones, todos disminuyeron la diferencia y quedaron «bastante sorprendidos, y los más experimentados, aún más», dijo Lovallo. Los inversores primero habían estimado sus proyectos, del cual conocían todos los detalles, como completamente diferentes a otros en los que no los tenían.

Este es un fenómeno muy expandido. Si tienes que predecir qué caballo ganará una carrera o qué político ganará una elección, cuantos más detalles tengas de un determinado escenario (cualidades físicas del caballo[185] o estrategias del político), más tendencia tendrás a pensar que ese escenario ocurrirá.

Los psicólogos han demostrado repetidamente que cuantos más detalles internos tenga[186] una persona para considerar, más extremo será su juicio. En el caso de los inversores, conocían más detalles de sus propios proyectos y pensaban que iban a ser un gran éxito, hasta que se les forzó a evaluar otros proyectos similares. En otro ejemplo, unos estudiantes evaluaron mejor a una universidad si sabían que un departamento de ciencias determinado había sido considerado entre los diez mejores, que si se les decía que todos los departamentos de esa universidad estaban considerados entre los diez mejores. En un famoso estudio, los participantes juzgaron que una persona tenía más posibilidades de morir por «problemas cardíacos, cáncer u otras causas naturales» que por «causas naturales»[187]. Parece ser que enfocarse en los detalles específicos de un problema es lo que hay que hacer, pero a menudo es lo contrario.

Bent Flyvbjerg, presidente del Programa de Gestión de la Escuela de Negocios de la Universidad de Oxford, ha demostrado que el 90% de las mayores infraestructuras[188] del mundo se pasan de presupuesto (en un promedio del 28%); en parte porque los gestores se concentran mucho en los detalles de su proyecto y eso les hace ser más optimistas. A los gestores de proyectos les suele pasar lo mismo que a los del experimento de Kahneman, que pensaban que, puesto que eran expertos en el tema, no encontrarían los mismos problemas que otros grupos similares. Flyvbjerg estudió el proyecto de un tranvía en Escocia en el cual el equipo de una consultora realizó una aproximación análoga a la que hicieron los inversores. Ignoraron los detalles específicos del proyecto y lo compararon con otros de estructura similar. La consultora pudo comprobar que se habían analizado detalladamente todos los puntos del proyecto, pero analizando proyectos análogos concluyeron que la estimación del proyecto en 320 millones de libras había sido muy subestimada[189]. Cuando se inauguró finalmente el tranvía, los costes habían ascendido a los mil millones. Después de eso, en otros proyectos británicos se comenzó a utilizar una mirada externa para estimar los costes, forzando a los directores del proyecto a utilizar ejemplos análogos del pasado.

Siguiendo con el experimento de los inversores, los investigadores pusieron su mirada en el negocio del cine[190], un campo con mucho riesgo, mucha retribución y muchos datos sobre sus resultados. Se preguntaron si al forzar el pensamiento analógico en los espectadores se podría predecir el éxito de una película. Comenzaron por darle a cientos de espectadores información sobre una película: actores, escenarios y sinopsis de próximos estrenos. Se trataba de *War of the worlds, Bewitched, Red Eye, Deuce Bigelow: European Gigolo* y otras. También se les dio información sobre cuarenta películas antiguas y se les pidió que pusieran nota acerca de cómo de bien funcionaban como analogía de las películas a estrenar. Los investigadores utilizaron esas calificaciones de semejanza (e información tanto si se trataba de una secuela como si no) para predecir el éxito de los estrenos. Luego compararon esas previsiones con información sobre setecientas películas antiguas y cada uno de los estrenos, viendo momentos del estreno, actores, presupuesto y género. Aun sin toda esa información, la predicción de los espectadores usando la analogía fue mucho mejor, obteniendo mejores resultados en quince de los diecinueve estrenos. Utilizando las analogías, el fallo en las estimaciones fue inferior al 4% en *War of the worlds, Bewitched* y Red Eye, y de un 1,7% en *Deuce Bigelow: European Gigolo*.

Netflix llegó a unas conclusiones similares[191] para mejorar su algoritmo de recomendaciones. Decodificar los aspectos de las películas para saber qué podría gustarte era mucho más complejo y menos eficiente que utilizar la semejanza con otros consumidores con un historial de películas similar. En lugar de predecir *qué* te puede gustar, examinan a *quién* te pareces, y la complejidad queda circunscrita.

Es interesante el hecho de que, si los investigadores hubieran utilizado solo la película con mayor calificación de semejanza, las predicciones habrían fracasado. Parece ser que la mejor analogía no alcanza por sí sola. Usar todas las analogías de la misma clase (la base de una visión externa) era muchísimo más fiable.

Regresemos al capítulo 1, cuando Gary Klein estudió a expertos en ambientes de aprendizaje «buenos» como el ajedrez o el de los bomberos. En lugar de ver opciones, saltan a tomar decisiones basadas en el reconocimiento de patrones superficiales. Puede que luego las evalúen si tienen tiempo, pero, normalmente, se quedan con esa primera intuición. Esta vez probablemente sea igual que la última, así trabaja la experiencia en un campo reducido. Pero generar nuevas ideas o enfrentarse a nuevos problemas con mucha incerteza no tiene nada que ver con eso. Evaluar una serie de opciones antes de dejar que reine la intuición es un truco reservado para el mundo «malo».

En otro experimento, Lovallo y su colaborador Ferdinand Dubin[192] pidieron a ciento cincuenta alumnos de una escuela de negocios que generaran estrategias para una ficticia Mickey Company, que tenía problemas para insertar sus productos informáticos en Australia y China. Una vez que se les informó de los desafíos a los que se enfrentaban, se les pidieron soluciones estratégicas para mejorar la posición de la empresa.

Les dieron a algunos estudiantes una o más analogías en sus instrucciones (por ejemplo, lo que habían hecho Nike y McDonald's). Otros estudiantes no las recibieron. Los estudiantes que tuvieron una analogía propusieron más estrategias que los que no recibieron ninguna, y los que recibieron dos o más, aún muchas estrategias más. Y cuanto más distante sea la analogía, mejor para generar ideas. Quienes recibieron analogías de Nike y McDonald's, lo hicieron mejor que quienes recibieron analogías de Apple y Dell. Solo el hecho de recordarles a los estudiantes que debían usar analogías los convertía en más creativos. Sin embargo, los estudiantes manifestaron que, si tenían que usar analogías, era mejor utilizar el ejemplo de alguien del mismo sector. Al igual que los inversores del otro estudio, la intuición es usar pocas analogías y usar las que son superficialmente más similares. «Eso, normalmente, es justo el camino equivocado, sin importar para qué quieras utilizar las analogías», me dijo Lovallo.

La buena noticia es que es fácil llevar analogías de la visión interna intuitiva a una visión externa. En el año 2001, el Boston Consulting Group[193] creó una intranet para que sus consultores tuviesen abundante información y material para realizar pensamiento analógico. Los casos interactivos se clasificaban por disciplina (antropología, psicología, historia, etc.), concepto (cambio, logística, productividad…) y materia estratégica (competencia, cooperación, alianzas…). Un consultor que tenga que generar estrategias para unificar dos empresas después de una fusión, puede que se le presente material como el de cuando Guillermo el Conquistador unió Inglaterra con el reino normando en el siglo XI. Otro ejemplo podrían ser las estrategias utilizadas por Sherlock Holmes para observar detalles que los demás pasan por alto. Otro consultor que trabaje con emprendedores puede sacar ideas de un estratega militar prusiano que estudió el frágil equilibrio que sucede después de conseguir una victoria o un objetivo fácilmente, pues puede terminar convirtiéndose en una derrota. Si suena como algo demasiado remoto como para ser aplicable a los negocios actuales, eso es exactamente lo que se busca.

Dedre Gentner quiso averiguar si todos podíamos ser más como Kepler, capaces de utilizar analogías lejanas para entender los problemas, así que creó la «*Ambiguous Sorting Task*».

Este es un juego que consiste en veinticinco cartas, cada una de las cuales describe un fenómeno real del mundo, tales como explicar cómo funciona Internet o cómo se producen las burbujas económicas. Cada carta pertenece a dos categorías: una por su campo (economía, biología…) y otra por su estructura profunda. Los participantes tienen que agrupar las cartas en categorías similares.

Como ejemplo de estructura profunda, puedes agrupar las burbujas económicas con el derretimiento de las capas polares dentro de «ciclos de *feedback* positivos» (en las burbujas económicas los inversores compran con la idea de que el precio va a subir y esa compra hace que el precio suba lo que lleva a más compras; cuando las capas de hielo se derriten, reflejan menos calor de regreso a la atmósfera, lo que calienta el planeta y hace que aumente el deshielo). O tal vez puedas unir la sudoración y las medidas del banco central dentro de «ciclos de *feedback* negativo (sudar refresca el cuerpo, por lo que no se necesita más sudor; el banco central baja los intereses para impulsar la economía y, cuando esta se recalienta, los aumenta para enfriarla). La forma en la cual los precios del gas derivan en un aumento del precio de los alimentos y los pasos que necesita un mensaje para atravesar las neuronas de tu cerebro son ambos ejemplos de cadenas causales, donde un hecho conduce al otro, lo que, a su vez, conduce a otro, y así en orden lineal.

Alternativamente, puedes agrupar las burbujas económicas, el banco central y el precio del gas dentro del campo de la economía. También podrías poner la sudoración y la transmisión neuronal dentro del campo de biología.

Gentner y sus colegas dieron las cartas [194] a alumnos de distintas carreras de la Universidad de Northwestern y descubrieron que todos los estudiantes eran capaces de agrupar las cartas por campo, pero muchos menos podían hacerlo por estructura causal. Hubo un grupo de estudiantes, sin embargo, que se destacaron por encontrar estructuras; eran aquellos estudiantes que habían recibido clases en distintas disciplinas, como los del Programa Integrado de Ciencias.

La página de la universidad describe este programa como un poco de matemáticas, un poco de biología, un poco de física y un poco de química, lo que conforma un programa de ciencias único. La intención de este programa es que los alumnos tengan una visión de todos los campos de las ciencias naturales y matemáticas, de forma que puedan ver similitudes en las distintas ciencias. El programa te permite ver conexiones entre distintas disciplinas.

Un profesor al cual le pregunté su opinión sobre el programa me dijo que, en general, a los profesores no les gusta; prefieren que los alumnos se especialicen en un solo campo, dentro de un departamento. Les preocupa que los alumnos puedan quedar rezagados respecto a otros. Prefieren especializarlos rápidamente antes que enseñarles ideas de distintos dominios que promuevan el pensamiento analógico y las conexiones conceptuales, que permiten a los estudiantes categorizar el tipo de problema al cual se enfrentan. Esa es precisamente la habilidad en la que destacan los solucionadores de problemas.

En uno de los estudios más citados [195] realizado sobre expertos solucionadores de problemas, un equipo interdisciplinario de científicos llegó a una conclusión muy simple: los mejores resolutores de problemas son aquellos capaces de determinar la estructura profunda de un problema antes de aplicarle una solución. Los que menos éxito tienen son aquellos que solo son capaces de clasificar según la superficialidad, como se trata del mismo campo o disciplina. Para los mejores, todo comienza con «encontrar el tipo de problema de que se trata».

Como dijo el pionero educativo John Dewey en *Logic, the theory of inquiry*: «Un problema bien planteado ya está medio resuelto».

Antes de que comenzase su tortuoso camino de analogías, Kepler debió de haber estado muy confundido respecto a lo que hacía. A diferencia de Galileo o Newton, él sí documentó su confusión: «Lo que me importa [196] no es solo compartir con el lector lo que tengo que decir, sino que sepa los subterfugios, razones y azares que me llevaron a mis descubrimientos», escribió Kepler.

Kepler era joven cuando comenzó a trabajar en el observatorio de Tycho Brahe, tan a la vanguardia en esa época que insumía el 1% del presupuesto de Dinamarca [197]. Le asignaron el trabajo que nadie quería: Marte y su extraña órbita. La órbita tenía que ser circular, le dijeron, así que debía averiguar por qué las observaciones de Brahe no lo habían determinado. De vez en cuando, Marte parecía retroceder, hacer un giro completo y luego seguir con su órbita esperada, a lo que se llamó «movimiento retrógrado». Los astrónomos ofrecían intrincadas posibles explicaciones a este fenómeno.

Como era habitual en él, a Kepler no le convencían las explicaciones retorcidas. Pidió ayuda a sus colegas, pero no le hicieron caso. Sus predecesores se las habían arreglado para explicar los movimientos sin romper con el esquema general que se suponía verdadero. El encargo a Kepler (que él consideró que resolvería en ocho días) terminó insumiéndole cinco años de laboriosos cálculos, para determinar dónde estaría Marte en cualquier momento y con gran precisión. Tan pronto consiguió hacerlo, lo tiró todo por la borda.

Estaba cerca, pero no era perfecto. La diferencia era minúscula. Solo dos de las observaciones de Brahe diferían de los cálculos de Kepler sobre dónde debía encontrarse Marte, y lo estaban solo por ocho minutos del arco, una diferencia mínima por la cual Kepler podía haber deducido que su sistema era correcto y que esas dos diferencias se debían a pequeños errores de medición. Decidió liquidar su modelo: «Si hubiera creído que podía ignorar esos ocho minutos[198], habría emparchado mi hipótesis para que se ajustase», escribió. El trabajo al cual nadie quería ser asignado terminó siendo la clave para una nueva concepción del universo por parte de Kepler. Estaba en territorio desconocido. Comenzaron a florecer las analogías y reinventó la astronomía. Comenzó con los olores, luces, imanes y otras analogías que no funcionaban del todo, y terminó por deshacer el universo aristotélico que funcionaba como un reloj.

Kepler hizo algo que resulta característico en los laboratorios de investigación actuales. El psicólogo Kevin Dunbar comenzó en 1990 a documentar cómo trabajaban los laboratorios y encontró una versión moderna del pensamiento kepleriano. Ante un descubrimiento inesperado, en lugar de asumir que la teoría es correcta y que la observación es errónea, se convierte en la oportunidad de buscar otra explicación, y las analogías ofrecen todo un catálogo para ello.

Cuando Dunbar empezó[199] su estudio, simplemente buscaba ver cómo eran los procesos de descubrimiento en tiempo real. Se centró en laboratorios de biología molecular, porque era un campo novedoso y activo con nuevas investigaciones del genoma y los virus. Estuvo un año en cuatro laboratorios de Estados Unidos, siendo como una mosca en la pared. Iba todos los días, durante meses, a ver cómo trabajaban.

Luego extendió su estudio a otros laboratorios del mismo país y también a Canadá e Italia. Se convirtió en un personaje habitual, hasta tal punto que le informaban de las reuniones importantes. Las características superficiales de los laboratorios eran muy diferentes; algunos tenían docenas de miembros, otros solo unos pocos. Unos solo eran de hombres, uno solo de mujeres. Todos tenían una gran reputación internacional.

La reunión semanal del laboratorio era digna de ver. Acudía todo el equipo, desde el director hasta los becarios para discutir cómo abordar un desafío que tuviera alguno de los miembros. Nada más alejado de la visión clásica de un científico solo con su telescopio. Las discusiones eran abiertas y las ideas fluían. Se proponían nuevos experimentos y se evaluaban las posibles dificultades que encontrarían. «Esos suelen ser los momentos más creativos en la ciencia», así que los registró.

Los primeros quince minutos suelen ser para aclarar cosas internas, quién se encarga de comprar algo o por qué no se ha limpiado una zona… Luego empieza la acción. Alguien presenta un descubrimiento extraño, su versión de la órbita marciana de Kepler. Prudentemente, la primera reacción de los científicos es culparse a sí mismos por un posible error de cálculo u observación. Si no se aprecia ningún error, las ideas acerca de qué puede significar ese descubrimiento comienzan a aparecer. Cada hora de reunión de laboratorio implicaba luego para Dunbar ocho horas de transcripción y etiquetamiento de las conductas de solución de problemas, para analizar los procesos creativos de los científicos, y así encontró una profusión de analogías.

Dunbar presenció en vivo importantes descubrimientos y comprobó que los laboratorios que tenían más posibilidades de convertir descubrimientos inesperados en nuevos conocimientos para la humanidad, se basaban mucho en analogías provenientes de los más variados campos. Aquellos laboratorios con profesionales de los orígenes más diversos eran los que ofrecían más analogías y donde se conseguían mejores respuestas ante lo inesperado. Esos laboratorios eran como Kepler, pero en forma de comité, formado por miembros de distintas experiencias e intereses. Cuando se encontraban con algo inexplicable, acudían a una gran cantidad de analogías.

Para explicar cuestiones relativamente simples, recurrían a analogías con experimentos similares, pero cuanto más asombrosa era la cuestión, más distantes eran las analogías a utilizar, pasando de similitudes superficiales a similitudes de estructura. En algunas reuniones, una nueva analogía aparecía en la discusión cada cuatro minutos, y muchas de ellas no tenían nada que ver con la biología.

En una ocasión, Dunbar vio cómo dos laboratorios se encontraban ante la misma cuestión casi al mismo tiempo. Las proteínas que querían medir se quedaban adheridas al filtro, lo que las hacía difíciles de analizar. Uno de los laboratorios estaba formado casi en exclusiva por expertos en *E. coli*, mientras que el otro tenía además a físicos, biólogos, químicos y hasta estudiantes de medicina. Este último laboratorio utilizó una analogía propuesta por uno de los médicos y se resolvió en la misma reunión. El otro laboratorio utilizaba el conocimiento relacionado con la *E. coli* para resolver el problema. Tuvieron que probar durante semanas cómo solucionar el problema. «Eso me puso en una posición incómoda, porque había visto cómo lo habían resuelto en el otro laboratorio», contó Dunbar (era condición que no se podía compartir ninguna información entre laboratorios).

Ante lo inesperado, la amplitud de analogías disponibles ayuda a determinar quién aprende algo. En el único laboratorio estudiado por Dunbar que no tuvo ningún descubrimiento durante su proyecto, sus miembros eran todos especialistas en el mismo campo y casi nunca utilizaban analogías. «Cuando todos los miembros[200] tienen la misma información, cuando surge un problema, un grupo de mentes similares no encontrará más analogías que una sola persona —concluyó Dunbar—. Es como en el mercado de inversiones: necesitas tener una mezcla de estrategias.»

El problema con cursos como el de Ciencia Integrada de la Universidad de Northwestern, que imparten una amplia mezcla de estrategias, es que puede requerir que uno postergue el inicio de su carrera especializada. Eso suele ser difícil de vender, aun cuando pueda ser mucho más útil a largo plazo.

Ya sea que se trate del conocimiento para realizar conexiones estudiado por Lindsey Richland; los conceptos amplios evaluados por Flynn, o el razonamiento estructural por analogías que evaluó Gentner, a menudo no hay interés en apoyar la adquisición de conocimientos amplios y de lento aprendizaje. Todas las fuerzas se alinean en incentivar una ventaja inicial en un campo especializado, incluso si ello implica una mala estrategia a largo plazo. Eso es un problema, porque otro tipo de conocimiento, quizás el más importante, se adquiere necesariamente de forma lenta: aquel que ayuda a uno mismo a alinearse con los desafíos correctos.

6

El problema de tener demasiada tenacidad

La madre del niño apreciaba[201] la música y el arte, pero cuando el chico intentó dibujar a mano al gato de la familia, lo hizo tan mal que destrozó el dibujo y se negó a volver a intentarlo. En su lugar, dedicó su infancia a merodear por las tierras neerlandesas y a observar cosas junto a su hermano pequeño. Algún libro para padres actual recomienda evitar que el niño deambule por ahí sin supervisión, ya que hacerlo puede «intoxicar» la imaginación, pero este niño deambulaba durante horas. Era capaz de caminar kilómetros solo para ir a ver el nido de un pájaro o para seguir a distintos bichos hasta ver adónde se dirigían. Le obsesionaban especialmente los escarabajos, los cuales coleccionaba y etiquetaba con su nombre científico en latín.

Cuando cumplió trece años, fue admitido en una escuela construida en un antiguo palacio. Como estaba lejos de su casa familiar, tuvo que hospedarse en otra casa. Su mente siempre estaba en otro lado, pero era un buen alumno y le gustaba memorizar poesía.

El profesor de Arte era la gran celebridad de ese instituto, un pionero de la educación que abogaba por que el diseño se convirtiese en un pilar de la maquinaria económica del país. Su cruzada tuvo éxito e hizo que el Gobierno obligase a que se impartiesen clases de dibujo a mano en todas las escuelas. En lugar de dar clases desde el frente del aula, se ponía en el centro de un círculo, desde donde podía observar lo que hacía cada uno. La mayoría de los alumnos lo adoraban. Pero eso no impresionó a este niño. Ya de adulto, se quejaría de que nadie le había enseñado a dibujar con perspectiva, aun cuando era algo básico para este profesor, hasta tal punto que constaba oficialmente en el currículum.

Al joven no le gustaba vivir con extraños, por lo que dejó los estudios antes de cumplir los quince años. Durante el año siguiente, no hizo otra cosa que caminar por la naturaleza. Eso no podía durar mucho, pero no se le ocurría qué otra cosa podía hacer. Por suerte, un tío suyo tenía una galería de arte exitosa y acababa de ser nombrado caballero. Le ofreció a su sobrino un trabajo en la gran ciudad. Crear arte no lo había inspirado, pero venderlo sí. Convirtió su capacidad de observación de la naturaleza en capacidad de observación de litografías y fotografías, categorizándolas y etiquetándolas tal como había hecho con su colección de escarabajos. El joven les comentó a sus padres que nunca más tendría que buscar un trabajo. Se equivocó.

Era un chico de campo en la ciudad, sin la suficiente flexibilidad social para sobrellevar discusiones con su jefe o para regatear precios, ya que, según él, al hacerlo daba la impresión de que quería aprovecharse de los clientes. Pronto fue transferido a una oficina de Londres, donde no trataba directamente con clientes, y a los veintidós años lo volvieron a transferir, esta vez a París. Llegó en medio de una revolución artística. De camino a su trabajo, pasaba por varios estudios de arte de pintores próximos a la fama. Sin embargo, al igual que sucedió con su maestro de arte, según sus biógrafos «no registró a ninguno de ellos»[202]. Estaba muy ocupado con una nueva obsesión: la religión. Años más tarde, hablando con su hermano menor respecto a todos esos artistas, le contestaría que «no había visto nada de ellos»[203].

Cuando terminaron echándolo de la agencia de arte, comenzó a trabajar como maestro en una escuela internado de Inglaterra. Trabajaba catorce horas al día dando clases, desde francés hasta matemáticas, supervisaba el dormitorio, llevaba a los niños a la iglesia y reparaba todo tipo de cosas. La escuela era solo un negocio para el dueño, y el joven era simplemente mano de obra barata. Luego consiguió un trabajo como tutor en otra escuela de mayor nivel, pero al poco tiempo decidió que sería misionero por Sudamérica. Sus padres lo convencieron de que «dejara de perseguir (sus) deseos»[204] y regresara a una vida estable. Su madre quería que hiciera algo relacionado con la naturaleza que lo mantuviera «feliz y más calmado». Decidió seguir los pasos de su progenitor y prepararse para ser pastor.

Mientras tanto, su padre le consiguió un trabajo en una librería. Al joven le gustaban los libros y trabajaba desde las ocho de la mañana hasta la medianoche. Cuando la tienda se inundó, asombró a sus compañeros con su fuerza física para salvar pilas y pilas de libros. Su nueva meta fue entrar en la universidad para ser un mejor pastor. Nuevamente, desató toda su pasión. Trabajaba con un tutor y tuvo que copiar a mano libros enteros. Le dijo a su hermano: «Tengo que sentarme[205] tanto tiempo como pueda mantener los ojos abiertos». Se recordaba a sí mismo que «la práctica hace a la perfección», pero el latín y el griego no le resultaban fáciles. Se mudó con un tío, un héroe de guerra que simplemente le decía «persevera». El joven decidió comenzar a trabajar antes que sus compañeros y terminar una vez que ellos se durmieran. Su tío se lo encontraba leyendo a altas horas de la madrugada.

A pesar de ello, fracasó en sus estudios. Con casi veinticinco años, escuchó un sermón acerca de cómo la revolución económica había convertido a algunos ciudadanos, como su tío vendedor de arte, en fabulosamente ricos, mientras otros terminaban en la más absoluta pobreza. Decidió saltarse la universidad y comenzar a difundir la palabra de Dios más rápido. Se apuntó a un curso más breve, pero no le gustaba dar los sermones cortos y punzantes que exigía la escuela. También fracasó en ese programa, pero nadie podía evitar que rezara, así que fue hacia la región neerlandesa del carbón, donde lo que más se necesitaba era inspiración.

Cuando el hombre llegó y vio el ennegrecido cielo, le pareció un cuadro de Rembrandt. Allí predicaría a los trabajadores que se referían a la tierra sobre la mina como «allá arriba en el infierno»[206]. Comenzó su servicio espiritual con su fervor acostumbrado, regalando ropa y dinero, y asistiendo día y noche a los enfermos y heridos, que eran legión.

Poco después de llegar, una explosión mató a 121 mineros y una columna de gas y fuego, como un quemador Bunsen enorme, iluminó la tierra. Los lugareños se maravillaron de la tenacidad y fortaleza del joven para ayudar a las familias de las víctimas. Pero también lo veían como a un tipo raro; los niños a los que enseñaba no le hacían caso. Pronto su ministerio se acabó. Tenía veintisiete años y estaba abatido. Una década después de su brillante inicio como corredor de arte, no tenía bienes, logros ni rumbo al que dirigirse.

Descargó su alma en una carta a su hermano menor, que ya era un respetado corredor de arte. Se comparó con un pájaro enjaulado en primavera, que siente que es momento de que haga algo importante pero que no sabe qué es y entonces «se pega con la cabeza contra los barrotes[207]». La jaula permanece intacta, pero el pájaro se vuelve loco de sufrimiento... Un hombre no siempre sabe lo que puede hacer, pero siente a su instinto. Soy bueno para alguna cosa, aun así... pienso que puedo ser otra persona... Hay algo dentro de mí, pero ¿qué es? Había sido estudiante, corredor de arte, maestro, librero, futuro pastor y catequista. Después de comienzos prometedores, fracasó estrepitosamente en cada camino que intentó.

Sus hermanos le aconsejaron la carpintería, o ser barbero. Su hermana pensaba que podía ser un buen pastelero. Era un lector insaciable, así que tal vez podría ser bibliotecario. Pero en lo más profundo de su desesperación, dedicó toda su energía a la última cosa que hubiera pensado que podía comenzar. La siguiente carta a su hermano era muy breve y decía: «Te escribo mientras estoy dibujando[208] y tengo prisa por seguir haciéndolo». Antes, el hombre pensaba que el dibujo era una distracción en su camino a alcanzar a la gente con la verdad. Ahora, en busca de la verdad, estaba documentando la vida de los demás a través de dibujos. Había dejado de dibujar a mano de pequeño, así que comenzó desde el principio con la *Guía del ABC del dibujo*[209].

En los años siguientes, hizo pocos esfuerzos por obtener una educación formal. Su primo político era pintor y le enseñó a usar acuarelas. Ese primo sería considerado en una entrada de Wikipedia como su único maestro. En realidad, le costaba mucho el toque delicado que se necesita para la acuarela y la relación duró poco más de un mes. Su antiguo jefe en la agencia de arte consideró su arte como «carente de validez como para ser expuesto a la venta». De una cosa estoy seguro, le dijo el jefe: «No eres un artista»[210], y agregó: «Has empezado muy tarde».

Cuando tenía treinta y tres se enroló en la escuela de arte con alumnos mucho más jóvenes, pero duró solo unas semanas. Hizo una evaluación de dibujo y los profesores le dijeron que volviese a recibir clases con los niños de diez años.

Al igual que hizo con sus oficios, iba de una pasión artística a otra: un día sentía que los verdaderos artistas solo pintaban figuras realistas y, cuando sus figuras resultaban malas, al día siguiente creía que los verdaderos artistas solo pintaban paisajes. Un día le interesaba el realismo, al siguiente el expresionismo. A veces el arte era para mostrar devoción a Dios, otras era pura creación. Un año consideró que el verdadero arte era todo en blanco y negro, y más tarde que los colores vívidos eran lo que realmente definía a un artista. Cada vez se enamoraba apasionadamente, e igual de rápido se desencantaba.

Un día salió del taller con pinturas al óleo (elementos con los que no tenía mucha experiencia) y colocó su caballete en una duna de arena durante una tormenta. Comenzó a realizar gruesos trazos de pintura a los que el viento agregaba finos granos de arena. A veces colocaba colores directamente desde el tubo al lienzo. La viscosidad de la pintura y la velocidad que se necesitaba para aplicarla en medio de la tormenta desató su imaginación y liberó a su mano de la necesidad del perfeccionismo.

Más de un siglo después, sus biógrafos escribirían sobre ese día: «Realizó un descubrimiento asombroso[211]; podía pintar y lo disfrutó enormemente». Le escribió a su hermano: «Pintar ha resultado ser menos difícil[212] de lo que esperaba».

Continuó experimentando con distintas formas artísticas, intentando captar la luz del sol en su pintura, y luego exponiendo el lienzo directamente al sol para que la captase. Se obsesionó con oscuros muy profundos en trabajos sin color, pero luego viró hacia los colores vibrantes, de tal forma que ya ni la noche era negra del todo. Comenzó a recibir clases de piano porque pensaba que la música le ayudaría a entender algo sobre los tonos de los colores.

Sus peregrinaciones continuaron, tanto geográfica como artísticamente, durante los restantes años de su corta vida. Finalmente, dejó de lado su objetivo de convertirse en un maestro del dibujo y, poco a poco, fue renunciando a los distintos estilos que alguna vez consideró esenciales, pero en los que había fracasado. Emergió con un arte nuevo, impetuoso, generoso en pintura y colores, sin ninguna formalidad más que intentar capturar algo infinito.* Quería hacer un tipo de arte que cualquiera pudiera entender, y no obras para eruditos. Durante años, fue incapaz de dibujar figuras apropiadamente. Ahora dejaba los dibujos de personas con el rostro en blanco, o con los dedos de las manos sin definir, como si fueran mitones.

Mientras que antes buscaba modelos para retratar e imágenes para copiar, ahora se basaba en su ojo mental. Una tarde se quedó mirando desde la ventana[213] hacia las lejanas colinas durante horas, tal como había observado a los escarabajos de niño. Cuando luego tomó el pincel, su imaginación transformó su ciudad en un pequeño pueblo, la iglesia en una capilla, mientras que el ciprés verde se agigantaba sobre el lienzo que era pintado a grandes trazos al ritmo del cielo nocturno.

---

* Lo escribió en francés en una carta a su hermano: *Ce qui ne passe pas dans ce qui passe* («Lo que permanece dentro de lo que se desvanece».)

Habían pasado unos pocos años desde que lo relegaran a la clase de diez años, pero esa noche estrellada, así como otros cuadros pintados en ese novedoso estilo, ayudarían a lanzar una nueva era en el arte, e inspirar nuevas concepciones de belleza y expresión. Las obras que realizó experimentando en unas pocas horas, durante sus dos últimos años de vida, se convertirían en uno de los objetos más valiosos, económica y artísticamente, que nunca hayan existido en el mundo.

Es falso que Vincent Van Gogh muriese en el anonimato. Un crítico contemporáneo lo consideró un revolucionario meses antes de que muriera, y con eso lo convirtió en uno de los temas de conversación de París. Claude Monet, el decano del Impresionismo (el movimiento al cual Van Gogh primero ignoró, luego lamentó y posteriormente innovó), declaró que la obra de Van Gogh era lo mejor de una exhibición anual.

Ajustadas por la inflación, cuatro de las pinturas de Van Gogh se han vendido por más de cien millones de dólares, y ni siquiera eran las más famosas. Su obra hoy en día decora todo tipo de objetos, desde calcetines hasta una marca de vodka. Pero alcanzó a ir mucho más allá de lo comercial.

«Lo que hacen los artistas cambió debido a Van Gogh», me comenta el escritor y artista Steven Naifeh (Naifeh, junto a Gregory White Smith, escribió la mejor biografía del pintor, según el curador del Museo Van Gogh). Sus pinturas sirvieron como puente con el arte moderno e inspiraron una devoción que ningún otro pintor, y quizás ninguna otra persona, ha obtenido. Adolescentes que nunca han pisado un museo cuelgan pósteres de sus cuadros en sus dormitorios. Turistas japoneses depositan las cenizas de sus ancestros en la tumba de Van Gogh. En 2016 el Instituto de Arte de Chicago exhibió juntas las tres «habitaciones» icónicas, «cuadros que buscan descansar la mente o la imaginación», según el propio Van Gogh. El aluvión de visitantes a esa exposición forzó a la reserva por anticipado para poder entrar.

Y, sin embargo, si Van Gogh hubiese muerto a los treinta y cuatro en lugar de a los treinta y siete (la esperanza de vida en Países Bajos[214] en esa época era de cuarenta), no hubiera merecido ni una nota al pie en los anales de la historia. Lo mismo sucedió con Paul Gauguin[215], un pintor que convivió un tiempo con Van Gogh y creó un estilo llamado «sintetismo», que consiste en trazos gruesos que separan secciones de colores brillantes. Él también fue uno de los artistas que llegó a romper la barrera de los cien millones. Pasó sus primeros seis años de carrera como marino mercante antes de convertirse en inversor bursátil. Cuando el mercado se hundió en 1882, Gauguin se convirtió en pintor de tiempo completo, a la edad de treinta y cinco años. Su cambio de rumbo recuerda a J. K. Rowling, quien fracasó estrepitosamente[216] entre los veinte y treinta años de edad, tanto personal como profesionalmente. Su breve matrimonio se acabó y de pronto era una madre desempleada que vivía de la ayuda gubernamental para mantener a su hijo. Al igual que Van Gogh en la región minera, y Gauguin en la Bolsa, el fracaso les permitió intentar trabajar explotando sus talentos e intereses.

Todos han triunfado a pesar de haber empezado tardíamente. Hubiera sido fácil escoger a gente que ha triunfado después de un inicio tardío y sobreponiéndose a obstáculos, pero ellos no son excepciones debido a su comienzo tardío, y ese comienzo tardío no fue un obstáculo a superar, sino que fue esencial para su definitivo éxito.

«*Match quality*» (que podría traducirse como «calidad de adecuación») es un término que utilizan los economistas para describir el grado de correlación que existe entre el trabajo que alguien hace y la persona que es (sus habilidades y a qué cosas es proclive).

Lo que inspiró al profesor de la Universidad de Northwestern, Ofer Malamud, a estudiar este tema fue su experiencia personal. Nació en Israel, pero su padre trabajaba en una empresa naviera y, cuando Ofer tenía nueve años, la familia se mudó a Hong Kong, donde asistió a una escuela inglesa. La escuela requería que los alumnos eligieran una especialización durante los dos últimos años de la educación secundaria. «Cuando te inscribes en una universidad en Inglaterra, tienes que escoger una carrera específica», me contó Malamud. Su padre era ingeniero, así que le pareció que podía estudiar Ingeniería, pero, en el último minuto, decidió no elegir ninguna especialidad. «Decidí estudiar en Estados Unidos porque no sabía en qué me quería especializar.»

Comenzó con Ciencias Informáticas, pero pronto vio que no era para él. Así que fue cambiando de materias hasta que se quedó con Económicas y Filosofía. Su experiencia personal hizo que su curiosidad acerca de cómo afecta el momento en el que se adopta una especialización en la carrera escogida creciese. En la década de los años sesenta, el futuro premio nobel Theodore Schulz[217] dijo que su disciplina había demostrado que la educación superior aumenta la productividad, pero que los economistas habían ignorado el papel que tiene la educación en demorar la especialización, mientras se muestra a los alumnos diversas disciplinas para que puedan encontrar quiénes son y a dónde pertenecen.

Como Malamud no podía seguir toda la vida de la gente para observar el momento ideal de la especialización, encontró una forma de hacerlo gracias[218] al sistema de educación británico. Durante el período que analizó, los colegios ingleses y galeses se especializaban antes de llegar a la universidad, para así ingresar directamente a carreras específicas. En Escocia, en cambio, a los estudiantes se les hacía estudiar distintas disciplinas durante los dos primeros años de universidad, y después podían seguir probando otros campos más tarde.

En cada país, los cursos universitarios brindaban a los alumnos habilidades que podían ser aplicadas en un campo determinado, así como información respecto a su correspondencia con los trabajos. Si los estudiantes se especializaban antes, adquirían más habilidades para conseguir los trabajos. Si probaban varias cosas y buscaban trabajo más tarde, tendrían menos habilidades específicas, pero una noción más fidedigna del tipo de actividades que le gustaría hacer. La pregunta de Malamud era: «¿Quiénes ganaban más con la elección, los "tempraneros" o los "tardíos"?».

Si el beneficio de una educación universitaria es que simplemente ofrece habilidades para trabajar, los que se especializan antes es poco probable que cambien después de carrera a un campo que no tenga relación con ellos. Al tener más habilidades adquiridas, tienen más que perder con un posible cambio. Pero si la ventaja de la educación universitaria es que provee información sobre la *match quality* (calidad de adecuación), entonces los tempraneros tendrán que cambiar de carrera más seguido porque no tienen tiempo de ir probando distintas opciones antes de encontrar una que satisfaga sus habilidades e intereses.

Malamud analizó datos de miles de antiguos alumnos y descubrió que los graduados de Inglaterra y Gales tenían muchas más posibilidades de cambiar a una carrera totalmente distinta a la escogida de la que tenían sus colegas escoceses. Además, a pesar de comenzar más tarde y ganar menos al principio, los escoceses pronto[219] los alcanzaban. Los ingleses y galeses, a pesar de que tenían menos incentivos para cambiar de carrera, eran los que más lo hacían y, puesto que no habían probado previamente distintas disciplinas, solían pasar mucho tiempo en un campo, cometiendo más errores[220], hasta saber si les gustaba o no. La conclusión de Malamud fue que «Los beneficios de una *match quality*[221], es decir, de una adecuación a tu trabajo, superan a la pérdida de algunas habilidades». Aprender materias es menos importante que aprender sobre uno mismo. La exploración no es solo un lujo de la educación, sino un beneficio esencial de ella.

No debería ser una sorpresa que más estudiantes en Escocia se terminasen especializando en materias que no tenían en la escuela secundaria, como Ingeniería. En Inglaterra y Gales se les pide a los alumnos que escojan un camino con el limitado menú que se dicta en la escuela. Eso es como preguntarte a los dieciséis años si te casas o no con tu primer amor. En ese momento te puede parecer una buena idea, pero cuanta más experiencia tienes, menos buena idea te parece. En este caso, los alumnos ingleses y galeses tenían más posibilidades de divorciarse de sus carreras, en las cuales habían invertido mucho, porque eligieron muy temprano. Si escogiéramos la carrera como escogemos la pareja, nadie se asentaría tan rápido.

Para los profesionales que han hecho un cambio de carrera, tanto los de especialización temprana como tardía, el cambio ha sido positivo. «Pierdes muchas de tus habilidades, lo que es duro, pero luego creces mucho más», dice Malamud. Sin importar el momento de la especialización, quienes cambian aprovechan la mayor experiencia para identificar mejor lo que quieren.

Steven Levitt[222], uno de los coautores del libro *Freakonomics*, astutamente consiguió que sus lectores lo ayudasen a hacer un estudio sobre el cambio. En la página web de *Freakonomics Experiments*, invitó a los lectores que estaban pensando en hacer algún cambio en su vida a lanzar una moneda al aire. Si salía cara, debían cambiar y si salía cruz, no deberían hacerlo. Veinte mil voluntarios participaron preguntando por distintos temas, desde si hacerse un tatuaje hasta si debían tener un hijo. De ellos, 2.186 se planteaban un cambio de trabajo.* ¿Podían dejar al azar una decisión tan importante? La respuesta fue «solo si quieres ser más feliz». Seis meses más tarde, todos los que obtuvieron cara y cambiaron estaban mucho más felices que quienes no lo hicieron.** Según Levitt, «consejos tales como "Los ganadores nunca abandonan" y "Quienes abandonan nunca ganan", aun cuando sean bien intencionados pueden ser un muy mal consejo». Levitt identificó como una de sus grandes habilidades la «voluntad de echar todo por la borda»[223], un proyecto o toda un área de estudio, en busca de algo que más se adaptase más a él.

---

* El cambio de trabajo fue el tema que más consultas obtuvo.

** En un análisis más detallado, Levitt demostró que los resultados del lanzamiento al aire de la moneda influían realmente en las decisiones que tomaba la gente. Los que estaban pensando en cambiar y obtuvieron cara, realizaron el cambio en mayor porcentaje que los que sacaron cruz, aun cuando cualquiera podía hacer con su vida lo que quisiera más allá del resultado de la moneda. De entre los que siguieron el consejo de la moneda, quienes obtuvieron cara y cambiaron de trabajo resultaron ser más felices.

La frase de Winston Churchill «Nunca dejes de pelear, nunca, nunca, nunca», siempre se repite sin ser citada en su totalidad. La frase original termina: «Excepto contra cuestiones de honor o que sean sensatas».

El economista laboral Kirabo Jackson ha demostrado que incluso uno de los habituales problemas de todas las administraciones públicas, como es la «rotación de maestros», está basada en el valor de los cambios conscientes. Encontró que los maestros suelen ser más eficientes al cambiar de escuela y que no se debe a que sean mejores escuelas o mejores alumnos. «Los maestros tienden a abandonar[224] las escuelas con las que no se adecuan bien, y la rotación puede ser justamente una forma de conseguir que los maestros se alineen con las escuelas», dice Jackson.

Quienes cambian son ganadores, lo que parece contradecir citas referidas a nunca rendirse o a nuevos conceptos de la psicología moderna que han aparecido últimamente.

La psicóloga Angela Duckworth ha llevado a cabo[225] el estudio más grande sobre el abandono de proyectos. Lo hizo para intentar predecir qué reclutas de la Academia Militar West Point de Estados Unidos abandonarían el período de instrucción inicial, conocido como *Beast Barracks* (Barracas Bestiales).

Seis semanas y media de rigor físico y emocional diseñadas para convertir a jóvenes adolescentes en oficiales entrenados. Los cadetes deben formar a las cinco y media de la mañana para comenzar a correr y hacer ejercicios físicos. En el comedor, los nuevos cadetes o «plebes» deben sentarse con la espalda recta y llevarse la comida a la boca y no la boca al plato. Cualquier superior puede preguntar alguna cosa absurda como «¿Cómo está la vaca?», a lo que los plebes aprenden a responder algo así como «Señor, ella camina, habla y está llena de calcio. El fluido extraído de la hembra bovina es muy prolífico hasta la (x) potencia. La "X" es la cantidad de cartones de leche que hay en la mesa».

El resto del día es una combinación de clases teóricas y actividades físicas. Una de ellas es una cámara de gas lacrimógeno sin ventanas en la cual los plebes tienen que quitarse sus máscaras de gas y decir determinados datos mientras sienten que sus rostros se queman. No es obligatorio vomitar, aunque tampoco se lo impiden. Las luces se apagan a las diez de la noche para poder comenzar todo de nuevo al día siguiente. Es un momento bajo para la moral de los nuevos reclutas. Para ingresar, todos tienen que haber sido excelentes estudiantes, algunos han sido grandes deportistas y muchos han tenido que atravesar procesos de selección arduos o haber sido recomendados por miembros del Congreso. Los vagos no logran acceder a las barracas. Aun así, al mes, algunos ya se habrán marchado.

Lo primero que observó Duckworth [226] es que las calificaciones generales del candidato, compuestas por varios exámenes estandarizados, antecedentes escolares, aptitud física y liderazgo comprobado, no eran un indicador que pudiera predecir quiénes abandonarían la etapa de instrucción o no. Ella estudió a gente de alto rendimiento en distintos dominios y decidió analizar la pasión y la perseverancia, un concepto que identificó en un solo término intraducible llamado *grit*. Diseñó una autoevaluación que captura estos dos componentes del *grit*. Uno se podría decir que es la disciplina de trabajo y la resiliencia, y el otro es la «consistencia de intereses», es decir, la dirección, saber exactamente lo que uno quiere.

En el año 2004, antes de iniciarse la instrucción de las *Beast Barracks*, Duckworth realizó una encuesta a 1.218 plebes para medir su *grit*. Debían escoger, en una escala de uno a cinco, en qué medida podían aplicarse doce afirmaciones. Algunas eran sobre el trabajo (por ejemplo: soy diligente; me gusta trabajar duro), otras sobre la persistencia y el foco (por ejemplo: a veces me pongo una meta, pero luego la cambio y sigo otra; mis intereses cambian con el tiempo).

Esta encuesta de *grit* predijo, mucho mejor que las calificaciones generales del candidato, quiénes abandonarían durante la etapa de instrucción. Duckworth prosiguió su estudio en otros campos, como en el concurso nacional de deletreo para escolares. Allí observó que se podía predecir quiénes llegarían más lejos, tanto según su nivel de inteligencia verbal como su *grit*. Lo mejor era tener un alto índice de ambos, pero alguien con mucha inteligencia verbal podía compensar una falta de *grit*, y viceversa.

El trabajo de Duckworth engendró una nueva industria dentro de un amplio campo. Equipos deportivos, grandes empresas, red de escuelas y el Departamento de Educación de Estados Unidos comenzaron a trabajar el *grit*, buscando desarrollarlo y evaluarlo. Duckworth ganó el premio MacArthur por su trabajo, pero, aun así, aclaró en un editorial de *The New York Times* su opinión ante tanto fervor: «Me preocupa haber contribuido [227], sin intención, a fomentar una idea contra la que me opongo fuertemente: "la evaluación de la personalidad de alto riesgo"». Ese es solo uno de los campos en los que los conceptos de «persistencia» y «tenacidad» de *grit* se exageró más allá de la evidencia.

El hecho de que los cadetes sean seleccionados en base a la calificación general del candidato, hace que exista lo que los estadísticos llaman «una restricción del espectro». Es decir, que, puesto que los candidatos son escogidos según los parámetros de la calificación, la mayoría de ellos se parecen entre sí, porque los que tienen esas características ya han sido separados del resto de la sociedad. Cuando eso ocurre, las otras variables que no formaban parte del proceso de selección pueden llegar a cobrar, en comparación, mayor importancia. Para utilizar una analogía deportiva, es como realizar un estudio sobre el éxito que solo incluya a jugadores de la NBA. Un estudio así podría demostrar que lo importante no es la altura, sino la determinación de los jugadores. Por supuesto, la NBA ya ha seleccionado previamente a los más altos de la sociedad, razón por la cual el espectro de altura ya ha sido restringido. Por ello, la altura en ese estudio podría no tener la importancia que en realidad tiene.* De forma similar,

---

* En algunos años, un científico que hubiese estudiado el baloncesto encontraría una relación inversa entre la altura del jugador y la anotación, si es que solo analiza a los jugadores de la NBA. Si el científico no reconoce que se ha filtrado al resto de la humanidad, él o ella podrían llegar a recomendar a los padres que tener hijos bajos es bueno para anotar más puntos en la NBA.

la relativa predictibilidad del *grit* en la academia militar o en los concursos de deletreo podría no ser igual en poblaciones menos restringidas. Si una muestra azarosa de graduados escolares fuera evaluada según el sistema de calificación de West Point, y no solo los ya aceptados en la Academia Militar, es probable que la fuerza física, las notas y las experiencias de liderazgo puedan predecir su persistencia ante la semana de instrucción militar, y probablemente mejor que el *grit*. Duckworth y sus coautores, hay que reconocerles tal mérito, ya advirtieron que, al estudiar grupos muy preseleccionados, «Hemos limitado necesariamente[228] la validez externa de nuestra investigación».

La gran mayoría de plebes completan la instrucción sin importar su coeficiente de *grit*. El primer año Duckworth los estudió: 71 de 1.218 abandonaron. En 2016 lo hicieron 32 de 1.308[229] plebes. La pregunta importante es si abandonar puede ser, en realidad, una buena decisión. Los alumnos me han dicho que la gente abandona por distintas razones, tanto durante la instrucción como después. «Pienso en los chicos que son más cerebrales y menos físicos, el breve lapso hace que sea más fácil superarlo y alcanzar el año académico. Para los más físicos, la instrucción es una de las mejores experiencias que vivirán», me dijo Ashley Nichols, una egresada del año 2009 que trabajó como oficial de inteligencia en Afganistán. Algunos de esos cadetes pasan la instrucción y luego se dan cuenta de que la vida académica no es para ellos. «Recuerdo que muchos más abandonaron durante el primer semestre, cuando se dieron cuenta de que no podrían rendir académicamente. Quienes abandonan primero son los que extrañan mucho su casa o simplemente se dan cuenta de que eso no es para ellos. La mayoría de estos últimos son jóvenes a los que han presionado para que se inscribieran en la academia, pero que no era lo que ellos más deseaban.» En otras palabras, los pocos que abandonaban durante la etapa de instrucción, en lugar de fracasar por falta de persistencia, simplemente estaban respondiendo a información de *match quality*; es decir, a información de cómo encajaban en ese trabajo, y veían que no se adecuaban a él.

De la misma forma, muchos pueden comenzar a memorizar palabras para el concurso de deletrear y, de pronto, darse cuenta de que no es lo que desean aprender. Eso puede ser un problema de persistencia o *grit*, pero también puede ser una decisión tomada en respuesta a la información de *match quality* recibida al probar y ver si se adecuaba a ellos o no.

Robert A. Miller, profesor de Economía y Estadística de Carnegie Mellon, comparó la adecuación de carrera (la decisión de acudir a una academia militar es una gran decisión de carrera) con «un proceso acosado por un bandido con muchas armas». «Un bandido con un arma» es una forma coloquial de llamar a las máquinas tragaperras. Un bandido con muchas armas se refiere a un escenario hipotético: un solo jugador está sentado en frente de una hilera de máquinas; cada máquina tiene su única probabilidad de recompensar cada vez que es accionada; el desafío para el jugador es probar las distintas máquinas e intentar averiguar cuál es la mejor forma de colocar las manivelas de las máquinas para maximizar los premios. Miller considera que el proceso para la adecuación laboral es similar. Una persona comienza sin conocimientos, prueba varios posibles caminos de forma que obtiene información tan rápido como sea posible y, permanentemente, toma decisiones acerca de dónde concentrar su energía. La expresión «joven y atontado»[230], escribió, describe la tendencia de los jóvenes a probar trabajos de riesgo, pero no es algo tonto para nada, es ideal. Tienen menos experiencia que los más mayores, por lo que lo primero que deben intentar es lo más peligroso y que retribuya más, y eso tiene un gran valor informativo. Intentar ser un deportista profesional, un actor o fundar una *start-up*, tiene pocas probabilidades de éxito, pero las recompensas son enormes. Gracias al *feedback* permanente y a un proceso cruel de descarte, aquellos que lo intentan pronto sabrán si encajan o no, al menos en comparación con otros trabajos en los que no es fácil obtener *feedback*. Si no encajan, prueban otra cosa y continúan obteniendo información acerca de sí mismos y de sus opciones.

Seth Godin, autor de muchos libros sobre desarrollo profesional, escribió uno en contra de la idea de que «quienes abandonan nunca ganan». Según Godin, los ganadores (entendiendo por tales a personas que han llegado a la cúspide de su dominio) abandonan a menudo y rápidamente, en cuanto detectan que un plan no es para ellos, y no se sienten mal al respecto. «Fracasamos cuando permanecemos en actividades que seguimos haciendo solo porque no tenemos agallas para abandonar.[231]» Obviamente, Godin no propone abandonar solo porque continuar sea difícil. Perseverar durante las dificultades es una ventaja competitiva para cualquiera que piense a largo plazo, pero saber cuándo abandonar es una ventaja estratégica que cualquier persona, antes de comenzar un proyecto, debería enumerar ante qué condiciones debería abandonar. El truco importante, dice, es saber si el cambio es por falta de perseverancia o el reconocimiento de que otras cosas a las que nos adecuemos mejor están disponibles.

El campo de instrucción militar es ideal para una prueba de «bandido multiarmado» respecto al abandono. Tenemos un grupo de jóvenes sobresalientes y ninguno de ellos tiene la más mínima experiencia militar, pero tiran de la palanca de la máquina de West Point. Esto es, comienzan un programa de alto riesgo y alta recompensa, y desde la primera semana reciben muchísima información acerca de si la disciplina militar es para ellos o no. La gran mayoría permanece, pero sería poco realista esperar que todos los miembros de un grupo de jóvenes adultos supieran exactamente en lo que se estaban metiendo. ¿Deberían acaso haber terminado los pocos que abandonaron? Tal vez sí, si abandonaron por un momento de pánico en lugar de una reevaluación de su futuro una vez conocido lo que era la vida militar. Pero, tal vez, muchos más debieran abandonar antes de lo que lo hacen.

A cambio de un compromiso de servicio activo de cinco años, cada alumno de West Point recibe una beca pagada por los contribuyentes valorada en medio millón de dólares. Por eso es especialmente preocupante para el ejército que el cincuenta por ciento de los graduados de West Point abandonen el servicio al cumplirse esos cinco años, es decir, tan pronto como pueden. Toma solo cinco años compensar el coste de desarrollo de un oficial entrenado. Las tres cuartas partes se han marchado antes de los veinte años[232], a pesar de que eso los dejaría, con poco más de cuarenta años, con una pensión de por vida.

Una monografía de 2010[233] publicada por el Instituto de Estudios Estratégicos del Ejército advirtió de que las perspectivas de los cuerpos de oficiales del ejército «resultan preocupantes debido a una creciente disminución del retorno sobre la inversión, evidenciado por el desplome de la retención de oficiales de grado medio».

Los cadetes de West Point han superado la instrucción y un desafiante currículum académico, y luego han empezado a irse a un ritmo más alto que en cualquier otro programa de oficiales. Lo hacen en un porcentaje más alto que los oficiales que ingresan a través del ROTC (entrenamiento de oficiales sin estar alistados en un colegio militar) o del Officer Candidate School (OCS), que entrena a graduados civiles o a soldados para ser oficiales. La inversión en oficiales ha resultado inversa: los de OCS permanecen más tiempo; seguidos de los del ROTC que no han recibido ninguna beca; seguidos después de los del ROTC que han recibido dos años de becas; seguido de los del ROTC con tres años de becas, y, finalmente, seguidos de los graduados de West Point y los ROTC que han tenido beca completa los cuatro años. Cuantas más posibilidades tenga alguien de que el ejército lo identifique como un exitoso futuro oficial y más dinero gaste en él, más posibilidades hay de que abandone tan pronto como pueda. El objetivo del ejército es desarrollar a oficiales, no a supervivientes del campo de instrucción. Desde una perspectiva militar, esto es un fracaso rotundo.

El patrón de abandonos alcanzó tales dimensiones que un alto oficial decidió que West Point estaba creando blandengues y que el ejército debería disminuir la inversión en una «institución que enseña a sus cadetes a abandonar al ejército».

Obviamente, ni la academia ni el ROTC enseñan a los alumnos a abandonar el ejército. ¿Acaso los cadetes han perdido de pronto el *grit* que les permitió aprobar la instrucción? No se trata de eso tampoco. Los autores de la monografía, un mayor, un teniente coronel retirado y un coronel, todos profesores de West Point, plantearon el problema como uno de encaje o adecuación. Cuantos mejores alumnos seleccionaban, más becas les ofrecían. Y cuando esos talentosos y trabajadores becados florecían, se daban cuenta de que tenían muchas opciones de carrera disponibles fuera del ejército. Finalmente, decidían probar otra cosa. En otras palabras, aprendían cosas acerca de sí mismos cuando aún eran jóvenes y respondían adoptando decisiones de buena adecuación.

La tubería de oficiales de la academia comenzó a gotear en la década de 1980, con la transición a una economía del conocimiento. Hacia el cambio de milenio, el goteo se transformó en un torrente. El ejército comenzó a dar bonos de retención, es decir, dinero en efectivo para los jóvenes oficiales si accedían a servir durante más años. Les costó a los contribuyentes quinientos millones de dólares y fue un gasto inútil. Los oficiales que igual pensaban quedarse aceptaron los bonos, y los que ya pensaban irse, igual se fueron. El ejército aprendió una dura lección. El problema no era financiero, sino de adecuación.

En la era industrial, o era del «hombre de una sola empresa», como la llaman los autores de la monografía, las empresas eran muy especializadas, con empleados que generalmente realizaban repetidamente las mismas acciones. Tanto la cultura de la época (las pensiones de las empresas abundaban y cambiar de trabajo podía ser considerado desleal) como la especialización eran barreras a la movilidad laboral fuera de la empresa. Además, había pocos incentivos para una empresa para contratar gente de fuera cuando normalmente se enfrentaban a entornos «buenos», donde la experiencia y la repetición llevaban a obtener resultados. Hacia mediados de los ochenta, la cultura corporativa comenzó a cambiar. La economía del conocimiento creó demanda para «empleados con talento para la conceptualización y para la creación de conocimiento». Las amplias habilidades conceptuales servían ahora para múltiples trabajos y, de pronto, el control sobre la carrera pasó de la empresa y su estructura piramidal al propio trabajador y su amplio abanico de posibilidades. En el sector privado, pronto emergió un sofisticado mercado de talento en busca de adecuar vocaciones. Mientras el mundo cambiaba, el ejército se había estancado con la pirámide de la era industrial.

Los profesores de West Point explicaron que en el ejército, al igual que muchas organizaciones burocráticas, se perdieron los mercados de adecuación laboral. «No hay un mecanismo de mercado para la adecuación del talento», escribieron. Cuando un joven oficial cambia y abandona el ejército no significa una pérdida de motivación, sino que significa una poderosa motivación para el desarrollo profesional que ha cambiado los objetivos del oficial por completo. «Aún tengo que conocer a algún compañero de clase que haya dejado el ejército y se arrepienta», dice Ashley Nichols, la antigua oficial de inteligencia. Ella se convirtió luego en maestra de matemáticas y después en abogada. Agregó que todos están agradecidos por la experiencia en el ejército, aun cuando no se haya convertido en la carrera de su vida.

Mientras que el sector privado se adaptó a la necesidad de tener buenas adecuaciones (*match quality*), el ejército solo le dio más dinero a la gente, pero, lentamente, ha comenzado a cambiar. La más jerárquica de las instituciones está comenzando a abrazar la flexibilidad de la adecuación laboral. El Programa de Satisfacción de Carrera de Oficiales ha sido diseñado para que los graduados becados de West Point y del ROTC puedan tener un mayor control del progreso de su carrera. A cambio de tres años más de servicio activo, el programa aumenta el número de oficiales que pueden escoger una rama (infantería, inteligencia, ingeniería, finanzas, veterinaria y muchas más), o una destinación geográfica. Mientras que dar simplemente dinero fracasó estrepitosablemente, facilitar la adecuación laboral tuvo éxito. En los primeros cuatro años del programa, cuatro mil cadetes aceptaron extender sus servicios a cambio de tener opciones.*

Es un pequeño paso. Cuando el secretario de Defensa Ash Carter visitó West Point[234] en 2016 y mantuvo reuniones con estudiantes, pudo percibir la preocupación desde cadetes muy tenaces y persistentes hasta aquellos a los que no les gustaba la rigidez de opciones existentes, ya que no les permitía desarrollarse conforme a sus intereses. Carter anunció que cambiaría drásticamente la era industrial del ejército y que pasaría de un estricto modelo de «arriba o afuera», a uno que permitiera a los oficiales mejorar su propia adecuación[235] laboral mientras se desarrollaban.

Cuando eran jóvenes recién salidos de la secundaria, sin experiencia y sin exposición a un mundo de opciones laborales, es lógico que los cadetes de West Point hubieran contestado: «No es mi caso para nada» a la afirmación: «A menudo fijo un objetivo, pero luego elijo perseguir otro». Unos años más tarde, con más conocimientos de sus propias preferencias y habilidades, elegir otro objetivo no es el camino de la falta de persistencia o falta de *grit*, es el camino más sensato.

Intuitivamente, la investigación sobre el *grit* me atrae. En el sentido coloquial y no científico de la palabra, creo ser muy tenaz y tener mucho *grit*. Después de hacer atletismo, baloncesto, fútbol americano y béisbol en un colegio secundario público (y solo mido un metro sesenta y ocho), logré llegar a la División I de Atletismo y competir en los 800 metros.

---

* El ejército también comenzó un proceso llamado «especialización basada en talento», que trabaja con cadetes y jóvenes oficiales para ayudarlos a descubrir y evaluar sus propios talentos e intereses mientras avanzan en el entrenamiento. La idea es mejorar su emparejamiento ocupacional. Como dijo la coronel Joanne Moore en una presentación en 2017, los trabajos con los que sueñan los cadetes al entrar al ejército no suelen ser un buen emparejamiento. Solo pueden saberlo después de intentarlo, así que la posibilidad de cambiar es crucial para optimizar su adecuación.

No es que al entrar al primer año de universidad fuera uno de los peores corredores de 800 del equipo; era, sin lugar a dudas, el peor. Me dejaban entrenar con el equipo, porque mientras no fuera escogido para los viajes a competiciones no le costaba nada a nadie. Cuando el equipo se iba a competir a algún otro lado, yo aprovechaba y entrenaba sin distracciones. Así permanecí dos miserables años, entrenando a veces hasta llegar a vomitar, mientras que otros atletas de élite abandonaban y eran reemplazados por otros. Hubo muchos días, semanas y hasta meses en los que pensaba que lo mejor era abandonar, pero estaba empezando a entender qué tipo de entrenamiento me convenía más, e iba mejorando. En mi último año de universidad, logré entrar en el *top ten* de pista cubierta, acceder a la selección del Este y participar en un relevo que estableció un récord de la universidad. El único otro alumno que tenía un récord de la universidad era mi tenaz compañero de habitación. Todos los demás abandonaron antes. Casi todos los seleccionados del primer año habían abandonado. Irónicamente, recibí el Premio Memorial Gustav A. Jaeger al deportista que «consiguió un éxito deportivo significativo ante desafíos y dificultades inusuales». Lo que yo tenía de «inusual» es que al principio era muy malo. Después de la presentación, el jefe de entrenadores, con quien había tenido muy pocas conversaciones cuando ingresé, comentó que le había dado pena verme mirar los entrenamientos durante mi primer año.

No hay nada especial en esta historia, sucede algo similar en todos los equipos del mundo, pero creo que demuestra mi predisposición a trabajar duro. Sin embargo, mi calificación en la encuesta de *grit* está en el percentil cincuenta, comparado con otros adultos estadounidenses [236]. Conseguí muchos puntos por evaluarme como un gran trabajador que no se descorazona ante los obstáculos, pero perdí muchos puntos por confesar que «mis intereses cambian de tanto en tanto» y, al igual que a muchos graduados de West Point, a veces me marco un objetivo, pero luego elijo perseguir otro. Cuando tenía diecisiete años y estaba seguro de que iba a entrar en la Fuerza Aérea para ser primero piloto y luego astronauta, probablemente hubiera calificado muy alto en la evaluación de *grit*. Incluso llegué a conseguir que el congresista Sidney Yates me proveyera de una recomendación para entrar.

Pero nunca hice nada de eso. En el último minuto, cambié de idea y me fui a otro lado, a estudiar Ciencias Políticas. Recibí solo una clase y luego cambié de carrera, a Ciencias de la Tierra y el Medio Ambiente, con una rama en Astronomía, convencido de que iba a ser un científico. Trabajé en laboratorios durante mis estudios y también después, y me di cuenta de que no era el tipo de persona que quería pasar toda su vida aprendiendo una o dos cosas nuevas para el mundo, sino que más bien era el tipo de persona a la que le gusta aprender cosas nuevas todo el tiempo y poder compartirlas. Pasé de la ciencia al periodismo. En mi primer trabajo fui un reportero callejero del turno nocturno en Nueva York (nada bueno que pueda salir en el *New York Daily News* sucede entre la medianoche y las diez de la mañana). Mientras evolucionaba y me conocía mejor personalmente, más iba cambiando mis objetivos, hasta que aterricé en una carrera cuya razón de ser es investigar diversos intereses. Cuando trabajaba para la revista *Sports Illustrated*, me preguntaban si para trabajar allí era mejor estudiar Periodismo o Lengua. Les contestaba que no tenía ni idea, pero que saber algo de estadística y biología no venía mal.

No creo que me haya vuelto menos pasional o resiliente con el tiempo, así como tampoco creo que todos esos cadetes de West Point que abandonaron el ejército hayan perdido la motivación que los llevó allí. Me parece lógico que el porcentaje de *grit* sirva para predecir a cadetes que están a punto de entrar en una academia o para aspirantes de concursos escolares de deletreo. A la mayoría de los muy jóvenes, son sus padres los que fijan sus objetivos o, al menos, les ofrecen una variedad limitada y, practicarlos con pasión y resiliencia, es el gran desafío. Lo mismo ocurre con los corredores de 800 metros. Uno de los aspectos atractivos de los objetivos deportivos es lo fácil de medir que son. En la última semana de las olimpiadas de invierno de 2018, Sasha Cohen, una medallista de patinaje de figuras en 2006, escribió una columna aconsejando a los deportistas: «Los deportistas olímpicos[237] tienen que aceptar que las reglas del mundo real son diferentes a las del mundo de los deportes. Sí, luchar para conseguir un objetivo difícil requiere de perseverancia, determinación y resiliencia. Pero la habilidad de coordinar físico y mente para una competición es distinta de la habilidad que necesitas para enfrentarte a los desafíos que te esperan. Así que después de retirarte, viaja, escribe un poema, intenta comenzar tu propio negocio, sal más por las noches, dedica tiempo a algo que no tenga ningún objetivo bien definido». En el amplio mundo del trabajo, encontrar un objetivo con un alto nivel de adecuación es lo más difícil, y la persistencia solo por la persistencia se puede interponer en el camino.

Una reciente encuesta internacional de Gallup[238], realizada a más de doscientos mil trabajadores de más de ciento cincuenta países, evidenció que el 85% o no estaban involucrados con su trabajo o estaban «totalmente desinvolucrados». En esa condición, según Seth Godin, abandonar requiere de muchas más agallas que continuar siendo arrastrado como por una ola. El problema, destaca Godin, es que los humanos están aquejados por la «falacia de los costes hundidos o irrecuperables». Una vez que has invertido tiempo y dinero en algo, nos cuesta dejarlo, porque eso significaría que hemos perdido tiempo y dinero, aun cuando ya se haya quedado en el pasado. La escritora, doctora en Psicología y jugadora profesional de póker Maria Konnikova explica en su libro *The Confidence Game* cómo la mentalidad de los costes irrecuperables está tan arraigada que los estafadores saben que tienen primero que pedir pequeños favores o inversiones a los incautos, antes de pedirles mucho. Una vez que un incauto ha invertido en algo, ya sea tiempo, energía o dinero, en lugar de dar ese coste por irrecuperable y pasar a otra cosa, continuará invirtiendo más de lo que nunca pensó hacer, aun cuando para cualquier observador externo esté claramente al borde del desastre. «Cuanto más haya perdido o invertido —escribió Konnikova—, más insistirá en que, de alguna forma, se solucionará.»

Steven Naifeh pasó una década estudiando la vida de Van Gogh, así que le pedí que hiciera la evaluación de *grit* como si fuese el pintor. La disciplina laboral de Van Gogh era increíble. Estaba como intoxicado por una imagen que su padre había utilizado en un sermón acerca del sembrador, que tiene que trabajar en el presente para poder cosechar en el futuro. «Piensa en todos los campos que han sido abandonados por gente sin visión a largo plazo», dijo Dorus Van Gogh. Invocó esa imagen, dicen Naifeh y Smith, «como un parangón de la persistencia ante la adversidad». En cada trabajo que tuvo, Vincent estuvo convencido de que, si trabajaba más que los demás, tendría éxito. Pero luego fracasaba. Sus intereses cambiaban constantemente. Incluso cuando se convenció de ser un artista, cambió una y otra vez de estilo. Naifeh y Smith describen estas pasiones piadosas de Van Gogh con una frase elegante: «Evangelio alterado». La afirmación del cuestionario de *grit*: «Me he obsesionado con cierta idea o proyecto, pero luego he perdido interés», es la esencia misma de Van Gogh. Al menos hasta los últimos años de su vida, en los que encontró un estilo propio y su creatividad eclosionó, Van Gogh fue un ejemplo de optimización de adecuación laboral. El proceso de Robert Miller del «bandido multiarmado» en su máxima expresión. Probaba opciones con una intensidad maníaca y obtenía el máximo de información sobre su adecuación tan rápido como era posible, y luego probaba otra cosa y repetía. Así siguió hasta que, zigzagueando, llegó a un lugar al que no había llegado nadie y en el que solo él floreció. La escala *grit* de Van Gogh, según Naifeh, rezuma trabajo duro, pero es baja en permanecer con un objetivo o proyecto. Estaría en el percentil cuarenta.

Desde el año 2017, he tenido el honor de ser invitado a trabajar con veteranos de guerra para revisar a los aspirantes de la fundación Pat Tillman, una organización para la cual di una charla en 2015, que se encarga de dar becas a militares veteranos en activo y a sus parejas. Muchas de las inscripciones provienen de exalumnos de West Point.

Los ensayos eran fascinantes e inspiradores. Casi todos tenían experiencia trabajando en situaciones límite en Afganistán, o participando en rescates de huracanes, traduciendo idiomas bajo presión, con esposas de militares que se mudaban una y otra vez y ayudaban a las demás a adaptarse mejor a los nuevos destinos, con quienes habían tenido experiencias frustrantes con la burocracia militar o con conflictos con el sistema militar. La esencia de todas esas historias es que una experiencia imprevista derivó en un nuevo e inesperado objetivo o en el descubrimiento de un talento especial.

Los aspirantes que consiguen que los financien entran en la comunidad de los Becados de Tillman, el grupo de personas valiosas que estaban preocupadas por cambiar de rumbo más tarde que sus pares y que fue quienes inspiraron este libro. La discusión que tuvimos sobre la especialización tardía sirvió como una catarsis para su ansiedad por haber empleado tiempo para hacer y aprender cosas que daban gracias por haber podido hacer y aprender.

Nadie en su sano juicio puede decir que la pasión y la persistencia no sean importantes, o que un mal día es razón para abandonar algo. Pero la idea de que un cambio de intereses o la recalibración de un objetivo es una imperfección y una desventaja competitiva conduce a historias simples y nítidas con una sola solución, como la de Tiger: escoge y entrena tan pronto como puedas. Responder a las experiencias de la vida con un cambio de rumbo, tal como hizo Van Gogh o han venido haciendo los graduados de West Point desde la erupción de la economía del conocimiento, es menos ordenado y claro, pero no menos importante. Requiere un comportamiento particular que potencie tus opciones para una mejor adecuación, pero que, a primera vista, parece una pésima estrategia de vida: la planificación a corto plazo.

7

Coqueteando con tus distintas posibilidades

F rances Hesselbein creció en[239] las montañas de Pensilvania occidental, entre familias que trabajaban en las minas de carbón y las acerías para sobrevivir. «En Johnstown, las cinco y media de la mañana significaban las cinco y media de la mañana», suele decir ella. Así que, si los altos ejecutivos, oficiales militares o legisladores que hacen cola en su oficina de Manhattan para obtener consejos sobre liderazgo quieren disfrutar de la hora entera, más les vale ser puntuales. Ya pasado su centésimo aniversario, aún va a la oficina cada día, donde se encuentra con más trabajo del que puede realizar. A Hesselbein le gusta decir a los visitantes que tiene cuatro trabajos profesionales, todos del más alto nivel, y que nunca buscó ninguno. Es más, intentó no aceptar tres de ellos. Cuando durante el transcurso de su larga existencia pensaba en qué le depararía la vida, casi siempre se equivocó.

En la escuela secundaria soñaba con ser dramaturga. Luego acudió a la Universidad de Pittsburgh. Le encantaba asistir a distintas clases, pero su padre enfermó mientras ella estaba en primer año. Hesselbein tenía diecisiete años y era la mayor de tres hermanos. Estuvo al lado de su padre en el hospital hasta que murió y le prometió que se encargaría de cuidar a la familia. Terminó su semestre y dejó la carrera para comenzar a trabajar en una tienda de la Penn Traffic Company como asistente de publicidad.

Pronto se casó y tuvo un hijo, justo cuando a su marido John lo enlistaron en la Marina para ir a la Segunda Guerra Mundial, donde se desempeñó como fotógrafo aéreo. Cuando terminó la guerra, él montó su propio estudio de fotografía, en el que hacía desde fotos a estudiantes hasta documentales. El trabajo de Hesselbein consistía en «ayudar a John». Si un cliente necesitaba que una foto de un perro pareciese un cuadro, ella cogía unas pinturas al óleo, coloreaba las fotos y listo.

A Hesselbein le encantaba la gran diversidad de Johnstown, pero también le enseñaría amargas lecciones. John se integró en la Comisión de Relaciones Humanas de Pensilvania, donde tenía que prevenir actos de discriminación. Si un peluquero no quería cortarle el cabello a una persona negra, alegando que no tenía el material adecuado, John se encargaba de decirle que era su obligación tener el material necesario. Cuando John se enfrentó a un maestro que echó a dos niños negros de un patio de juegos, este lo llamó «traidor». Hesselbein llegó a la conclusión de que una comunidad que valorase la inclusión debería poder contestar «sí» a la pregunta: «Cuando nos miran, ¿pueden encontrarse ellos mismos?» (Es decir, ¿se pueden sentir representados?)

Cuando Hesselbein tenía treinta y cuatro años, una mujer prominente de la ciudad le preguntó si podía encargarse de liderar voluntariamente la tropa 17 de las Girl Scouts. La anterior líder había renunciado para ir de misionera a la India, y otras vecinas habían rechazado la propuesta. Lo mismo hizo Hesselbein tres veces. Ella tenía un niño de ocho años y no sabía nada de niñas. Un día, la señora le dijo que entonces el grupo de treinta niñas de diez años tendría que desmantelarse. Hesselbein accedió a hacerlo durante seis semanas, hasta que otra líder se pudiera hacer cargo.

Antes de comenzar, leyó lo que pudo sobre las Girl Scouts. Se enteró de que era una organización que había sido fundada ocho años antes de que las mujeres pudiesen votar en Estados Unidos, y que la fundadora de la institución decía a las niñas que podían ser «médicas, abogadas, aviadoras o dirigir un globo aerostático». Hesselbein recordó entonces cuando en segundo grado dijo que quería ser piloto y sus compañeros de clase se rieron. Así que fue a la reunión a comenzar sus seis semanas a cargo del grupo. Finalmente estuvo con la Tropa 17 durante ocho años, hasta que terminaron la educación secundaria.

Después de eso, Hesselbein siguió ocupando puestos en las Girl Scouts, que nunca buscó ni pensaba mantener. Tenía más de cuarenta años cuando salió del país por primera vez, a una reunión internacional de las Girl Scouts en Grecia. Después vinieron más viajes: a la India, Tailandia, Kenia. Hesselbein se dio cuenta de que le gustaba el voluntariado.

También le pidieron que liderara la campaña de United Way (una organización que recauda fondos para caridad) en una época en que ese cargo era tan raro para una mujer como el de aviadora. Consistía en un voluntariado, así que supuso que no tenía nada que perder, pero cuando puso como vicepresidente al jefe local de los obreros del acero de Estados Unidos, de pronto el presidente de United Way decidió que eso no era una buena idea y que debía consultar con uno de los mayores patrocinadores, la empresa Bethlehem Steel. Hesselbein se movió rápido y consiguió que tanto los sindicatos como la empresa la respaldaran. Ese año, la pequeña Johnstown de Pensilvania consiguió la mayor recaudación *per capita* que ninguna otra campaña United Way del país. Por supuesto que era un cargo temporal, así que al año siguiente Hesselbein lo dejó.

En 1970 tres hombres de negocios de Johnstown que patrocinaban a las Girl Scouts invitaron a almorzar a Hesselbein y le comunicaron que habían escogido a una nueva directora local de la organización, ya que la anterior había renunciado y el consejo tenía problemas financieros.

—¡Qué bien! ¿A quién habéis escogido? —preguntó ella.

—A ti —contestaron ellos.

—Yo soy voluntaria, nunca aceptaría un trabajo profesional —les contestó.

Uno de los empresarios, que también se sentaba en el consejo de United Way, le dijo que si ella no aceptaba el trabajo y lograba reconducir las finanzas de la asociación el apoyo de United Way a las Girl Scouts se terminaría. Ella accedió al puesto, pero solo durante seis meses, y después dejaría el lugar a alguien profesional. A los cincuenta y cuatro, comenzó a realizar su primer trabajo remunerado. Devoró libros sobre gestión y pronto se dio cuenta de que se adecuaba al trabajo, así que permaneció cuatro años en el mismo puesto.

Pero a pesar de que el trabajo iba bien, el entorno era alarmante. Durante los años sesenta y setenta, la sociedad cambió radicalmente. Las Girl Scouts, no. Las mujeres se preparaban en masa para la universidad y para hacer carrera, y querían información sobre temas espinosos como las drogas y el sexo. La organización tenía una crisis existencial y la afiliación había caído en picado. La posición de CEO permaneció vacante durante un año. En 1976 el comité encargado de contrataciones invitó a Hesselbein a realizar una entrevista en Nueva York. Las anteriores CEO tenían impresionantes credenciales. La capitana Dorothy Stratton había sido profesora de Psicología, decana de universidad, directora fundadora de la reserva femenina de la Guardia Costera y primera directora de personal del Fondo Monetario Internacional. La última CEO, la doctora Cecily Cannan Selby, ingresó con dieciséis años al Radcliff College y luego usó su doctorado en biología por el MIT para aplicar tecnología de guerra al estudio de las células. Hesselbein, mientras tanto, había sido directora de uno de los grupos locales de las Girl Scouts, uno de los 335 que había en el país. Ella quería pasar su vida en Pensilvania, así que iba a declinar amablemente la entrevista.

Pero John la aceptó. Le dijo que ella podía rechazar la propuesta, pero que debía decírselo en persona y él se encargaría de llevarla para que hiciera la entrevista. Como a ella no le interesaba el cargo, no estaba nerviosa cuando le preguntaron qué haría en caso de ser escogida.

Hesselbein comenzó a hablar de una transformación total de la organización, que estaba anclada en la tradición. Fomentar el estudio de ciencias, matemáticas y tecnología, y desmantelar la pirámide jerárquica, cambiándola por una gestión circular de la organización. En lugar de peldaños en una escalera, todo el personal sería como cuentas de un brazalete concéntrico con múltiples contactos para poder llevar ideas de los concejos locales a los poderes de decisión nacionales. Además, la organización debía ser inclusiva: cuando las niñas de cualquier procedencia mirasen a las Girl Scouts deberían poder encontrarse a sí mismas.

Hesselbein llegó a Nueva York el 4 de julio de 1976 como CEO de una organización de tres millones de miembros. Fuera quedó el sacrosanto manual de la organización, que fue reemplazado por cuatro manuales según la edad de las niñas. Contrató a dibujantes y les dijo que quería que, si una niña aborigen de Alaska de seis años abría el manual, pudiera ver la imagen de una niña similar a ella con el uniforme de las Girl Scouts. Buscó llegar con sus mensajes a las niñas de cualquier origen. Uno de los pósteres de *marketing* dirigido a las nativas americanas decía «Sus nombres están en los ríos».

Pronto le dijeron que la diversidad estaba muy bien, pero que era demasiada, y demasiado rápida. Arregla los problemas de la organización y luego céntrate en la diversidad, pero ella pensaba que la diversidad era el principal problema de la organización, así que siguió adelante. Reunió a un equipo de liderazgo que fuera representativo del público al cual quería llegar y lo modernizó todo, desde la misión de la organización hasta las esquelas al mérito. Habría esquelas por matemáticas y por informática. Tomó la difícil decisión de vender algunos inmuebles que las voluntarias adoraban por haber pasado allí sus mejores años, pero que no estaban siendo utilizados.

Hesselbein continuó como CEO durante trece años. Bajo su liderazgo, las minorías triplicaron su membresía; las Girl Scouts obtuvieron 250.000 miembros más y 130.000 voluntarias. El negocio de sus clásicas galletas creció hasta los 300 millones anuales.

En 1990 se retiró de la organización, y el gran experto en gestión Peter Drucker la nombró mejor CEO del país. «Podría gestionar cualquier empresa»[240], alegó. Meses más tarde, el CEO de General Motors se retiró. Cuando la revista *Business Week* le preguntó a Drucker a quién recomendaba para el puesto, él contestó: «Yo escogería a Frances»[241].

La misma mañana que se retiró, Hesselbein recibió una llamada del presidente de la empresa de seguros Mutual of America, solicitándole que fuera a ver su nueva oficina en la Quinta Avenida. Ella ya era miembro del Consejo y la empresa quería tenerla trabajando para ellos, por lo que le habían puesto esa oficina a su disposición. Por aquel entonces, ella ya se había acostumbrado a tirar para adelante sin tener demasiado claro un plan, puesto que todo lo había ido haciendo al andar.

Hesselbein decidió crear una fundación para la gestión de organizaciones sin fines de lucro, con el fin de llevar las mejores prácticas de las empresas a los emprendimientos sociales. Sería miembro del Consejo, pero ya se había comprado una casa en Pensilvania, donde quería descansar un poco y escribir un libro. El equipo pidió a Drucker que fuera el presidente honorario. Él aceptó con la condición de que Hesselbein fuese la CEO. Allí quedó aparcado su proyecto de libro. A las seis semanas de haber dejado de liderar la organización de mujeres más grande del mundo, se convirtió en CEO de una fundación que no tenía ni dinero ni bienes, aunque tenía una oficina gratuita, que era suficiente para empezar. Fue formando su equipo y, actualmente, está ocupada dirigiendo el Instituto de Liderazgo Frances Hesselbein.

Nunca se graduó en la universidad, pero tiene veintitrés doctorados honorarios colgando de las paredes de su oficina, y un reluciente sable entregado por la Academia Militar por dar cursos de liderazgo, así como la medalla presidencial a la Libertad[242], que es el mayor reconocimiento civil que da Estados Unidos. Cuando la visité, tenía 101 años. Le llevé, tal como me habían aconsejado, una taza de leche caliente y enseguida le pregunté qué tipo de entrenamiento la había preparado para el liderazgo. Pregunta equivocada. «No me preguntes cuál ha sido mi preparación», me contestó moviendo la mano displicentemente. Me explicó que siempre hizo aquello que consideraba que podía enseñarle algo y que le sirviese en aquel momento y, de alguna forma, eso la fue preparando. Como dijo Naifeh respecto a Van Gogh, se trata de un «proceso no definible de digestión» que ocurrió mientras se sucedían distintas experiencias. «Yo no sabía que estaba preparada. Nunca fue mi intención ser líder, simplemente aprendía lo que necesitaba en cada momento», me dijo.

En retrospectiva, Hesselbein puede extraer algunas lecciones de las cuales no fue consciente mientras las recibía. Vio el poder de la inclusión y exclusión en la diversidad de Johnstown. Aprendió a solucionar distintos problemas con lo que tuviera a mano en el negocio de fotografías de su marido. Como líder sin experiencia, se apoyó en el liderazgo compartido. Logró unificar a posiciones encontradas para las campañas de United Way. A pesar de que nunca había salido del país, hasta las reuniones internacionales de las Girl Scouts, rápidamente supo encontrar puntos comunes con mujeres de todo el planeta.

En el primer curso de entrenamiento al que acudió, escuchó a otra nueva líder de grupo quejarse de que no estaba aprendiendo nada de las sesiones. Hesselbein lo comentó con una trabajadora de una fábrica que era voluntaria, y esta le contestó: «Tienes que portar una gran canasta para poder llevarte algo a casa». Frances repite esa frase siempre, dando a entender que si no tienes la mente bien abierta no aprenderás algo de cada nueva experiencia.

Es una filosofía natural para alguien que tenía sesenta años cuando intentó rechazar el trabajo más importante de su vida. No tenía planes a largo plazo, solo el plan de hacer lo que se necesitase en el momento. Su preámbulo más común es: «Nunca imaginé que…».

La carrera profesional de Hesselbein, que comenzó con cincuenta y cuatro años, ha sido extraordinaria. El sinuoso camino que la llevó hasta allí, no.

Todd Rose, director del Programa de Mente, Cerebro y Educación de Harvard, y el neurocientífico Ogi Ogas decidieron estudiar carreras inusuales. Buscaban encontrar personas exitosas y satisfechas de su situación, y que lo hubiesen logrado después de dar muchas vueltas. Entrevistaron a gente sobresaliente en campos tan distintos como *sommelier*, organizadores profesionales, entrenadores de animales, parteras, afinadores de piano, arquitectos... «Estimamos que tendríamos que entrevistar a cinco personas de promedio por cada uno que hubiese creado su propio camino —me dijo Ogas—. Nunca imaginamos que serían la gran mayoría.»

Resultó que casi todos habían seguido lo que podría considerarse un camino inusual. «Lo más increíble es que todos se consideraban una anomalía.» Cuarenta y cinco de los primeros cincuenta entrevistados mostraron caminos tan sinuosos que se avergonzaban de haber saltado de un lado a otro durante sus carreras. Suelen agregar, a modo de disculpa: «La mayoría de la gente no lo hace así», me cuenta Ogas. «Les han dicho que salirse del camino era muy arriesgado, pero debemos entender que esto no es extraño, sino que es la norma.» El estudio recibió un nombre: el «proyecto del caballo negro», porque cuantas más personas estudiaban, más se consideraban un caballo negro, es decir, alquien que que siguió un camino distinto y destacó inesperadamente.*

Los caballos negros buscaban una mejor adecuación laboral. No son de la gente que piensa: «Estos comenzaron antes que yo y tienen más desde más jóvenes», sino que se centran en lo que tienen en ese momento: «Esto es lo que me motiva ahora, esto es lo que quiero hacer, esto es lo que quiero aprender y estas son las oportunidades que tengo. Cuál de estas cosas se me adecúa mejor ahora, aunque dentro

---

* Los datos estadísticos de la Oficina Laboral de Estados Unidos muestran que el profesional *millennial* itinerante no es otra cosa que una continuación natural de la tendencia de la economía del conocimiento. El cincuenta por ciento de los Baby Boomers tardíos (1957-1964) tuvieron, al menos, once empleos distintos entre los dieciocho y los cincuenta años, y es algo parejo entre hombres y mujeres de distintos niveles de educación.

de un tiempo tal vez cambie porque he encontrado otra cosa», me contó Ogas.

Cada caballo negro tiene un viaje único, pero una misma estrategia de «planificación a corto plazo. No tienen planificación a largo plazo». Aun aquellos que, vistos desde fuera, parecen ser grandes visionarios a largo plazo, suelen ser planeadores a corto plazo una vez que uno los ve de cerca. Cuando se le preguntó al fundador de Nike, Phil Knight[243], en 2016 acerca de su visión a largo plazo y cómo sabía lo que quería cuando creó la empresa, contestó que él quería ser atleta profesional pero, como no era suficientemente bueno, cambió para encontrar algo que le permitiera seguir ligado al deporte. Resultó que tenía un entrenador que le gustaba probar con zapatos y que luego fue su socio. «Siento pena por la gente que sabe exactamente qué hará de su vida desde que está en la secundaria», dice. En sus memorias, Knight escribe que «no es de plantearse metas»[244] y que su principal objetivo cuando creó la empresa de zapatillas era fracasar rápido para aprender cosas que le sirvieran para su siguiente emprendimiento. Hizo pivotar sucesivos planes a corto plazo, aplicando lo que iba aprendiendo sobre la marcha.

Ogas utiliza el término *standardization covenant* («convenio estandarizado») para definir la noción cultural de que es racional dejar de lado un camino sinuoso de autoexploración en favor de una meta rígida con una ventaja inicial, ya que asegura la estabilidad. «La gente a la que estudiamos y está satisfecha sí tiene metas a largo plazo, pero estas solo han sido planteadas después de un arduo camino de autodescubrimiento. Obviamente, no hay nada malo en obtener un grado de médico o un doctorado, pero puede ser peligroso aceptar ese compromiso sin saber si se adecua a ti o no. Y nunca consideres que un camino es fijo. La gente se plantea cuestiones a mitad de la carrera de Medicina», como le sucedió a Charles Darwin, por ejemplo.

Por consejo de su padre, comenzó a estudiar Medicina, pero encontraba las clases «intolerablemente sosas» y abandonó su carrera en medio de una operación al escuchar el ruido de una sierra de cirugía: «Nunca más acudí [245] —escribió Darwin—, porque difícilmente algo podría motivarme a hacer eso yo mismo». Darwin era muy creyente y pensó que se convertiría en clérigo. Saltó de una clase a otra, incluyendo un curso de botánica que daba un profesor que terminaría recomendándolo para realizar un trabajo voluntario [246] a bordo del *HMS Beagle*. Después de convencer a su padre (con la ayuda de un tío) de que no se convertiría en un inútil debido a su cambio de carrera, inició uno de los viajes de mayor impacto que cualquier universitario haya hecho jamás. Los deseos de su padre, finalmente, murieron por causas naturales [247]. Darwin reflexionaría años después sobre su proceso de autodescubrimiento: «Resulta absurdo que alguna vez yo haya querido ser clérigo». Su padre, que fue médico durante sesenta años, detestaba la visión de sangre. Si su padre le hubiera dado elección, «nunca hubiera seguido sus pasos».

Michael Crichton comenzó también con la medicina, después de enterarse de que muy pocos escritores se ganan la vida con su trabajo. Con la medicina «nunca tendría que preguntarme [248] si mi trabajo es valioso», escribió. Excepto que a los pocos años se vio desencantado con la práctica. Se graduó en la escuela de Medicina de Harvard, pero se convirtió en escritor. Su educación médica no fue desperdiciada. La utilizó para crear algunas de las historias de más éxito del mundo, como la novela *Jurassic Park* y la serie de televisión *ER*, con sus 124 nominaciones a los premios Emmy.

Algunos objetivos de carrera que en ocasiones parecen ser seguros, resultan absurdos examinados a la luz del propio conocimiento. Nuestras preferencias personales y laborales no son siempre las mismas, porque nosotros no somos los mismos.

El psicólogo Dan Gilbert lo llama «La ilusión del fin de la historia» [249]. Reconocemos que nuestros deseos y motivaciones cambiaron mucho desde que éramos adolescentes (basta ver nuestro corte de pelo), pero creemos que no cambiaremos mucho en el futuro. En palabras de Gilbert, «somos trabajos en desarrollo que creemos que están finalizados».

Gilbert y sus colegas midieron las preferencias, valores y personalidades de más de diecinueve mil adultos entre dieciocho y sesenta y ocho años. A algunos se les preguntó cuánto pensaban que iban a cambiar en la siguiente década y a otros se les preguntó cuánto habían cambiado en la última década. Quienes tenían que predecir esperaban muy pocos cambios, mientras que los que rememoraban afirmaban haber cambiado mucho. Cualidades que parecían inmutables cambiaron notablemente. Valores centrales (placer, seguridad, éxito y honestidad) se vieron transformados. Preferencias de vacaciones, música, *hobbies* y hasta amigos también cambiaron. Irónicamente, los predictores estaban dispuestos a pagar un promedio de 129 dólares por una entrada para ver un concierto dentro de diez años de su banda preferida actual. Mientras que los que recordaban solo pagarían 80 para ver a la banda que más les gustaba hace diez años. La persona que eres hoy es efímera, al igual que todas las que has sido. Parece un resultado totalmente inesperado, pero está muy bien documentado.

Es sin duda cierto que un niño tímido, probablemente, se convertirá en un adulto tímido, pero está lejos de ser una correlación perfecta. Y si una característica en concreto no cambia, otras lo harán. La única certeza es el cambio, tanto el cambio individual como el de la generación con la que creces. El psicólogo de la Universidad de Illinois, Brent W. Roberts, se especializó en investigar el desarrollo de la personalidad. Junto a otros colegas, reunió datos de más de noventa y dos estudios[250] y reveló que algunos aspectos de la personalidad se desarrollan de forma bastante predecible. Los adultos tienden a ser más complacientes, conscientes, estables emocionalmente y menos neuróticos con el paso del tiempo, pero menos abiertos a nuevas experiencias. En la mediana edad, los adultos crecen más consistentes y cautelosos y menos curiosos, abiertos de mente y creativos.* Los cambios tienen impacto, como el hecho de que los adultos, cuantos más años tienen, menos crímenes cometen y más proclives son a tener relaciones estables. La mayoría de los cambios de personalidad suceden entre los dieciocho y los treinta años, por lo que especializarse tempranamente es la tarea de predecir una adecuación laboral para una persona que aún no existe. Puede funcionar, pero es una apuesta difícil. Además, aunque los cambios de personalidad disminuyen, no se frenan a ninguna edad. A veces pueden cambiar instantáneamente.

Debido a YouTube, tal vez el «Marshmallow test» (la prueba del malvavisco o del dulce) sea la prueba científica más famosa del mundo. En realidad, fueron una serie de experimentos que comenzaron en la década de 1960. La premisa de la investigación original era muy simple: una persona deja un dulce (o una galleta) a disposición de un niño de guardería. Antes de irse de la habitación le dice al niño que si espera a que él vuelva recibirá, además de ese dulce, otro más. Si no puede esperar, solo se comerá ese dulce o galleta. Al niño no se le dice cuánto tardará en volver (suele ser entre quince y veinte minutos), así que tienen que persistir si quieren obtener el doble de premio.

El psicólogo Walter Mischel y su equipo[251] hicieron un seguimiento de los niños años más tarde y descubrieron que, cuanto más tiempo había aguantado el niño sin comer el dulce, más éxito tenía en su vida, social, académica y financieramente, y era menos proclive al consumo de drogas.

---

* Para los amantes de las estadísticas, la correlación para rasgos de la personalidad entre la adolescencia de un individuo y la de ese individuo a una edad madura es de 0,2-0,3, que está en el lado moderado (asumiendo que no hubiese errores de medición, una correlación de 1,0 significaría que el rasgo de la personalidad no cambió en absoluto entre las distintas edades). «Claramente no somos las mismas personas a los setenta y cinco que a los quince, pero hay rasgos que deben ser reconocibles», me dijo Roberts.

Este estudio ya era muy conocido por los científicos, pero se convirtió en masivo cuando muchos padres aprensivos comenzaron a realizarle a sus hijos el test y colgarlo en Internet. Los vídeos suelen ser muy entrañables e instructivos. Casi todos los niños se abstienen de comer el dulce al principio. Algunos lo miran, lo tocan y hasta lo prueban con la lengua, algunos hasta muerden un pedacito para ver cómo sabe. Antes de finalizar el vídeo, la mayoría de los que lo tocaron ya se lo han comido. Los niños que lograron abstenerse recurrieron a todo tipo de distracciones, desde mirar para otro lado, taparse los ojos o esconder el plato con el dulce, hasta cantar o bailar. Uno de los niños que había evitado mirar al dulce estaba tan ansioso que, en cuanto regresó el experimentador, se comió los dos dulces de un solo bocado.

El halo de bola de cristal de este experimento es innegable, así como erróneo. El colaborador de Mischel, Yuichi Shoda, repetidamente[252] ha manifestado que a muchos de los preescolares que se comieron el dulce les ha ido bien en la vida.* Shoda explica que el aspecto más interesante del experimento es lo fácil que los niños son capaces de cambiar su comportamiento con estrategias mentales simples, tales como imaginar que el dulce es una nube en lugar de comida. Los trabajos posteriores de Shoda han resultado un puente entre el clásico debate de la psicología de naturaleza versus crianza. Un extremo sugiere que los rasgos de la personalidad son esencialmente de nacimiento, y los otros que dependen del entorno. Shoda considera que ambos tienen razón y están equivocados a la vez. En un determinado momento de la vida, sus rasgos naturales pueden decidir cómo reacciona ante una situación, pero esa misma naturaleza puede ser muy diferente ante otro tipo de situación. Junto a Mischel, él comenzó a estudiar las llamadas «situaciones si/entonces»[253]: *Si* David está en una gran fiesta, *entonces* parece introvertido. *Si* David está en un grupo de trabajo, *entonces* parece

---

* Una réplica del experimento realizado[254] en 2018 descubrió que el poder predictivo sobre futuros comportamientos era menor que en el estudio original.

extrovertido (verdadero en mi caso). Entonces, ¿David es introvertido o extrovertido? Ambas, y consistentemente.

Ogas y Rose llaman a esto el «principio contextual». En 2007 Mischel escribió: «Lo esencial del descubrimiento es que un niño puede ser agresivo en su casa y menos agresivo en la escuela. Una persona excepcionalmente hostil cuando la rechazan amorosamente puede ser muy comprensiva ante una crítica laboral. Una persona muy ansiosa ante un médico puede mostrarse muy calmada al escalar una montaña. El arriesgado emprendedor puede ser muy cauto en sus relaciones personales». Rose lo definió más coloquialmente así: «Si hoy conduces de forma aplicada y neurótica, es muy probable que también conduzcas así mañana. Asimismo, es muy probable que no seas nada aplicado y neurótico cuando toques con tu grupo canciones de los Beatles». Tal vez esta sea una razón por la cual Kahneman y sus colegas militares (capítulo 1) fracasaron al predecir quién sería un líder en la batalla atendiendo a quién fue líder en el campo de entrenamiento. Cuando yo era un atleta universitario, tenía compañeros cuya determinación parecía ilimitada en la pista y prácticamente nula en las clases, y viceversa. En lugar de preguntarse si alguien es tenaz, deberíamos preguntarnos cuándo lo es. «Si pones a alguien en un contexto adecuado, es más probable que trabaje duro y que parezca, desde fuera, una persona tenaz y con mucho *grit*», dice Ogas.

Como la personalidad cambia más de lo que nos esperamos con el tiempo, las experiencias y los distintos contextos, estamos mal posicionados para plantarnos rígidas metas a largo plazo, cuando nuestro pasado consiste en tan solo pocas experiencias, poco tiempo y una reducida diversidad de contextos. Cada historia personal continúa evolucionando. Todos deberíamos seguir el consejo de *Alicia en el País de las Maravillas*: cuando el Grifo le pide que le cuente su historia, ella decide comenzar a contarle sus aventuras desde esa misma mañana. «No tiene sentido remitirnos a ayer, porque entonces yo era otra persona», Alicia había captado un grano de sabiduría, uno que tiene gran importancia para maximizar la calidad de adecuación.

Herminia Ibarra, una profesora de comportamiento organizacional de la London School of Economics, estudió cómo jóvenes banqueros y consultores avanzan (o no) en empresas a las que considera que tienen jerarquías del tipo «arriba o afuera». Cuando realizó un seguimiento años más tarde, después de ese proyecto, vio que algunas de las estrellas ya no estaban más, habían cambiado de carrera o estaban planeando hacerlo.[255]

Ibarra comenzó[256] un nuevo estudio, esta vez incluyendo a emprendedores digitales, abogados, médicos, profesores e informáticos. La atención estaba puesta en los cambios de carrera. Ibarra siguió a profesionales ambiciosos, la mayoría en sus treinta o cuarenta años, en Estados Unidos, Reino Unido y Francia, que habían seguido una carrera lineal durante, al menos, ocho años. A lo largo de su trabajo, vio a muchos profesionales pasar gradualmente de tener una necesidad de cambiar de carrera a realizar un período de transición y a saltar a una nueva carrera. Ocasionalmente, observaba cómo todo el proceso le ocurría dos veces al mismo individuo. Cuando compiló sus descubrimientos, la premisa central era simple y profunda: aprendemos quiénes somos solo a través de vivir, nunca antes.

Ibarra concluyó diciendo que maximizamos nuestra cualidad de adecuación durante la vida, a través de probar actividades, grupos sociales, contextos, trabajos, carreras y luego reflexionando y ajustando nuestras narrativas personales. Y luego repetimos. Si eso suena obvio, hay que considerar que es exactamente lo opuesto a la enorme cruzada de *marketing* que asegura a sus clientes que pueden conseguir lo que desean solo por medio de la introspección. Toda una lucrativa industria de asesoramiento sobre carreras y evaluaciones de personalidad se sustenta en esa noción. «Todo eso de buscar tus fortalezas, le da licencia a la gente para espiarse a sí mismos y a otros, sin tener en consideración cuánto crecemos, evolucionamos y descubrimos cosas nuevas. Pero la gente quiere respuestas, así que eso vende. Es más difícil decirle "Bueno, prueba y experimenta distintas cosas, y a ver qué sucede"», me dijo Ibarra.

Con rellenar un cuestionario, aducen, se te iluminará el camino hacia una carrera ideal, no importa lo que hayan documentado los psicólogos a lo largo del tiempo y los contextos. Ibarra critica artículos como uno del *Wall Street Journal* que afirmaba que «en el plácido camino hacia una nueva carrera» [257] el secreto es simplemente «tener una idea clara de lo que quieres» antes de actuar.

En su lugar, me dice, lo opuesto es lo mejor: «Primero actúa y luego piensa». Ibarra ha liderado la psicología social al argumentar persuasivamente que estamos hechos de muchas posibilidades. Como ella lo describe: «Descubrimos nuestras posibilidades al hacer, al intentar nuevas actividades, construir nuevas redes, encontrar nuevos modelos». Aprendemos quiénes somos a través de la práctica, no de la teoría.

Como Frances Hesselbein, quien pensó una y otra vez que tan solo estaba poniendo el dedo del pie en un lago distinto, hasta que tuvo la edad en que sus amigos se jubilaban y ella, finalmente, se dio cuenta de que había llegado a su vocación a través de sucesivas planificaciones a corto plazo. O Van Gogh, que estaba seguro de haber encontrado su vocación una y otra vez, para después descubrir, al practicarlas, que se había equivocado, y así hasta que no se equivocó.

Ibarra ha registrado grandes transformaciones: Pierre, un psiquiatra y escritor de treinta y ocho años, se convirtió en monje budista después de un sinuoso camino iniciado a raíz de una reunión con un lama tibetano durante una cena. Otras conversiones más cotidianas: Lucy, una directora técnica en una empresa de intermediación, se vino abajo debido a la crítica que le realizó una consultora en desarrollo organizacional. Decidió contratarla como *coach* personal. Pronto Lucy se dio cuenta de que le inspiraba más gestionar a personas (una de sus debilidades) que tecnología. Gradualmente, se formó y fue contactando a su red de conocidos para saber qué tipo de cosa podría hacer. Poco a poco, una de sus debilidades se transformó en una de sus fortalezas y terminó convirtiéndose en una *coach* personal por sí misma.

Hay algunos temas recurrentes que surgen en esas transiciones. Los protagonistas se han comenzado a sentir insatisfechos con sus trabajos y luego, un encuentro casual con un mundo al que no conocían, los lleva a realizar unas exploraciones cortas para evaluar posibilidades. Al principio, todos los que cambian carreras son víctimas del culto a la ventaja inicial y piensan que no tiene sentido dejar sus planes a largo plazo por una sucesión de rápidos experimentos a corto plazo que van evolucionando. Las personas de confianza les sugieren que no hagan nada rápido; no cambiar ahora, mantén el nuevo interés como un *hobby*. Pero, cuanto más lo piensan, más seguros están de que es momento de cambiar. Una nueva identidad laboral no se manifiesta de la noche a la mañana, sino que comienza con probar algo temporalmente, al estilo de Hesselbein, o encontrando un nuevo modelo, luego reflexionar sobre la experiencia y comenzar otro nuevo plan a corto plazo. Algunos de los que cambian de carrera se vuelven más ricos, otros más pobres; todos se sienten momentáneamente rezagados, pero, al igual que los del estudio de *Freakonomics*, todos se muestran más felices con el cambio.

El consejo de Ibarra es casi el mismo que el documentado por los investigadores del proyecto del caballo negro. En lugar de esperar una respuesta firme a la pregunta «¿En qué me quiero realmente convertir?», el estudio sugiere que es mejor convertirte en un científico de ti mismo, haciéndote pequeñas preguntas que te puedas responder. «¿Cuál de mis varias posibilidades puedo comenzar a explorar? ¿Cómo puedo hacerlo?». Coquetea con tus distintos posibles seres.* En lugar de un gran plan, encuentra experimentos que puedan realizarse rápidamente. Ibarra lo define como «prueba y aprende, en lugar de planifica e implementa».

---

* Shonda Rhimes, la creadora de *Anatomía de Grey* y de *Scandal*, coqueteó con unos extremos a los que ella llamó «Sí o Sí». Rhimes es introvertida y tiende a declinar cualquier invitación inesperada que le surja. Ella decidió enfrentarse y aceptar durante un año cualquier tipo de invitación. Terminó el año sabiendo qué era a lo que realmente quería dedicar toda su atención.

Paul Graham[258], informático y creador de Y Combinator, la *start-up* fundadora de Airbnb, Dropbox, Stripe y Twitch, recogió los principios de Ibarra en una conferencia para graduados de secundaria que escribió pero nunca expuso:

Puede parecer que no hay nada más fácil que decidir qué es lo que te gusta, pero es difícil, en parte porque es difícil tener una visión acertada de qué se hace en cada trabajo… La mayoría de los trabajos que he realizado en los últimos diez años no existían cuando yo terminé la escuela secundaria. En un mundo así, no es una buena idea tener planes fijos.

Y, sin embargo, cada mayo, oradores de todo el país sacan a colación el discurso de graduación de Stanford de Steve Jobs cuya esencia es «No abandones tus sueños». Entiendo lo que quieren decir, pero es una mala forma de plantearlo porque implica que se supone que debes basarte en algún plan que has preparado previamente. El sector informático tiene un nombre para esto: optimización prematura…

En lugar de trabajar hacia una meta, trabaja desde situaciones prometedoras. Esto es lo que hace la mayoría de la gente exitosa. En la charla de Stanford, tienes que decidir dónde quieres estar dentro de veinte años y luego preguntarte: qué debo hacer para llegar a ello. Yo propongo que en su lugar no te comprometas a nada en el futuro, sino que mires las opciones disponibles ahora, y escoge aquellas que puedan ampliar el horizonte de aún más opciones en el futuro.

Lo que Ibarra llama el modelo «planea e implementa», en oposición al «prueba y aprende», se encuentra siempre con bonitas historias de ejemplos de genios. Una de las más populares es que Miguel Ángel era capaz de ver una figura entera de un bloque de mármol antes de tocarlo. Es una imagen maravillosa, pero no es verdadera. El historiador del arte William Wallace demostró[259] que Miguel Ángel era, en realidad, un excelente ejemplo de «prueba y aprende». Constantemente cambiaba de opinión y alteraba sus planes de esculturas mientras iba avanzando. Dejó tres quintas partes de sus esculturas sin terminar, cada vez cambiando a algo que le parecía más prometedor. La primera línea del análisis de Wallace es «Miguel Ángel no expuso una teoría del arte». Él probaba y luego comenzaba desde ese punto. Fue escultor, pintor, arquitecto y también diseñó fortificaciones militares para Florencia. Antes de los treinta años, llegó a dejar de lado el arte visual y se dedicó a escribir poemas (incluyendo uno que decía cuánto había llegado a odiar la pintura[260]), la mitad de los cuales dejó inacabados.

Al igual que cualquiera que quisiera mejorar su calidad de adecuación, Miguel Ángel aprendió quién era (y qué estaba esculpiendo) a través de la práctica, no de la teoría. Comenzaba con una idea, la probaba, la cambiaba y estaba proclive a dejarla si no le satisfacía. Miguel Ángel se hubiera adecuado bien a Silicon Valley, pues era un probador nato. Trabajaba en conformidad con el aforismo de Ibarra: «Sé quien soy cuando veo lo que hago».

Momento de confesión: después de conocer la existencia del proyecto del caballo negro, me reclutaron para participar en el mismo, ya que yo también había seguido un sinuoso camino a través de planes a corto plazo. Ese proyecto me interesaba en parte porque me sentía identificado con él, en parte por mi propia experiencia, pero también porque describe a una serie de personas que admiro.

El escritor y cineasta Sebastian Junger tenía veintinueve años cuando trabajaba como podador de árboles. Estaba en la copa de un pino cuando se lesionó la pierna con una motosierra, y a partir de ahí se le ocurrió la idea de escribir sobre trabajos peligrosos. Aún cojeaba cuando un barco pesquero de Gloucester, Massachusetts, cerca de donde él vivía, se perdió en el océano. La pesca comercial le dio la excusa que necesitaba, y así nació la película *La tormenta perfecta*. Junger siguió con el tema de los oficios peligrosos y luego dirigió el documental *Restrepo*. «Ese corte con la sierra fue lo mejor que me pudo pasar en la vida. Me dio la oportunidad de ver una posible carrera. Casi todo lo bueno que me ha pasado en la vida tiene su base en algo malo, por eso siempre digo que no sabes si algo es bueno o malo cuando te sucede. No lo sabes, tienes que esperar para descubrirlo», me dijo Junger.

Mis escritores favoritos pueden ser unos caballos aún más oscuros. Haruki Murakami quería ser músico «pero no tocaba el instrumento [261] lo suficientemente bien», dijo. Tenía veintinueve años y atendía un bar de *jazz* en Tokio, cuando fue a ver un partido de béisbol y la rotura de un bate, con «un hermoso sonido fuerte», [262] le dio la idea de que podía escribir una novela. ¿Por qué le vino ese pensamiento? «No lo supe entonces y no lo sé ahora.» Comenzó a escribir esa misma noche y pensó que «la sensación de escribir resultó muy fluida». Las catorce novelas de Murakami (todas con algún tema musical) han sido traducidas a más de cincuenta idiomas.

El escritor Patrick Rothfuss comenzó a estudiar Ingeniería Química, lo que le llevó a descubrir [263] que «la química es aburrida». Luego saltó de una carrera a otra hasta que le solicitaron que se graduara de una vez. Después de eso, según su biografía oficial, «comenzó un posgrado, pero no quiero hablar de eso». Mientras tanto, empezó a escribir una novela *El nombre del viento* (llena de referencias a la química), que vendió millones de ejemplares en todo el mundo y es material potencial para una serie que suceda a *Juego de tronos*.

Hillary Jordan vivió en el mismo edificio que yo en Brooklyn y me contó que trabajó en publicidad durante quince años antes de comenzar a escribir. Su primera novela, *Mudbound*, ganó el premio Bellwether a la ficción social. La película fue realizada por Netflix en 2018 y recibió cuatro nominaciones al Oscar.

A diferencia de Jordan, Maryam Mirzakhani esperaba desde el principio convertirse en novelista. Le encantaban las librerías cuando iba a la escuela y soñaba con ser escritora. Tenía que recibir clases de matemáticas, «pero no me interesaban»[264]. Finalmente, se le ocurrió ver a las matemáticas como algo a explorar: «Es como estar perdida en una jungla[265] y tener que usar todo el conocimiento que puedas para hacer nuevos trucos y, con algo de suerte, encontrar la salida». En 2014 se convirtió en la primera mujer en ganar la *Fields Medal*, el premio más importante del mundo para matemáticos.

De los deportistas que conocí cuando trabajaba para *Sports Illustrated,* a quien más admiraba era a la triatleta británica Chrissie Wellington, que se sentó por primera vez en su vida en una bicicleta a los veintisiete años. Trabajaba en un proyecto sanitario en Nepal cuando descubrió que le gustaba el ciclismo y que podía seguir a los sherpas en la altitud del Himalaya. Dos años después de volver a Gran Bretaña, ganó el primero de sus cuatro campeonatos mundiales de Ironman y también trece eventos de distancia Ironman en los que compitió, en una carrera deportiva que comenzó muy tarde y duró solo cinco años. «Mi pasión por el deporte[266] no se ha evaporado —dijo cuando se retiró—, pero mi pasión por nuevas experiencias y nuevos desafíos es la que ahora me llama más la atención.»

Soy un admirador del teatro irlandés, y uno de mis actores favoritos es Ciarán Hinds, más conocido por su papel de Julio César en *Roma,* de Mance Rayder de *Juego de tronos,* la serie de HBO, y como la estrella de la AMC en *The terror* (su voz es más conocida por el doblaje de Grand Pabbie, en *Frozen*). Este libro me dio la excusa para preguntarle a Hinds acerca de su carrera. Él recuerda haber sido un callejero inseguro de hacia dónde ir cuando se apuntó a estudiar Derecho en la Universidad Queen de Belfast. Su atención pronto se desvió hacia el billar, el póker y la danza experimental, me contó. Uno de los tutores de Hinds, que lo había visto con doce años representar a Lady MacBeth en una escuela, le sugirió que dejase las leyes y fuese a clases de teatro. «También se lo comentó a mis padres, quienes tenían ciertas dudas.» Me fui a estudiar a la Royal Academy of Dramatic Art, y mi vida profesional dio comienzo.

La biografía de Van Gogh, realizada por Steven Naifeh y su coautor Gregory White Smith, es uno de los mejores libros que haya leído de cualquier género. Ambos se conocieron en la facultad de Derecho mientras tenían dudas sobre si era una carrera para ellos. Comenzaron a escribir libros juntos sobre una gran variedad de temas, desde novelas policiales hasta ensayos de autoayuda, aun cuando un editor les dijo que se ciñeran a un género. Su voluntad de adentrarse en distintas áreas tuvo recompensas inesperadas. Un día, un editor les pidió que escribieran una guía para el uso de servicios legales. Eso los llevó a fundar *Best Lawyers*, que se convirtió en el principio de una serie de publicaciones sobre recomendación entre pares. «Si no hubiésemos aceptado esa idea de ayudar a la gente a elegir abogado y llevarla a su extremo, nuestras vidas hubiesen sido muy distintas, ya que no era nada parecido a lo que habíamos hecho hasta entonces», me dijo Naifeh. Probablemente, nunca hubiesen tenido los medios y la libertad para pasar una década investigando a Van Gogh, o la biografía de Jackson Pollock, que ganó el premio Pullitzer.

Pollock, me cuenta Naifeh, era sin duda uno de los alumnos menos talentosos de la Liga de Estudiantes de Arte. Al igual que Van Gogh, la falta de pericia para dibujar fue lo que lo impulsó a inventar sus propias reglas sobre el arte. «Uno de los problemas es que los artistas tienden a ser productos de sus escuelas», dijo Naifeh, que también es artista.

Tal vez eso ha llevado a que exista una proliferación de arte marginal, realizado por gente que no ha seguido ningún camino tradicional. Por supuesto que no hay nada malo en seguir el camino tradicional, pero si esta es la única forma de llegar, se está dejando mucho talento fuera. Los artistas *outsiders* son como los autodidactas maestros del *jazz*, pero en las artes visuales. En 2018 la National Gallery of Art realizó una exhibición dedicada en su totalidad a artistas autodidactas. También los cursos de arte de las universidades de Stanford, Duke y Yale, así como el Instituto de Arte de Chicago, ofrecen cursos sobre arte marginal (*outsider*). Katherine Jentleson, que en 2015 fue escogida curadora del arte autodidacta del

High Museum of Art de Atlanta, me dijo que estos artistas suelen comenzar experimentando y haciendo cosas que les gustan mientras realizan otros trabajos: «La mayoría no se dedica totalmente al arte hasta que se jubila», afirmó Jentleson.

Ella me presentó al escultor y pintor Lonnie Holley, un artista autodidacta que nació en Alabama en el seno de una familia muy pobre. En 1979, cuando tenía veintinueve años, dos de sus sobrinos murieron en un incendio. Su familia no podía pagar las lápidas, por lo que Holley recolectó piedras descartadas y las grabó él mismo. «¡Ni siquiera sabía lo que era el arte!», me dijo con sus grandes ojos, como sorprendido de su propia historia. Pero era satisfactorio. Grabó lápidas para otras familias y comenzó a hacer esculturas sobre cualquier material que pudiera encontrar. Me encontraba dialogando con él a la entrada del museo de Atlanta, hablando sobre su trabajo, cuando cogió un clip para papel y lo transformó en la silueta de un rostro, que clavó como decoración en la goma de borrar trasera de un lápiz que estaba usando la recepcionista. Cuesta imaginarlo antes de que se convirtiera en artista, ya que todo lo que toca lo utiliza para explorar en qué lo puede convertir.

Jentleson también me indicó que fuese a Paradise Garden, a 140 kilómetros al norte de Atlanta, donde estaban expuestos los trabajos de Howard Finster, que puede ser considerado el Frances Hesselbein del arte moderno. Finster reunía cosas de todo tipo, desde herramientas hasta plantas frutícolas. Un día de 1976, cuando tenía cincuenta y nueve años, estaba arreglando una bicicleta cuando vio en una mancha de pintura sobre su pulgar lo que le pareció un rostro. «Un sentimiento plácido[267] me invadió», recuerda. Finster, inmediatamente, comenzó a juntar decenas de miles de obras de arte para llenar su propiedad, incluyendo miles de pinturas en su estilo único, con un toque de caricatura a menudo lleno de animales y figuras (Elvis Presley, George Washington, algunos ángeles) que están en paisajes apocalípticos. Al poco tiempo, apareció en el programa de Johnny Carson, *Tonight Show*, y empezó a diseñar portadas de discos para R.E.M. o Talking Heads. Al entrar en su propiedad, me recibió un gigantesco autorretrato de Finster en un traje color burdeos. Al pie hay un texto que dice: «Comencé a pintar cuadros en 1976 sin entrenamiento alguno. Estas son mis pinturas. Una persona no sabe lo que es capaz de hacer hasta que lo intenta. Intentar cosas es la clave para encontrar tu talento».

8

La ventaja de los marginales (*outsiders*)

Alph Bingham admite sin problemas que es un hiperespecializado, al menos, en teoría: «Mi doctorado ni siquiera es en Química, sino en Química Orgánica. Si no tiene un átomo de carbón, técnicamente no estoy cualificado».

Mientras hacía sus cursos de posgrado en los años setenta, Bingham y sus compañeros de clase tenían que encontrar formas de crear unas determinadas moléculas. «Éramos una banda de chicos y chicas astutos que podíamos crear moléculas, pero, de alguna manera, la solución de algunos siempre era mejor que la de otros. Presté atención y me di cuenta de que las mejores soluciones siempre tenían un ingrediente que no formaba parte de los conocimientos que nos impartían.» Un día él fue el más listo.

Dio con una solución elegante para sintetizar una molécula en cuatro breves pasos, y el ingrediente (en este caso literal) implicaba cremor tártaro, un ingrediente que se utiliza para hornear y que Bingham conocía desde pequeño. «Puedes preguntar a veinte químicos qué es el cremor tártaro y la mayoría no tendrá ni idea. He pensado mucho acerca del proceso que permite encontrar soluciones y no forma parte de ningún programa de estudios ni de ningún currículum personal. Me di cuenta de que siempre iba a haber algo de casualidad y fortuna, más allá del pensamiento, para conseguir las soluciones más simples, eficaces y baratas. Luego di un paso más allá y pasé de cómo resolver un problema a cómo hacer que dentro de determinadas organizaciones se resuelvan los problemas así.» Años más tarde, cuando Bingham era vicepresidente de investigación y desarrollo estratégico de la empresa Eli Lilly, tuvo la oportunidad de diseñar una mejor organización.

En la primavera de 2001, Bingham recolectó veintiún problemas que habían estado dándoles mucho trabajo a los investigadores de la empresa y los puso en un sitio web para que todo el mundo los pudiera ver. Su jefe lo permitió solo si los consultores de McKinsey lo consideraban una buena idea. La opinión de ellos fue: «¿Quién sabe? ¿Por qué no pruebas y luego nos lo cuentas?». Bingham los subió a la red y pronto muchos de los científicos manifestaron su preocupación por poner a disposición información confidencial: «¿Por qué piensas que otras personas podrán resolver nuestros problemas?». Tenía sentido: si los mejores profesionales no lo podían solucionar, ¿por qué habría de ayudar alguien que estuviese al margen, alguien de fuera? El director científico mandó eliminar del sitio web todos los problemas que habían sido colgados.

Bingham luchó para que le dejaran, al menos, probar con los problemas en los cuales no había ningún secreto registrado que pudiera estar en peligro; si nadie ayudaba no se perdía nada. Se volvió a relanzar el sitio y, al poco tiempo, comenzaron a llegar respuestas. Esto ocurría en medio del pánico por el ántrax, así que era la única persona contenta de recibir sobres con polvo blanco. Los extraños profanos estaban creando sustancias que asombraban a los investigadores de Eli Lilly. Tal como había predicho, el conocimiento externo era clave: «Validó mi intuición al lanzar el proyecto, pero me sorprendió la amplitud de conocimiento proveniente de distintos campos. Recibimos respuestas hasta de abogados».

Una solución de síntesis molecular fue realizada por un abogado cuyo conocimiento provenía de trabajar con patentes químicas. Escribió que «estaba pensando en gases lacrimógenos» cuando se le ocurrió la solución. Era su propia versión de la del cremor tártaro de Bingham: «Logró ver paralelos a la estructura química de una molécula, que era lo que necesitábamos».

Bingham se dio cuenta de que las empresas estables tienden a enfrentarse a los problemas con búsquedas locales, es decir, usando a un especialista de un determinado campo y probando soluciones que ya hayan sido probadas. Mientras tanto, su invitación a personas al margen y a investigadores externos funcionó tan bien que terminó convirtiéndose en una empresa separada, llamada InnoCentive, dedicada a facilitar a organizaciones, de cualquier campo, que actúen como «buscadores» que plantean «desafíos» y dan recompensas para «solucionadores» externos. Poco más de la tercera parte[268] de los desafíos han sido solucionados, un porcentaje significativo, ya que los problemas que presenta InnoCentive son cuestiones que no han podido ser solucionadas por los especialistas. En el camino, InnoCentive vio que podía ayudar a los buscadores a definir sus desafíos de tal forma que fuera más factible encontrar soluciones. El truco: presentar el desafío de un modo que atraiga no solo a científicos, sino a profanos como abogados, dentistas o mecánicos. Cuanto más diverso, más posibilidades de ser resuelto.

Bingham lo llama pensamiento «de fuera hacia dentro»: encontrar soluciones en experiencias muy alejadas del problema en sí. La historia está llena de ejemplos que han cambiado el mundo.

A Napoleón le preocupaba el hecho de que sus ejércitos solo podían llevar víveres para unos pocos días. «El hambre es más mortífera[269] que la espada», escribió un cronista romano del siglo IV. El emperador francés era un promotor de la ciencia, y en 1795 lanzó un desafío con recompensa[270] con el fin de preservar la comida durante más días. Las mejores mentes habían estado trabajando en el tema durante un siglo, incluido Robert Boyle, el padre de la química moderna. Donde las grandes mentes fracasaron, un gastrónomo parisino llamado Nicolas Appert tuvo éxito.

Appert había hecho de todo un poco en su vida, según el Can Manufacturers Institute. Fue fabricante de dulces, vinatero, chef, fabricante de conservas y elaborador de cerveza. Su amplia experiencia gastronómica le daba una ventaja sobre los científicos, que se enfocaban en la ciencia de la preservación. «Habiendo pasado mi vida entre las bodegas, almacenes y tiendas de la región de Champagne, así como en fábricas de dulces y pasteles, destilerías y acopiadores —escribió en su libro *El arte de preservar todo tipo de animales y vegetales durante años*—, he conseguido obtener conocimientos y ventajas que la mayoría de las personas dedicadas a la preservación no poseen.» Introducía comida dentro de anchas botellas de champán que sellaba para sacar el aire y las ponía a hervir durante horas. La innovación de Appert dio lugar a la comida enlatada. Logró preservar una oveja entera[271] dentro de una vasija, solo para mostrar de lo que era capaz. Su solución conservaba tan bien los nutrientes que el escorbuto, la enfermedad causada por la falta de vitamina C, que era conocida como la «pesadilla de los marineros», pasó de ser mortal a ser un mero inconveniente. La principal epifanía científica de que el calor mataba los microbios aún debería esperar sesenta años, cuando Louis Pasteur la descubrió. El método de Appert revolucionó la salud pública y, desafortunadamente para Napoleón, rápidamente cruzó el canal de la Mancha. En 1815 alimentó a las tropas inglesas en Waterloo[272].

Los críticos de Alph Bingham eran conscientes de estas historias del pasado, pero pensaban que no podrían suceder en nuestro mundo hiperespecializado. «Ayúdanos. Una farmacéutica internacional gigante concibió y creó una molécula que utilizaremos para sintetizar alguna otra molécula tan ignota que no nos importa compartir esta información públicamente, ya que estamos atascados y, de todas formas, no sabemos qué hacer con esto». Hasta las expectativas de Bingham fueron muy humildes respecto a lo que conseguiría. «Cuando un problema que la NASA ha estado intentando solucionar durante treinta años, de pronto, se resuelve por alguien que estaba al margen, me resulta muy sorprendente.»

Específicamente, la NASA no podía predecir las tormentas de partículas solares, un material radioactivo emitido por el Sol que puede afectar gravemente a los astronautas y a su equipo. Los físicos solares eran escépticos acerca de que otros pudieran solucionar el problema, pero después de tres décadas de bloqueo no había nada que perder. La NASA puso su desafío a través de InnoCentive en 2009. A los seis meses, Bruce Cragin, un ingeniero retirado de la telefónica Sprint Nextel, afincado en New Hampshire, solucionó el problema utilizando ondas de radio percibidas por los telescopios. Antes de jubilarse, Cragin había colaborado con científicos y vio que los equipos especializados a menudo se enfrascan en los pequeños detalles en lugar de las soluciones prácticas. «Creo que me ayudó[273] estar al margen de todo eso.» Un ejecutivo de la NASA dijo, diplomáticamente, «que al principio había cierta resistencia a la solución aportada por Cragin, porque utilizaba una metodología diferente».

De eso se trataba. En estos casos, tanto Appert como Cragin tenían cierta experiencia con los temas solucionados. Otros, más marginales, tuvieron éxito porque no tenían ninguna.

En 1989 el barco petrolero *Exxon Valdez* encalló y vertió su carga sobre el Pacífico. Fue un desastre ambiental y pesquero descomunal. Cuando el petróleo se mezcla con agua forma lo que se conoce como «*mousse* de chocolate». Un material viscoso muy difícil de eliminar.

Casi veinte años después de ese accidente, treinta dos mil galones de petróleo aún permanecen en las costas de Alaska. Uno de los mayores desafíos es bombear el petróleo recuperado de la superficie del agua. En el año 2007, Scott Pegau, gerente de investigaciones del Oil Spill Recovery Institute de Alaska, pensó que podría probar con InnoCentive. Ofreció una recompensa de 20.000 dólares por una forma de sacar el *mousse* de chocolate de las barcazas de recuperación.

Las ideas comenzaron a llegar. La mayoría demasiado caras para resultar prácticas. Y luego apareció la propuesta de John Davis, tan simple y barata que hizo reír a Pegau: «Todos la miraban y decían: sí, es probable que funcione».

Davis, un químico de Illinois, pensaba sobre el desafío mientras esperaba sus muchos vuelos por trabajo. Naturalmente, comenzó por soluciones químicas, pero cambió de idea porque «si estás tratando con un contaminante químico, no querrás añadir aún más químicos que contaminen». Abandonó su especialidad y recurrió a una analogía lejana: «Vi el problema como el de beber un granizado. Terminas removiendo con la pajita para poder beber. ¿Qué podrías hacer para no tener que trabajar tanto para mezclar el líquido y poder absorberlo?».

Esto le recordó a Davis algo que le había sucedido hacía muchos años, cuando un amigo le pidió que le ayudase a construir una escalera de cemento desde una casa hasta el lago adyacente. Él tenía que ayudar a cargar lo que hiciera falta, «pero yo no soy muy fuerte, así que no era un buen ayudante».

El cemento se descargaba en lo alto del terreno y se enviaba hacia abajo, al lugar en que se necesitase, a través de una tubería. Davis estaba arriba, preocupado de que a causa del sol el cemento se endureciera. Alertó a un amigo, quien le contestó: «Mira esto», mientras tomaba una vara atada a un motor y la sumergía en el cemento, que se volvió líquido rápidamente. La vara era un vibrador de cemento que sirve justamente para hacer eso. Es una pieza de metal que vibra y que evita que los ingredientes del cemento se endurezcan. «Cuando recordé eso, fue un momento de eureka», me contó Davis.

Llamó a una empresa que vendía vibradores de cemento para conocer los detalles de los mismos y luego dibujó un diagrama sobre cómo poner los vibradores en la barcaza, de tal forma que sacudieran el *mousse* de chocolate y que este se volviese más líquido. Incluidos los diagramas, la solución estaba escrita en tres páginas.

«A veces uno se pregunta "¿Cómo es que no pensé en eso?"». Si hubiera sido fácilmente solucionable por gente dentro de la industria, debía haber sido solucionado por ellos —dice Pegau—. Creo que sucede más a menudo de lo que pensamos, porque tendemos a ver las cosas con toda la información que tenemos de nuestra industria y eso hace que recorramos los mismos caminos. Es difícil descubrir otras formas.» En esencia, Pegau estaba describiendo lo que se conoce como «efecto Einstellung», un término de la psicología para describir la tendencia a emplear solo métodos familiares, incluso si hay a disposición mejores métodos. Davis también ganó un premio en un desafío que pedía ayuda para desarrollar un producto de depilación. El recuerdo de pasar chicle por sus piernas cuando era un niño le dio la solución.

Cuando le pregunté a Davis si solía recurrir a analogías lejanas de experiencias pasadas, se quedó pensando un momento. Le pregunté si también lo hacía en su trabajo habitual. Me contestó que, en realidad, no. Son estos otros problemas en los que hay que pensar fuera de la caja.

InnoCentive funciona, en parte, porque como los especialistas se concentran en campos cada vez más reducidos es como si fuesen muñecas rusas. Los especialistas se dividen en subespecialidades, las cuales, a su vez, también se dividen en sub-subespecialidades. Aun si lograsen salir de su subespecialidad, es posible que se encuentren dentro de la muñeca de una especialidad solo un poco más grande. Tanto Cragin como Davis estaban fuera de la caja al comenzar y vieron soluciones directas que no detectaron quienes se supone que tenían todas las ventajas para hacerlo. Los propios solucionadores se asombran cuando resuelven problemas que toda una empresa o una industria han sido incapaces de resolver.

«Me tomó tres tardes[274] escribirlo —dijo un solucionador externo a *Science* después de contestar a un desafío interpuesto por Johnson & Johnson con un problema de producción de un medicamento para la tuberculosis—. Resulta extraño que una gran empresa no pueda solucionar estos problemas.» Karim Lakhani, codirector del Laboratorio para la Innovación Científica de Harvard, hizo que los solucionadores de InnoCentive evaluaran en qué medida estaban alejados de los problemas de su propio campo de especialización y encontró que «cuanto más alejado [275] esté el problema de la experiencia del solucionador, más probable será que lo resuelva».

Puesto que las cajas de las empresas cada vez son más pequeñas y los marginales profanos son más fáciles de encontrar vía Internet, «la exploración de nuevas soluciones [276] se efectuará cada vez más fuera de los límites tradicionales de la empresa», escribió Lakhani. Nuestra intuición puede hacernos pensar que solo los expertos hiperespecializados pueden sacar adelante las innovaciones, pero el aumento de la especialización, en realidad, brinda más posibilidades a aquellos que están al margen.

Como descubrió Alph Bingham, para desafíos difíciles las organizaciones tienden a búsquedas locales. Confían en especialistas de un solo dominio y en cosas que ya han sido probadas. (Piensa en el laboratorio de *E. Coli* del capítulo 5.) Si ellos fracasan, todo se atasca. Para los problemas más difíciles, «nuestra investigación muestra [277] que las soluciones dentro del mismo campo son inferiores. Las grandes innovaciones, a menudo, ocurren cuando alguien externo, que puede estar muy lejos de la superficie del problema, lo reformula en tal forma que destraba la solución», dice Lakhani.

Desde que InnoCentive demostró el concepto, otras organizaciones se han apoyado en externos para solucionar problemas especializados. Kaggle es como InnoCentive, pero plantea desafíos de aprendizaje de las máquinas de inteligencia artificial diseñadas para enseñarse a sí mismas sin intervención humana.

Shubin Dai, que vive en Changsha, China, ha sido el solucionador número uno del *ranking* de Kaggle (al menos en el momento de escribir este libro) de entre más de cuarenta mil contribuidores. Su trabajo es liderar un equipo que procesa datos para el sector bancario, pero los desafíos de Kaggle le han permitido trabajar en aprendizaje de máquinas. Sus problemas favoritos son los relacionados con la salud o con la conservación de la naturaleza, como uno en el que ganó treinta mil dólares al utilizar imágenes de satélite que le permiten diferenciar si la deforestación del Amazonas es por causas naturales o por culpa del hombre. Se le preguntó a Dai cómo de importante creía que era la experiencia en un campo para ganar desafíos y este respondió: «Para ser franco, no creo que la experiencia tenga mucho mérito. Es difícil solucionar un problema utilizando métodos ya conocidos. Necesitamos más soluciones creativas». [278]

«Las personas que aciertan los desafíos relacionados con la salud no son médicos, no son biólogos y ni siquiera son expertos en las máquinas —me dice Pedro Domingos, profesor de Informática e investigador de aprendizaje de máquinas—. El conocimiento es una espada de doble filo: te permite hacer algunas cosas, pero también te ciega ante otras cosas que podrías hacer.»

Don Swanson vio venir el hecho de que existiesen oportunidades para que Davis o Cragin pudiesen unir conocimientos de distintos campos. Swanson obtuvo su doctorado en Física en 1952, y luego trabajó como analista de sistemas. En 1963 la Universidad de Chicago lo nombró decano de la Graduate Library School (Escuela de Bibliotecarios). Con treinta y ocho años y proveniente de la actividad privada, Swanson fue el primer físico [279] en dirigir una escuela de bibliotecarios profesional del país.

A Swanson le preocupaba la creciente especialización, que daría lugar a publicaciones dirigidas a un nicho muy pequeño de lectores y que inhibiría la creatividad. «La disparidad entre todo el conocimiento [280] registrado y la capacidad humana de asimilarlo no solo es enorme, sino que crece irremediablemente», dijo una vez. ¿Cómo se puede avanzar si supondrá toda una vida el mero hecho de conocer un dominio especializado? En 1960 la Biblioteca de Medicina [281] de Estados Unidos utilizaba cien pares de términos para indexar artículos. En 2010 eran casi cien mil. Swanson pensaba que, si se seguía así, las subespecialidades serían como galaxias alejándose unas de otras hasta hacerse invisibles. Puesto que sabía que la interdisciplinariedad era importante para solucionar problemas, consideró que eso era un problema.

Swanson vio una oportunidad en aquello. Pensó que podía hacer descubrimientos al conectar información científica de artículos de distintas subespecialidades, realizados por científicos que nunca trabajaron juntos y de los que no se sabía nada. Por ejemplo, al cruzar sistemáticamente bases de datos de estudios en distintas disciplinas descubrió once conexiones [282] que nadie había visto. Toda la información es de dominio público, solo que nunca ha sido conectada entre sí. Swanson lo llamó «conocimiento público sin descubrir». En 2012 la American Headache Society y la American Academy of Neurology revisaron todo lo investigado sobre migrañas y concluyeron que el magnesio debía ser un tratamiento común. La evidencia apoyando el magnesio era muy fuerte, igual que la del ibuprofeno.

Swanson quería demostrar qué áreas de conocimiento especializado que normalmente no se ven entre sí estaban llenas de tesoros que deseaban ser conectados. Creó un sistema informático llamado *Arrowsmith* para ayudar a otros a hacer lo que él hizo, ver búsquedas que pueden unir artículos distantes, y así creó una disciplina que busca conectar información de diversas áreas del conocimiento.

Swanson falleció en 2012, por lo que contacté con su hija, la filósofa política Judy Swanson, para ver si ella había conversado con su padre acerca del tema de la especialización. La llamé y me dijo que estaba en una conferencia, «casualmente una sobre la sobreespecialización en las ciencias sociales». Desde fuera, Judy Swanson parece ser una persona muy especializada. Tiene cuarenta y cuatro ensayos publicados y todos están relacionados con Aristóteles, así que le pregunté qué opinaba de su propia especialización y se mostró sorprendida. No se consideraba especializada, al menos en relación con sus colegas, en parte porque se pasa mucho tiempo enseñando a estudiantes que necesitan más que Aristóteles. «Existe ese sentimiento de frustración, en el sentido de que debería estar más especializada.» Los departamentos académicos no solo tienden a las subespecialidades, sino que consideran que lo ideal es un campo lo más reducido posible.

Esto es contraproductivo. Como demostró Karim Lakhani en su estudio sobre InnoCentive, la clave para solucionar problemas es buscar a personas externas que estén al margen de los caminos habituales, de forma que el propio campo [283] del problema no restrinja la solución. A veces, el campo es tan reducido que solo alguien que esté al margen puede ver una solución.

El asunto del correo electrónico llamó mi atención: «Medallista olímpica y paciente con distrofia muscular tienen la misma mutación».

Acababa de escribir un libro sobre genética y deporte, y pensé que se trataría de algún artículo científico que me había perdido. En lugar de eso, se trataba de una noticia de la propia paciente con distrofia muscular, Jill Viles, una mujer de treinta y nueve años de Iowa. Ella tenía una teoría que conectaba la mutación genética que causaba su distrofia con la de una velocista olímpica, y se ofreció a enviarme más información.

Esperaba recibir una carta o una serie de recortes periodísticos, pero en su lugar recibí una serie de fotos familiares, una historia médica detallada y un ensayo de diecinueve páginas referidas a mutaciones genéticas según su localización en el ADN. Ella había hecho un gran trabajo.

En la página catorce había una foto de Jill con un bikini azul y cabello rubio, sonriendo y sentada en la arena. Su torso parecía normal, pero sus brazos eran extremadamente flacos y sus muslos no más anchos que sus rodillas.

Al lado de esa foto, había una de Priscilla Lopes-Schliep, una de las mejores velocistas canadienses. En las olimpiadas de 2008, obtuvo una medalla de bronce en 100 metros vallas. La comparación era impresionante. Priscilla es todo músculos y venas, parece una superheroína musculosa dibujada por un niño de segundo grado. Difícilmente podría imaginarme dos mujeres más diferentes para compartir una misma mutación genética.

En las fotos *online* de Priscilla, Jill vio algo en común con ella: era la falta de grasa en sus extremidades. Su teoría es que ella y Priscilla tenían una misma mutación genética, pero como Priscilla no tiene distrofia muscular, su cuerpo habría encontrado una forma de adaptarse y lo hacía creando músculos gigantes. Si su teoría era correcta, Jill esperaba que los científicos pudieran analizar a Priscilla y ver si había forma de ayudar a que la gente como Jill desarrollase más sus músculos. Quería mi ayuda para convencer a Priscilla de que se hiciera un test genético.

La idea de que una maestra a tiempo parcial, utilizando Google Images, pudiera haber descubierto en una atleta profesional algo que los cientos de médicos que la analizaron no vieron resultaba bastante loca y muy poco probable. Consulté con un genetista de Harvard y mostró su preocupación: «Fomentar una relación entre estas dos mujeres puede terminar mal —me dijo—. La gente suele reaccionar de forma extraña cuando piensa que tiene similitudes con celebridades».

Ni siquiera había considerado esa posibilidad. No tenía intenciones de facilitarle el camino a una posible acosadora de famosos. Tomó un tiempo que Jill me convenciera de que, debido a su experiencia de vida única, ella podía ver lo que no veían los especialistas.

Cuando Jill tenía cuatro años, su maestro la vio tropezar. Jill fue con su madre al médico, quien las derivó a la famosa clínica Mayo.

Los exámenes de sangre demostraron que Jill, su padre y su hermano tenían altos niveles de creatina kinasa, una enzima que se desprende de los músculos dañados. Los médicos pensaron que podía tratarse de algún tipo de distrofia muscular, pero no suele aparecer en niñas pequeñas, y el padre y el hermano estaban bien.

«Nos dijeron que nuestra familia era única. Eso es bueno porque fueron honestos, pero resultó ser un tanto terrorífico.»

Jill volvía cada verano a la clínica Mayo para hacerse pruebas. A los ocho años ya no se caía, pero la grasa de sus músculos había prácticamente desaparecido. Otros niños podían rodearle el brazo con los dedos, y cuando se le comenzaron a ver las venas de las piernas, le preguntaban cómo se sentía siendo vieja. La madre de Jill estaba tan preocupada por su vida social, que llegó a pagarle a otra chica para que le hiciera compañía. A los doce, le costaba mantener su cuerpo sobre la bicicleta, y tenía que cogerse de la barandilla de la pista de patinaje para no caerse.

Jill comenzó a buscar respuestas, tal como suelen hacer todos los niños. Estudió libros sobre duendes y fenómenos paranormales. «Eso asustó a mi padre: "¿Estás aficionándote al ocultismo o qué?". Nada de eso. Solo que, como no sabía lo que me sucedía, cuando leía historias de cosas inexplicables que les pasaban a otras personas, les creía».

Cuando se fue a la universidad, Jill medía un metro sesenta, pesaba cuarenta kilos y pasaba largas horas en la biblioteca leyendo todas las publicaciones científicas que podía.

Dio con un estudio [284] en la revista *Muscle and Nerve* que hablaba de una rara forma de distrofia muscular llamada Emery-Dreifuss que iba acompañada de una foto. Inmediatamente pensó: «Ese es el brazo de mi padre».

Su padre era delgado, pero sus brazos estaban demasiado bien definidos. Jill los llamaba «los brazos de Popeye» cuando era pequeña. Otro ensayo sobre pacientes con Emery-Dreifuss justamente lo definía como una «deformación de brazo Popeye». También decían que los pacientes sufrían contracturas que afectaban al movimiento de las articulaciones.

«Me dio escalofríos leer eso», recuerda Jill. Ella describe sus propias articulaciones como similares a las de una muñeca Barbie, siembre dobladas, con el cuello recto y los pies como si usase tacones altos. El estudio decía que Emery-Dreifuss solo afectaba a varones, pero ella estaba segura de también estar afectada y tenía miedo, porque solía afectar también al corazón.

Durante el verano, volvió a su casa con mucho material sobre la enfermedad, y un día encontró a su padre leyendo atentamente. Él le dijo que tenía todos los síntomas: «Sí, el cuello duro, los brazos…», le contestó ella. «No —le interrumpió él—, los síntomas cardíacos».

Durante años, le habían dicho a su padre que sus arritmias eran causadas por un virus. «No es así —dijo Jill—, tenemos Emery-Dreifuss.» Llevó a su padre de cuarenta y cinco años al centro cardíaco de Iowa e insistió en que un cardiólogo lo analizara. Las enfermeras le pedían una referencia médica, pero ella insistió tanto que al final accedieron. El cardiólogo le colocó un monitor para comprobar su actividad diaria, viendo que, por momentos, bajaba hasta veinte pulsaciones. O bien estaba listo para ganar el Tour de Francia o para morir en cualquier momento. Le pusieron inmediatamente un marcapasos. «Ella le salvó la vida», me dijo la madre de Jill.

Aun así, el centro de Iowa no pudo diagnosticar el problema de la familia. Jill descubrió que un equipo italiano estaba buscando a gente con Emery-Dreifuss para intentar encontrar la mutación genética que la causa.

Jill, con diecinueve años, llevó todo su material a un neurólogo de Des Moines y pidió que la pusieran en contacto con el estudio italiano. Recuerda que la neuróloga le dijo: «No, tú no tienes eso», y se negó siquiera a repasar sus papeles. Para ser justos, Jill era una adolescente de diecinueve años autodiagnosticada de una rara enfermedad que creía que solo ocurría en hombres. Aun así, en 1995 escribió a los italianos y adjuntó una foto de sí misma. La respuesta que recibió del Istituto di Genetica Biochimica ed Evoluzionistica estaba claramente dirigida a un científico. Por favor, remitir ADN de toda la familia. «Si no puede conseguirlo, envíe sangre fresca.» Jill convenció a una amiga de que le consiguiese agujas y tubos de sangre. Afortunadamente, en Italia aceptaban sangre a través del correo ordinario. Pasarían años antes de que Jill supiera algo de los italianos, pero, mientras tanto, en su visita anual a la clínica Mayo insertó en su ficha médica que tenía Emery-Dreifuss.

En 1999 recibió un *e-mail*[285] de Italia. Respiró hondo y lo abrió. Ella tenía una mutación en el gen LMNA, también conocido coloquialmente como el «gen lamin». Su padre también la tenía, al igual que dos hermanos y una hermana. También lo tenían otras cuatro familias del estudio. Jill tenía razón.

El gen lamin permite construir una agrupación de proteínas en el centro de cada célula, que influye en cómo otros genes se activan o no; esto hace que cambie la forma en la que el cuerpo genera grasa o músculo. En algún lugar de los tres billones de «G», «T», «A» y «C» del genoma de Jill, una letra estaba en el sitio equivocado.

Jill estaba contenta de haber ayudado a descubrir una nueva mutación que causa una enfermedad, y todo se reducía a una «G» que se cambió por una «C».

El padre de Jill tenía sesenta y tres años en 2012, cuando su corazón finalmente falló. Para entonces, Jill utilizaba un andador motorizado, pero se había casado y tenido un hijo, y había dejado de lado su tarea médico-detectivesca.

Días después de que su padre muriera, su hermana pequeña le mostró la foto de una corredora olímpica extremadamente musculada y que no tenía nada de grasa, Jill la miró y dijo: «¿Y qué…? Nosotros no tenemos esas características. ¿De qué hablas?», pero le picó la curiosidad.

Jill llevaba haciéndose preguntas acerca de la grasa desde hacía tiempo. Al igual que los músculos, casi era inexistente en sus extremidades. Una década antes, cuando tenía veinticinco años, un director de laboratorio de John Hopkins supo de su existencia, y deseando tener una mutante del gen lamin en persona, le ofreció un interinato de verano para revisar estudios que tuvieran que ver con la mutación del lamin. Se encontró con la existencia de una enfermedad muy rara, lipodistrofia parcial, que hace que la grasa de las extremidades desaparezca, dejando solo músculos y venas envueltos en piel. Una vez más, Jill vio a su familia en esa descripción. ¿Podía ser que ella no solo tuviera una, sino dos enfermedades rarísimas? Persiguió a médicos en conferencias con sus fotos. Le aseguraron que no tenía lipodistrofia, sino algo mucho más común, el síndrome del becario: «Cuando a un estudiante le muestras una serie de enfermedades y ellos piensan que tienen lo que están leyendo», me dijo Jill.

Todo volvió a surgir cuando vio las fotos de Priscilla. No solo de competiciones, sino de ella en su casa o sosteniendo a su bebé. Allí estaban las venas protuberantes y los brazos sin grasa tan familiares, la división entre los músculos de la cadera y los glúteos. «Sabía que estábamos hechas de la misma tela, una tela muy rara.»

Fue la tercera visión de Jill. La primera, cuando descubrió el Emery-Dreifuss familiar; la segunda, cuando pensó que tenía lipodistrofia, y ahora la tercera, al ver a Priscilla con el doble de músculos cuando ella no tenía nada. «Lo que para mí es kriptonita, para ella es combustible nuclear.» Somos como superheroínas de cómic que son lo más divergentes que se puede ser. Su cuerpo, de alguna forma, consiguió evitar la pérdida de masa muscular. Durante un año, estuvo pensando en cómo contactar con Priscilla para que se hiciese un estudio genético sin tener que ir a una competición y perseguirla en su *scooter* eléctrico.

Estaba en eso cuando me vio en un programa de televisión hablando sobre deporte y genética. Sintió que era la providencia divina. Me envió el paquete y me pidió que me conectara con Priscilla. El agente de Priscilla, Kris Mychasiw, y yo nos seguimos mutuamente en Twitter, así que le envié un mensaje directo. Se rio de mí mientras le explicaba la extraña idea de que estas dos mujeres eran opuestos biológicos, pero le dejé claro que yo estaba muy impresionado con todo el esfuerzo que Jill había puesto en su investigación. Le pasó el mensaje a Priscilla.

Le contó algo así como que esta mujer en Iowa tenía un gen igual al de ella y quería tener una conversación. Ella se mostró muy dubitativa, pero Kris la convenció de que hablase conmigo.

Debido a su físico, la prensa europea la había acusado del uso de esteroides. Alguien colgó un meme en Internet con ella cruzando la meta, pero con el rostro de un culturista. «Eso fue muy feo», me dijo Priscilla. En el mundial del 2009, en Berlín, le hicieron una prueba antidrogas minutos antes de ganar la medalla de plata, aun cuando no se permiten realizar pruebas justo antes de competir. Cuando la llamé, estaba deseosa de mostrarme fotos de ella cuando era joven, donde ya se veía que era musculosa y especialmente flaca. Una de las fotos mostraba a las mujeres de su familia haciendo estiramientos. Una de sus familiares más mayores lucía unos bíceps alucinantes, y una gruesa vena recorriendo su codo. Después de nuestra conversación, accedió a hablar con Jill.

Enseguida encontraron puntos en común (como las bromas sufridas de niñas debido a sus venas) y quedaron en encontrarse en un hotel de Toronto. Cuando Priscilla llegó, «era como ver a alguien de mi familia», dijo Jill. Fueron a un lugar aislado del hotel y compararon sus cuerpos, muy distintos, pero ambos sin grasa. «Aquí pasa algo, investiguémoslo.»

Les llevó casi un año conseguir un médico que analizase el gen lamin de Priscilla. Finalmente, Jill fue a un congreso y encaró al doctor Abhimanyu Garg, del Centro Médico de la Universidad de Texas, considerado el mayor experto en lipodistrofia. Este accedió a hacer la evaluación.

Jill tenía razón nuevamente. No solo ambas tenían lipodistrofia, sino que tenían la misma rara subespecie de lipodistrofia parcial que se conoce como «de tipo Dunnigan».

Ambas tienen un error de tipeo que convive en el mismo gen, pero esa pequeña diferencia hace que Jill pierda músculo y grasa, mientras que Priscilla pierde grasa y duplica músculo.

El doctor Garg llamó inmediatamente a Priscilla y la pilló en un centro comercial. «Estaba a punto de comerme una hamburguesa doble con patatas fritas», dijo Priscilla, que le pidió si podía volver a llamarla más tarde. Él le dijo que no y que se comiera solo una ensalada, ya que estaba al borde de un ataque pancreático. Solo pude decir: «¿Qué?».

A pesar del régimen de entrenamiento olímpico, debido a su lipodistrofia, Priscilla tenía tres veces más grasa en sangre de lo normal. «Es un problema muy severo», me dijo Garg. Priscilla debería cambiar inmediatamente su dieta y comenzar a medicarse.

Jill había prolongado la vida de su padre, y ahora, viendo imágenes de Google, promovió un cambio de vida salvador para una atleta profesional. «Me has salvado de acabar en el hospital», le dijo Priscilla a Jill.

Hasta Garg estaba asombrado de lo que había hecho Jill. Eran los dos casos más extremos de desarrollo muscular que había visto en pacientes con lipodistrofia (en los puntos opuestos del espectro). Jill y Priscilla nunca hubiesen acabado en la consulta del mismo médico en condiciones normales. Garg me dijo: «Entiendo que un paciente pueda conocer mucho sobre su enfermedad, pero ver a otra persona y adivinar cuál es su problema es un hecho remarcable».

Jill no se detuvo ahí; leyó el estudio de un biólogo francés, Etienne Lefai, un hiperespecialista que estudia una proteína llamada SREBP1, que ayuda a las células a determinar si usan la grasa de una comida al momento o la almacenan para utilizarla más adelante. Lefai demostró en animales que, cuando la proteína aumenta, puede causar atrofia muscular extrema o crecimiento muscular extremo. Jill lo contactó directamente y le preguntó si ese podía ser el mecanismo biológico por el cual Priscilla y ella eran tan diferentes, el SREBP1 interactuando con el lamin.

«Eso provocó una reflexión por mi parte y terminé diciendo: "Esa es una buena pregunta, una muy buena pregunta"», me contó Lefai con un fuerte acento francés. Él había comenzado una investigación para saber si una mutación del gen lamin podía alterar la regulación de SREBP1 y causar una pérdida simultánea de grasa y músculo. «No tenía ni idea de lo que podía hacer con las enfermedades genéticas, hasta que ella me llamó. Ahora hemos cambiado el curso a investigar de todo el equipo», me dijo Lefai.

Cuanta más información crean los especialistas, más oportunidades hay para diletantes curiosos de unir información pública ampliamente disponible pero dispersa. Como lo llama Don Swanson, «conocimiento público no descubierto». Cuanto más fácil y accesible sea la biblioteca del conocimiento humano, más posibilidades existen de que haya personas que hagan conexiones avanzadas. Una actividad como la de InnoCentive, que al principio parece contraintuitiva, será cada vez más fructífera con la aceleración de la especialización.

No es solo la proliferación de la información lo que aumenta las oportunidades para los no especialistas. En la carrera hacia lo último, mucho conocimiento útil, simplemente, se deja al margen. Eso presenta otro tipo de oportunidad para aquellos que quieran crear e inventar, pero que no pueden o no quieren trabajar en lo más avanzado. Pueden empujar mirando hacia atrás; pueden excavar conocimiento antiguo, pero deben usarlo de una forma novedosa.

9

Pensamiento lateral con tecnología obsoleta

Durante los dos siglos de cierre de fronteras[286] y aislamiento, Japón prohibió las *hanafuda* o «cartas de flores», llamadas así porque los doce palos diferentes están representados por flores. Las cartas se asociaban con las apuestas y con la perniciosa influencia occidental. Hacia finales del siglo XIX, Japón se reintrodujo en el mundo, y la prohibición fue levantada. Fue en 1889 cuando un joven abrió una pequeña tienda de maderas y colgó el letrero fuera que decía: «NINTENDO».

El significado preciso de los caracteres japoneses utilizados se ha perdido en la historia. Puede que significaran «Deja la suerte para el cielo», pero, sin duda, era una forma más poética de decir «La empresa que puede vender *hanafuda*». Hacia 1950, la empresa tenía cien trabajadores y el nieto del fundador, con veintidós años, tomó las riendas del negocio. Pero se avecinaba tormenta. Mientras se aproximaban las olimpiadas de 1964, los japoneses, cada vez más, elegían el pachinko para apostar y un fervor por el *bowling* insumía el dinero para entretenimiento. En un desesperado intento por diversificar una empresa que había vivido de la *hanafuda* durante más de setenta y cinco años, el joven directivo comenzó a invertir sin ton ni son. La comida nunca pasa de moda, así que comenzó a vender arroz instantáneo y alimentos en cuyos envases había personajes de cómic (¿a alguien le apetece sopa de *noodles* de Popeye?), también intentó armar una flota de taxis y una cadena de hoteles por horas (*love hotels*) lo que hizo aparecer al director en la página de chismes. Nintendo se hundió en deudas. Entonces decidió contratar a jóvenes universitarios de nivel para ayudarlo a innovar.

Era un sinsentido. Nintendo era una empresa pequeña de Kioto, y los buenos estudiantes querían entrar en grandes empresas de Tokio. Viéndolo por el lado positivo, el negocio de cartas aún persistía gracias a que con las máquinas habían abaratado costes. En 1965 logró contratar a un joven local graduado en electrónica llamado Gunpei Yokoi, a quien le había costado aprobar la universidad y por eso las grandes empresas no lo contrataban. «¿Qué vas a hacer en Nintendo?», le preguntaban sus amigos a Yokoi. «No me preocupaba, no me quería ir de Kioto [287]. Nunca había soñado con ningún trabajo en especial y este parecía bueno». Su primer trabajo fue el mantenimiento de las máquinas que hacían las cartas. Había solo unas pocas, por lo que Yokoi estaba en el Departamento de Mantenimiento él solo.

Siempre había sido un entusiasta de distintos *hobbies*: piano, baile de salón, coro, buceo, modelismo de trenes, automovilismo y, sobre todo, *monozukuri*, que, literalmente, significa «hacer cosas». Era un manitas. Antes de que existieran los equipos de audio en los coches, él había conectado su reproductor de casetes a la radio del coche para poder escuchar su música. En sus primeros meses en Nintendo, tenía tan poco que hacer que pasaba el rato jugando con el equipamiento de la empresa. Un día, con retazos de madera se fabricó un brazo extensible como el que había visto en los dibujos animados en los que sale un resorte con un guante de boxeo al abrirse una caja. Le añadió una pinza al extremo, de forma que pudiera coger objetos alejados sin necesidad de levantarse de la silla.*

El presidente de la empresa lo vio jugando con su brazo extensible y lo llamó al despacho. «Pensé que me iban a amonestar», dijo Yokoi. En cambio, el presidente le rogó que convirtiera ese artilugio en un juguete. Yokoi agregó unas bolas de colores que pudieran ser cogidas por el brazo artificial y la «ultramano» salió al mercado rápidamente. Fue el primer juguete de Nintendo y vendió un millón doscientas mil unidades. La empresa pudo pagar gran parte de su deuda. Ese fue el fin de la carrera en mantenimiento de Yokoi. El presidente le asignó crear y dirigir el Departamento de Investigación y Desarrollo. La fábrica, que hacía arroz instantáneo, pasó a fabricar juguetes.

Más juguetes de éxito le siguieron, pero uno de los fracasos de ese primer año fue el que más influyó en Yokoi. Había ayudado a crear un juego de conducción. Consistía en una tabla con un volante gracias a la cual se podía dirigir un pequeño coche de plástico a través de una pista de carreras enrollada, que iba girando por la acción de un motor eléctrico. Era el primer juguete de Nintendo que requería de electricidad y fue un total fracaso. El mecanismo interno era demasiado avanzado para su tiempo y resultó demasiado complejo y frágil, lo que lo hacía caro de producir y proclive a tener defectos. Pero sirvió como semilla de la filosofía creativa de Yokoi para los siguientes treinta años.

Yokoi era consciente de sus limitaciones como ingeniero. Como dijo un aficionado a la historia de los juegos: «Él había estudiado electrónica en un momento en que la tecnología avanzaba más rápido de lo que tarda la nieve en derretirse a pleno sol».[288] Yokoi no tenía ningún deseo (ni capacidad) de competir con las empresas electrónicas que peleaban entre ellas en la búsqueda del último artilugio de avanzada tecnología.

---

* Las citas e ideas de Yokoi están extraídas de sus propios escritos y entrevistas (incluido su libro *Yokoi Gampei Gemu-Kan*, que se puede traducir como «La casa de juegos de Gampei Yukoi»). Esos trabajos no están traducidos al inglés, por lo que algunos párrafos han sido traducidos especialmente para este libro.

Tampoco podía competir con los fabricantes tradicionales de juguetes (Bandai, Epoch y Takara) en su propio campo. Con eso en mente, y con la experiencia de su fracasado juego de conducir, Yokoi comenzó lo que llamó «pensamiento lateral con tecnología obsoleta». El término «pensamiento lateral»[289] se acuñó en 1960 para referirse a formas de reimaginar la información en nuevos contextos, incluido el hecho de unir conceptos o dominios distintos para darle a las viejas ideas un nuevo uso. Por «tecnología obsoleta» se refería a tecnología lo suficientemente antigua como para que fuese fácil de usar y accesible, de forma que no hiciesen falta conocimientos especiales. El centro de su filosofía era utilizar tecnología barata y sencilla de un modo que nadie antes consideró. Puesto que no podía ahondar en las nuevas tecnologías, ampliaba los horizontes de las viejas. Intencionalmente, se retiró de la avanzada y se dedicó al *monozukuri*.

Conectó un transistor barato a un galvanómetro y vio que podía medir la corriente que fluía con sus compañeros de trabajo. Yokoi se imaginó un juguete en el cual chicos y chicas pudieran tomarse la mano (algo arriesgado en ese momento en Japón).* El *Love Tester* no era otra cosa que dos manivelas conectadas y un medidor. Los jugadores cogían una de las manivelas y se daban la mano entre sí, completando el circuito. Cuanto más sudorosas estuviesen sus manos, mejor era la conductividad de la pareja. Fue un éxito entre los adolescentes y los adultos fiesteros. Yokoi se envalentonó. Se comprometió a usar tecnología que fuese barata, aunque obsoleta, y lo haría en formas novedosas.

A comienzos de 1970, los juguetes radiocontrolados eran populares, pero una buena tecnología de radiocontrol podía costar el salario de un mes, así que era un *hobby* reservado para adultos. Yokoi, como siempre, buscó una forma de democratizar el radiocontrol. Así que retrocedió la

---

* El juego *Twister*, que consiste en que los jugadores entrecrucen brazos y piernas según los puntos que tengan que tocar, fue un fracaso en Japón en 1960, ya que iba en contra de las normas sociales. Lo llamaban «la caja erótica».

tecnología. Lo realmente caro eran los múltiples canales de radiocontrol que se necesitaban. Los coches comenzaban con dos canales, uno para acelerar y otro para girar. Cuantas más funciones tenían, más canales necesitaban. Yokoi se centró en una tecnología mínima y utilizó un solo canal, permitiendo únicamente girar a la izquierda. El nombre del producto fue *Lefty RX* (RX Zurdo). Costaba la décima parte que un típico juguete a control remoto y era suficiente para carreras en circuitos ovalados. Aun cuando tuvieran que evitar obstáculos, los niños aprendían rápidamente cómo evitarlos solo girando a la izquierda.

Un día de 1977, en un viaje de regreso en el tren bala desde Tokio, Yokoi vio a un empleado jugando con una calculadora para evitar el aburrimiento del trayecto. La tendencia hasta ese momento era hacer los juguetes lo más grandes e impresionantes posibles. «¿Y si hubiera un juguete tan pequeño que un hombre pudiese jugar discretamente durante sus trayectos?», se preguntó Yokoi. Rumió la idea un tiempo, hasta que un día le pidieron que suplantara al chófer del presidente porque se encontraba enfermo, y ninguno de los otros empleados sabía conducir un coche con el volante a la izquierda, como el Cadillac del presidente. Le comentó su idea mientras conducía, «pero no pareció muy interesado», contó Yokoi.

Una semana más tarde, recibió la visita de unos ejecutivos de Sharp, fabricante de calculadoras. En la reunión, a la cual Yokoi había llevado a su jefe, este se sentó justo al lado del presidente de Sharp, a quien le comentó la idea. Sharp llevaba enfrascada durante años en una guerra de calculadoras contra Casio. A comienzos de 1970, una calculadora costaba un par de cientos de dólares, pero, a medida que los componentes se abarataban y las empresas buscaban ampliar el mercado, los precios bajaban y el mercado se saturó. Sharp necesitaba darles algún otro uso a sus pantallas de cristal líquido LCD.

Cuando en Sharp escucharon la idea de Yokoi de un juego del tamaño de una tarjeta de visita que pudiera ser usado con los dos pulgares, se mostraron tan curiosos como escépticos. ¿Valía la pena movilizar esfuerzos para reutilizar tecnología que se había vuelto barata? Tampoco estaban convencidos de que pudieran hacer una pantalla como la que quería Yokoi, en la que un malabarista moviera sus manos de izquierda a derecha, tratando de que no se le cayeran las bolas mientras se aceleraba el proceso. La gente de Sharp consiguió hacerlo, pero luego se encontraron con un gran problema: la electrónica del juego se situaba en un lugar tan pequeño que el cristal líquido tocaba la lámina de la pantalla y ocasionaba una distorsión visual de oscuros y claros que se conoce como «anillos de Newton». Yokoi necesitaba un espacio vacío entre el LCD y la lámina. Usó una idea de la industria de las tarjetas de crédito. Con un ligero retoque a sus viejas máquinas de *hanafuda*, delicadamente imprimió[290] cientos de puntos en la pantalla que permitían que la lámina y el LCD estuvieran mínimamente separados. Como toque final, en un par de horas de trabajo, un colega le ayudó a programar un reloj en la pantalla. Le pareció que eso daría a los adultos una excusa para comprar su *Game&Watch*.

En 1980 Nintendo sacó al mercado sus primeros tres modelos de *Game&Watch*, con grandes esperanzas de llegar a vender cien mil unidades. Seiscientas mil se vendieron el primer año. Nintendo no daba abasto con la demanda internacional. El *Game&Watch* de Donkey Kong salió al mercado en 1982 y vendió ocho millones de unidades. Duró en producción once años y vendió 43,4 millones de unidades. También incluía otro invento de Yokoi que sería utilizado lateralmente, la tecla de dirección o *D-pad*, que permitía al jugador mover al personaje en cualquier dirección con un solo pulgar. Después de ese éxito, Nintendo incorporó las *D-pads* en su Nintendo Entertainment System NES. Esa consola casera llevó los juegos a millones de hogares en todo el mundo y lanzó una nueva era de *gaming*. La combinación de éxitos entre el *Game&Watch* y el NES llevó a otra de las grandes obras de pensamiento lateral de Yokoi, una consola de mano en la cual cualquier desarrollador pudiera incorporar un juego a través de un cartucho: la Game Boy.

Desde un punto de vista tecnológico, incluso para 1989, la Game Boy era de risa. El equipo de Yokoi había reducido en todos los rincones. El procesador de la Game Boy hubiera sido de avanzada en 1970. A mediados de los años ochenta, las consolas caseras se peleaban por la calidad gráfica. La Game Boy era espantosa. Tenía solo cuatro tonos de gris en una pantalla con una tonalidad verde que estaba entre color moco y alfalfa vieja. Los gráficos, al ser movidos rápidamente de forma lateral, se arrastraban por la pantalla. Aún peor, tenía que competir con consolas personales de Sega o Atari, que eran tecnológicamente superiores en todos los aspectos, pero las destrozó.

Lo que tenía de tecnología obsoleta, la Game Boy lo compensaba con la experiencia de uso. Era barata, podía entrar en cualquier bolsillo y era casi indestructible. Si un golpe rompía la pantalla, y tenía que ser un tremendo golpe, seguía funcionando. Si se quedaba en un bolsillo e iba a la lavadora, volvía a funcionar unos días después una vez que se secaba. A diferencia de sus coloridos competidores, podía jugarse durante días o semanas con unas simples pilas AA. El *hardware* antiguo era muy conocido por los desarrolladores internos y externos de Nintendo, y con su creatividad y velocidad para aprender nuevas tecnologías, mejoraban los juegos como si fuesen antecesores de los diseñadores del iPhone (*Tetris, Super Mario Land, The Final Fantasy Legend,* y una serie de juegos deportivos lanzados el primer año), fueron todos un éxito. Con tecnología simple, el equipo de Yokoi logró escapar de la carrera tecnológica y puso a la comunidad de programadores de su lado.

La Game Boy se convirtió en el *walkman* de los videojuegos, dejando de lado la alta tecnología a cambio de portabilidad y precio. Vendió 118,7 millones de unidades[291], convirtiéndose de lejos en la consola más vendida del siglo xx. Nada mal para la pequeña empresa a la que se le permitía vender *hanafuda*.

Aun cuando ya era reverenciado, Yokoi tuvo que luchar internamente para conseguir que su pensamiento lateral con tecnología obsoleta fuese aprobado para la Game Boy. «Resultaba difícil[292] que Nintendo lo entendiese», dijo Yokoi. Él estaba convencido de que, si a la gente le atraían los juegos, el poder tecnológico sería solo un pensamiento posterior. «Si dibujas dos círculos en una pizarra y dices que es un muñeco de nieve, es un muñeco de nieve para cualquiera que lo quiera ver, y sentirá el blanco de la nieve», argumentaba.

Cuando se lanzó la Game Boy, un colega de Yokoi se le acercó con el gesto contrariado y le avisó de que un competidor había lanzado una consola personal. Yokoi le preguntó si tendría una pantalla en color, y el hombre le dijo que sí. «Entonces no hay problema», le contestó Yokoi.

La estrategia de encontrar nuevos usos para la tecnología, después de que otros ya hayan pasado a la siguiente fase, se basa en una muy conocida evaluación creativa que usa la psicología. En la Tarea de Usos Alternativos, los evaluadores piden que se piensen otros usos para un objeto determinado. Ante, por ejemplo, la palabra «ladrillo», el evaluador dirá los usos tradicionales (una pared, un arma arrojadiza, una herramienta para sujetar una puerta). Para puntuar más, hay que generar usos que conceptualmente están muy lejanos del original, pero que sean factibles, como un pisapapeles, un cascanueces, un ataúd para una muñeca, un desplazador de agua para que la cisterna de un inodoro utilice menos cantidad. (En 2015 la revista *Ad Age* premió como mejor campaña gratuita del año a los pensadores del proyecto Drop a Brick [«suelta un ladrillo»], que hacía ladrillos de plástico para poner en las cisternas durante una grave sequía en California.)

No existe una teoría comprehensiva de la creatividad, pero hay una bien documentada tendencia de la gente a considerar solo los usos más familiares para los objetos, un instinto llamado «fijación funcional». El ejemplo más famoso es el del «problema de la vela»[293], en el cual a los participantes se les da una vela, una caja de chinchetas y unos fósforos y se les dice que tienen que colgar la vela encendida de la pared sin que caiga cera a la mesa que está debajo. En general, los participantes intentan de alguna forma sujetar la vela con las chinchetas, pero no lo consiguen. Cuando se les presenta el problema con las chinchetas fuera de la caja, algunos comienzan a ver la caja como un apoyavela y, en consecuencia, lo resuelven sujetando la caja a la pared con las chinchetas y apoyando la vela sobre la misma.

No cabe duda de que Yokoi necesitaba contar con especialistas. El primer ingeniero electrónico que tuvo Nintendo fue Satoru Okada, quien dijo: «La electrónica no era el punto fuerte de Yokoi[294]. Okada fue el codiseñador del *Game&Watch* y de la Game Boy. Él se ocupaba del diseño interno[295] y Yokoi del externo y de las interfases. Okada era el Steve Wozniak y Yokoi el Steve Jobs.

Yokoi era el primero en admitir: «Yo no tengo ninguna habilidad especial. Tengo un conocimiento vago de todo».

Aconsejaba a sus empleados no solo que jugaran con la tecnología, sino que jugaran con las ideas. No seáis ingenieros, sed productores. «El productor sabe qué es un semiconductor, pero no necesita saber específicamente cómo funciona; eso se lo puede dejar a los expertos. Todos optan por aprender habilidades complejas y detalladas. Si nadie lo hiciera, no habría gente que destacase como ingeniero… Miradme a mí, desde el punto de vista de los ingenieros, es como decir "mirad a ese idiota", pero una vez que has tenido éxito con unos cuantos productos, la palabra "idiota", de alguna forma, desaparece.»

Él fue esparciendo su filosofía a medida que crecía el equipo y pedía a todos que considerasen usos alternativos a la vieja tecnología. Se dio cuenta de que fue afortunado de empezar a trabajar en una empresa de cartas de juego, en lugar de en una empresa de juguetes con procesos ya establecidos, por lo que sus ideas no fueron coartadas a causa de sus limitaciones técnicas. A medida que crecía la empresa, le preocupaba que los jóvenes ingenieros pensaran que podían pasar por estúpidos si compartían sus ideas sobre nuevos usos para vieja tecnología, así que, a propósito, tiraba ideas locas en las reuniones, para fijar el tono de las mismas.

«Cuando un joven comienza diciendo algo así como: "Bueno, no me corresponde[296] a mí decirlo...", entonces todo se acaba», dijo.

Trágicamente, Yokoi falleció en un accidente en 1997, pero su filosofía sobrevivió. En 2006 el presidente de la empresa afirmó que la Nintendo Wii era un desarrollo basado en la doctrina de Yokoi: «Si puedo hablar sin miedo de ser malinterpretado, me gustaría decir que Nintendo no está produciendo una nueva generación de consolas». La Wii utilizaba tecnología muy simple de anteriores consolas, pero los controles basados en el movimiento, literalmente, cambiaron el juego. Debido a su *hardware* básico, la Wii fue muy criticada como poco innovadora. El profesor de Harvard, Clayton Christensen, en cambio, argumentó que era del tipo más importante de innovación, «la innovación que empodera», una que crea nuevos clientes y trabajos, como el advenimiento de la computación personal, porque atrajo a los videojuegos a gente que nunca había jugado (generalmente mayores). Nintendo «simplemente innovó de una forma diferente»[297], dijo Christensen. «Entendió que la barrera para nuevos jugadores era la complejidad del juego, no la calidad de sus gráficos.» La reina Isabel II de Inglaterra causó sensación cuando al ver a su nieto, el príncipe Guillermo, jugar al *bowling* con la Wii, ella misma se puso a jugar.

El gran fracaso de Yokoi fue cuando se apartó de sus propias ideas de diseño. Uno de sus últimos proyectos fue la Virtual Boy. Un dispositivo para jugar que utilizaba tecnología experimental. Se basaba en un procesador que emitía emisiones de radio y, antes de los teléfonos móviles, nadie sabía si era seguro o no. Una lámina de metal tenía que rodear al procesador, lo que lo hacía muy pesado para ser utilizado en forma de gafas, así que se optó por un dispositivo que se apoyaba sobre una mesa y en la que el jugador tenía que adoptar una postura extraña para poder ver la pantalla. Estaba adelantado a su tiempo y nadie lo compró.

Los grandes éxitos de Yokoi sucedieron cuando pensó lateralmente. Él necesitaba especialistas, pero su preocupación era que, a medida que las empresas crecían y la tecnología avanzaba, el pensamiento hiperespecializado vertical sería más valorado que el pensamiento lateral y generalista. «El atajo [a la falta de ideas] es la competencia en el campo del poder de procesamiento —explicaba Yokoi—. Cuando se reduce a eso, los fabricantes de pantallas y los diseñadores gráficos sobresalen. Entonces la razón de ser de Nintendo desaparecerá.» Él creía que los pensadores verticales y laterales funcionaban mucho mejor unidos, incluso en los campos más técnicos.

El eminente físico y matemático Freeman Dyson decía que se necesitan «sapos enfocados y pájaros visionarios»[298]. «Los pájaros vuelan alto y tienen vistas de las matemáticas hasta el horizonte. Se deleitan con conceptos que unifican nuestro pensamiento y juntan distintos problemas de diferentes lugares. Los sapos viven en el fango y solo ven las flores que crecen cerca. Se deleitan en los detalles de unos pocos objetos y resuelven los problemas uno a uno», escribió Dyson en 2009. Como matemático se consideraba un sapo: «Es estúpido afirmar que los pájaros son mejores que los sapos porque miran más lejos o que los sapos son mejores porque miran con más profundidad». El mundo es tanto amplio como profundo: «Necesitamos pájaros y sapos trabajando al unísono para explorarlo». La preocupación de Dyson era que la ciencia estaba llenándose incrementalmente de sapos cada vez más especializados y, por lo tanto, incapaces de cambiar como lo hace la ciencia. «Es una situación peligrosa, tanto para la juventud como para el futuro de la ciencia.»

Afortunadamente es posible, aun hoy en día, hasta en el campo más avanzado e hiperespecializado, cultivar tierra donde puedan crecer tanto los pájaros como los sapos.

Andy Ouderkirk se ríe cuando rememora una anécdota: «Estaba con tres dueños de una empresa y los recuerdo un frasquito, mirándome y diciendo: "Esto es un gran avance en resplandor"».

Un resplandor normal brilla; este resplandor es un derroche de luz, como si el frasquito contuviera toda una colonia de mágicas luciérnagas.

Ouderkirk previó una serie de aplicaciones para la lámina óptica multicapa[299], pero ese intenso resplandor resultó una agradable sorpresa. «Heme aquí, un fisicoquímico. Normalmente pienso que los avances importantes corresponden a tecnologías sofisticadas avanzadas.»

Ouderkirk era un inventor en la empresa de Minnesota 3M, uno de los veintiocho «Científicos Corporativos», el título más alto entre los 6.500 ingenieros y científicos de la empresa. El camino que lo llevó a obtener ese magnífico resplandor empezó cuando desafió un principio físico de más de doscientos años, conocido como «ley de Brewster», que se interpretaba como que ninguna superficie puede reflejar la luz tan perfectamente como cada ángulo.

Ouderkirk se preguntó si poniendo muchas capas de plástico fino una sobre la otra, cada una con cualidades ópticas distintas, se podría crear una lámina que reflejara y refractara varias ondas de luz en todas las direcciones. Un grupo de especialistas ópticos a los que consultó le aseguraron que eso no era posible. Eso era exactamente lo que quería escuchar. «Si hubieran dicho que era una buena idea y que tenía sentido, las oportunidades de que yo hubiera sido el primero en pensarlo serían de cero», me dijo.

De hecho, él estaba seguro de que era físicamente posible. La madre naturaleza ofrecía pruebas. La mariposa iridiscente azul[300] no tiene ningún pigmento azul. Sus alas brillan en tonos azules debido a finas capas de escamas que reflectan y refractan ondas especiales de luz azul.

Había ejemplos más sencillos también. El plástico de una botella de agua refracta la luz de forma distinta según el ángulo de la luz. «Todo el mundo sabe eso, aunque no sepa nada de polímeros.» Está frente a ti literalmente todos los días[301], pero a nadie se le ocurrió hacer láminas ópticas con esta información.

Él formó y lideró a un pequeño equipo para desarrollar justamente eso. En menos tamaño que el ancho de un cabello humano, la lámina está compuesta por cientos de capas de polímero, diseñadas para reflectar, refractar o dejar pasar ondas de luz. A diferencia de las láminas ópticas normales, o de un espejo, las láminas ópticas multicapa pueden reflectar la luz casi perfectamente sin importar el ángulo desde el cual llegue. Pueden incluso aumentar la luz mientras traspasa capas antes de regresar al observador. De allí el resplandor especial. El resplandor normal no reflecta bien la luz en cualquier dirección, pero este reflecta bien en todas las direcciones a la vez.

Las aplicaciones de este invento, que se suponía era imposible, van más allá de lo esperado. En teléfonos y ordenadores, las láminas multicapas reflectan y reciclan la luz que normalmente sería absorbida en su viaje desde la fuente de luz hasta la pantalla, transmitiendo más luz a quien mira y, por lo tanto, reduciendo la potencia que se necesita para que la pantalla parezca brillante. Mejora también la eficiencia de las lámparas LED, los paneles solares y la fibra óptica. Mejora tanto la eficiencia de un proyector que solo se necesita una pequeña pila para conseguir una proyección brillante. Cuando treinta y tres mineros chilenos quedaron atrapados en un túnel bajo tierra durante sesenta y nueve días, pequeños proyectores con láminas ópticas multicapa que podían atravesar el agujero de diez centímetros les permitieron recibir mensajes de sus familiares, recibir instrucciones y hasta ver el partido de fútbol Chile-Ucrania.

Estas láminas son relativamente baratas y pueden producirse en grandes cantidades. Puede confundirse con papel de envolver de aluminio. Es un invento multimillonario que, además, es positivo para el medio ambiente. ¿Cómo es que a nadie se le ocurrió mirar una botella de plástico de esa forma? Un reciente libro técnico, dirigido a expertos en óptica, dice que «esta tecnología no es idóneamente precisa», me comenta Ouderkirk. «El que ha escrito esto es un experto en la materia. Escribe todo un libro únicamente sobre este tema, así que conoce su campo al dedillo, el problema es que no conoce lo que le rodea.»

En 2013 *R&D Magazine* nombró a Ouderkirk como innovador del año. Durante tres décadas trabajando para 3M, ha puesto su nombre en más de 170 patentes. Siempre se ha mostrado fascinado por saber cuáles son los ingredientes de la invención, de los equipos innovadores y de los inventores individuales. Decidió investigar sistemáticamente esos ingredientes y, para ello, se unió con un experto analítico y con un profesor de la Universidad Tecnológica de Nanyang en Singapur. Descubrieron que la innovación tiene mucho que ver con «las cosas que te rodean».

Ouderkirk y sus dos colaboradores se pusieron a estudiar a los inventores de la empresa 3M[302] para intentar saber qué perfil de persona contribuía más. Descubrieron que había tanto inventores muy especializados en una sola tecnología como inventores generalistas, que no eran expertos en nada, pero que habían trabajado en muchas disciplinas.

Examinaron las patentes y, gracias a los contactos de Ouderkirk, también el impacto comercial de dichos inventos. Tanto los especialistas como los generalistas contribuían de forma similar. (Descubrieron que quienes no tenían ni amplitud ni profundidad eran quienes menos contribuían.) Los especialistas eran adeptos a trabajar mucho tiempo en temas técnicos difíciles y por anticipar obstáculos. Los generalistas solían aburrirse al trabajar siempre en una misma área. Generaban valor al cambiar de área y llevar la tecnología de un lugar a otro. Ni la amplitud ni la profundidad del inventor podían predecir quién ganaría el próximo Carlton Award, el Premio Nobel de 3M.

Ouderkirk destacó también a otro tipo de inventor, el polímata, que tiene conocimientos amplios pero profundidad en, al menos, un campo. La amplitud y profundidad de un inventor se medía según su historial laboral. La oficina de patentes de Estados Unidos categoriza las invenciones tecnológicas en 450 clases diferentes: conectores eléctricos, dispositivos para ejercicios, propulsión marina y cientos más. Los especialistas suelen tener sus patentes en unas pocas clases. Un especialista puede destinar toda su vida laboral a entender un compuesto plástico y sus elementos químicos. Los generalistas, mientras tanto, pueden comenzar con una cinta adhesiva para luego pasar a adhesivos quirúrgicos y luego a medicina veterinaria. Las patentes se distribuyen en muchas clases. Los polímatas suelen tener muchas patentes en su área de mayor conocimiento, aunque no sean tan profundos como los especialistas. En cambio, son más amplios, incluso a veces más que los generalistas, y están en muchas clases diferentes. Repetidamente lo aprendido en un terreno lo aplican en otro, con lo cual están permanentemente aprendiendo nuevas tecnologías. Durante el curso de sus carreras, la amplitud se agranda debido a que han aprendido también «lo que les rodea», a pesar de perder algo de profundidad. Son los más proclives a tener éxito en la empresa y ganar el premio Carlton. En una empresa cuya misión es empujar constantemente las fronteras de la tecnología, una especialización técnica por sí sola no es uno de los ingredientes del éxito.

Ouderkirk es un polímata. Le interesa la química desde que, en segundo grado, un maestro les mostró la erupción de un volcán. Luego siguió un camino sinuoso universitario hasta llegar a su doctorado en Química, para después comenzar a trabajar en 3M, en un laboratorio de rayos láser sin ninguna relación con la química. Me dijeron que «debía convertirme en experto mundial en la transferencia de energía vibracional entre moléculas gaseosas. Lo que nadie me dijo[303] en toda mi carrera es que es bueno saber también algo acerca de todo lo demás». Sus patentes van desde la óptica hasta artilugios metálicos para dentistas. Es habitual que sus patentes queden registradas en varias clases a la vez, ya que, normalmente, sus inventos mezclan distintos dominios tecnológicos.

Él estaba tan interesado en evaluar a los innovadores, que inventó un algoritmo que le permitiera analizar diez millones de patentes del último siglo e identificar los distintos tipos de inventores. Las contribuciones de los especialistas alcanzaron su máximo durante la Segunda Guerra Mundial y las décadas posteriores, pero han disminuido mucho recientemente; el pico lo alcanzó en 1985 y luego bajó radicalmente. Se estabilizó en 2007 y ahora está bajando nuevamente, «algo que estoy intentando interpretar». Es muy cauto al intentar adivinar las causas por las que ha sucedido esto. Su teoría es que las organizaciones, simplemente, ya no necesitan tantos especialistas «puesto que la información está cada vez más disponible, la necesidad de tener a alguien avanzado en un campo no es tan importante, ya que todos disponen de la misma información». Sugiere que la comunicación actual ha limitado el número de hiperespecialistas que se requieren para trabajar en un problema reducido, puesto que sus avances importantes rápidamente estarán a disposición de todos (los Yokoi del mundo) para aplicarlos inteligentemente a algo concreto.

Las tecnologías de la comunicación ya han provocado grandes cambios en otras industrias. Por ejemplo, a principios del siglo XX, solo el estado de Iowa[304] tenía más de mil teatros de ópera, uno cada mil quinientos habitantes. Se utilizaban no solo para las óperas, pero daban empleo a cientos de personas, a artistas locales y a miles de actores. Hoy en día, con Netflix y compañía cada consumidor puede tener a Meryl Streep cuando quiera, y los teatros de Iowa han desaparecido, al igual que sus miles de actores. Los datos de Ouderkirk sugieren que algo análogo ha sucedido con los especialistas de campos muy reducidos. Siguen siendo muy necesarios, solo que su trabajo ahora es fácilmente accesible, por lo que hacen falta menos.

Es una extensión de la tendencia de Don Swanson e incrementa las oportunidades de los innovadores polímatas o de los conectores como Yokoi. «Cuando la información se disemina más ampliamente, es más fácil tener mayor amplitud que mayor especificidad y comenzar a combinar cosas en nuevas formas.»

Crecer en la especialización es fácil: hay que continuar en línea recta hacia delante. Crecer en la amplitud es más complejo. Una subsidiaria de PricewaterhouseCoopers, que estudió la innovación tecnológica durante más de una década, encontró que no había una diferencia significativa entre el gasto y los resultados de la I+D[305]* (excepto por el 10% menos gastador, que sí se desempeñó peor que sus pares). Sembrar el suelo para generalistas y polímatas requiere de algo más que dinero. Se requiere oportunidad.

Jayshree Seth llegó a ser científica corporativa justamente porque se le permitió pasar por distintos dominios. Quedarse solo en un área no es para ella. Seth estaba tan poco satisfecha con su investigación durante su grado de máster que, contra todos los consejos, decidió cambiarse a un doctorado en Química en la Universidad de Clarkson. «La gente me decía que me tomaría mucho tiempo porque no tenía experiencia en esta área y que iría rezagada respecto a quienes ya habían hecho un máster allí.» El consejo que recibió fue seguir en el área que ella sabía que no le gustaba porque ya había empezado. Eso, a pesar de que no llevaba demasiado tiempo allí, es la falacia de los costes hundidos personificada.

Cuando entró a trabajar en 3M, se atrevió a cambiar nuevamente, pero esta vez por una cuestión personal: su esposo, proveniente del mismo laboratorio que ella, también quería entrar en 3M y ella no quería quitarle la plaza, así que amplió su horizonte. Le funcionó. Tiene más de cincuenta patentes. Ha ayudado a crear adhesivos especiales y pañales que no se despegan por muy movido que sea el bebé. Ella nunca estudió ciencia de los materiales y no se considera «una gran científica». «A lo que me refiero es a que no estoy cualificada para lo que hago.» Ella define lo que hace casi como periodismo de investigación, y su trabajo es ir llamando de puerta en puerta a sus colegas. Es una persona del tipo «T», es decir, tiene amplitud (en comparación con las del tipo «I», que solo tienen profundidad); una analogía a la de Dyson y sus pájaros o sapos. «Los "T" podemos ir felizmente a hacerles preguntas a los "I" con el objetivo de ponerle el palito horizontal a la "T". Tiendo a abordar un problema a través de una narrativa. Intuyo las principales preguntas que

---

* «Rendimiento» medido por aumento de ventas, ganancias por la innovación, retorno a los accionistas y capitalización de mercado.

hay que hacer y si le haces esas preguntas a la gente que realmente conoce lo que hace, entonces te encontrarás en la misma situación en la que
estarías si supieras tú misma esa información. Es como construir un
mosaico. Voy poniendo un azulejo tras otro. Si estuviera en una red sin
acceso a esa gente, lo mío no funcionaría», me dijo en una ocasión.

En sus primeros ocho años en 3M, Ouderkirk trabajó con más de
cien equipos distintos. Nadie le encargó proyectos importantes, como el
de las láminas ópticas; su amplitud le ayudó a identificarlos. «Si trabajas
en problemas bien definidos y comprendidos, los especialistas trabajan
muy muy bien. Cuando aumenta la ambigüedad y la incertidumbre, lo
que es normal para los problemas sistémicos, entonces la amplitud es
cada vez más importante.»

Investigaciones realizadas por los profesores de negocios españoles
Eduardo Melero y Neus Palomeras le dan la razón a Ouderkirk. Analizaron quince años de patentes[306] realizadas por treinta y dos mil equipos
de ochocientas ochenta organizaciones diferentes, rastreando a cada individuo que iba de un equipo a otro y luego viendo el impacto de cada
invento. También midieron la incertidumbre de cada campo tecnológico: un área con mucha incertidumbre tenía muchas patentes que no
valían nada y unas pocas que eran un exitazo. Las áreas de baja incertidumbre se caracterizaban por una línea progresiva más obvia, con más
patentes que tenían cierto éxito. En baja incertidumbre, los especialistas
tendían a tener patentes más útiles. En los de mayor incertidumbre,
aquellos equipos con individuos que habían trabajado en distintos dominios tenían más probabilidades de tener un éxito. Como sucedía con
el equipo de biólogos de Kevin Dunbar, que usaba analogías para solucionar problemas, cuando algo se vuelve incierto, la amplitud marca la
diferencia.

Al igual que Melero y Palomeras, el profesor de Darmouth Alva Taylor
y el profesor de la Escuela de Negocios de Noruega Henrich Greve

quisieron examinar el impacto creativo según la amplitud individual, solo que en un ámbito un poco menos técnico, los cómics.

La industria del cómic[307] tuvo una era de explosión creativa desde mediados de los años cincuenta hasta los setenta. Los creadores de cómic luego se autocensuraron, debido a que el psiquiatra Fredric Wertham convenció al Congreso de Estados Unidos de que los cómics estaban causando que los niños se «desviasen». (Wertham manipuló[308] o inventó aspectos de su investigación.) En 1971 Marvel rompió el molde. El Departamento de Salud, Educación y Bienestar de Estados Unidos le pidió al director de Marvel, Stan Lee, que creara una historia para prevenir el abuso de drogas. Lee escribió una historia de *Spiderman* en la cual el mejor amigo de Peter Parker sufre una sobredosis de pastillas. La propia autoridad de los cómics, encargada de autocensurarse, no lo aprobó. Marvel lo publicó igual. Fue tan bien recibido que pronto las reglas de autocensura se relajaron y la creatividad volvió a aflorar. Aparecieron superhéroes con complejos problemas emocionales. *Maus* se convirtió en la primera novela gráfica en ganar un premio Pulitzer; la innovadora *Love and Rockets* incluía un elenco étnicamente diverso que casó bien con los lectores de la época.

Taylor y Greve siguieron las carreras de varios creadores y analizaron el valor comercial de miles de cómics de 234 editores distintos. Cada uno de ellos requiere la integración de múltiples creadores; de la narrativa, el diálogo, el dibujo y el diseño de portada. El dúo investigador hacía predicciones acerca de cuál sería el factor que aumentaría el valor de los cómics producido por un individuo o equipo determinado, y cuál sería la posibilidad de que un solo individuo fracasara estrepitosamente o triunfara a lo grande.

Taylor y Greve esperaban encontrar una típica curva de aprendizaje industrial: los creadores aprenden por repetición, por lo que es de esperar que, con el tiempo, quienes más creen mejores sean. Estaban equivocados. Además, como ha sido demostrado en la producción industrial, suponían que cuantos mejores recursos tuvieran, mejores serían los productos.

Error. También hicieron la intuitiva predicción de que, al aumentar la experiencia del creador en la industria, harían mejores cómics. Error nuevamente.

Una carga de trabajo repetitiva afectaba negativamente al rendimiento. Los años de experiencia no tenían ningún impacto. Si no era ni la experiencia, ni los recursos ni la repetición, ¿qué era entonces lo que les ayudaba a mejorar?

La respuesta (además de no hacer demasiados trabajos repetitivos) la daba la cantidad de algunos de los veintidós géneros distintos en los que hubiese trabajado con anterioridad el creador; desde comedia hasta ciencia ficción, pasando por crimen, fantasía o no ficción. Aunque el tiempo de experiencia no afectaba, la amplitud de la experiencia sí lo hacía. Cuanto más amplia era su experiencia, mejores eran sus productos promedio, y más predispuesto estaba a innovar.

Los creadores individuales comenzaban con un menor grado de innovación que los equipos (menos posibilidades de tener un gran éxito), pero cuando se ampliaba su experiencia, llegaban a sobrepasarlos. Un creador individual que hubiese trabajado en, al menos, cuatro géneros distintos era más innovador que un equipo cuyos miembros tenían experiencias también en esa misma cantidad de géneros. Las conclusiones son que «los individuos tienen más capacidad para integrar creativamente experiencias diversas que los equipos».

El título del estudio era *¿Superman o los Cuatro fantásticos?* «Al buscar innovación en industrias basadas en el conocimiento, es mejor encontrar un superindividuo. Si no se encuentra un individuo con suficiente amplitud de experiencia, se debería formar un grupo fantástico —escribieron—. La diversidad de experiencias entre los integrantes de un grupo tiene impacto, pero más lo tiene si la diversidad la posee un solo individuo.»

Ese descubrimiento enseguida me recordó a uno de mis autores favoritos, el japonés Hayao Miyazaki, al que se le conoce especialmente por la película *El viaje de Chihiro* (*Spirited Away*), que sobrepasó a *Titanic* como película más taquillera en Japón, pero que en su carrera anterior como creador de cómics había tocado casi todos los géneros existentes. Desde fantasía y hadas hasta ensayos históricos, pasando por comedia, ciencia ficción y otros. El novelista, guionista y creador de cómics Neil Gaiman tiene también un amplio rango, desde periodismo y ensayos sobre arte hasta ficción para niños, así como complejas narrativas psicológicas. Jordan Peele no es un creador de cómics, sino el creador y director del sorprendente éxito *Get Out!* («¡Huye!» o ¡Déjame salir!»), una película de terror, pero que según el autor se debe a su experiencia escribiendo comedias. Taylor y Greve concluyeron que «en desarrollo de productos, la especialización puede ser muy costosa».

En entornos «buenos», donde el objetivo es recrear acciones pasadas con una mínima diferencia, los especialistas funcionan de maravilla. Los equipos de cirujanos trabajan más rápido y más eficientemente [309] cuantas más veces repiten los procedimientos y más especializados están en la operación. Si te tienen que operar, desearás tener un médico especializado en ese tipo de operaciones, y que lo haya hecho varias veces y, en lo posible, con el mismo equipo. Igualmente, desearías a Tiger Woods a tu lado si tienes que hacer un *putt* de tres metros. Ellos ya lo han hecho, y ahora solo tienen que recrear algo que han logrado exitosamente en el pasado. Lo mismo para las tripulaciones de aerolíneas. Los equipos que tienen experiencia trabajando juntos son muy eficientes en delegar todas las tareas necesarias para un vuelo plácido. Cuando la Junta de Seguridad en el Transporte analizó los datos de los grandes accidentes [310], vieron que el 73% ocurrió en vuelos cuya tripulación trabajaba junta por primera vez. El mejor vuelo es aquel en el que todo va conforme a las rutinas entendidas y optimizadas por todos los involucrados, sin sorpresas.

Cuando el camino no está claro, esas mismas rutinas no son suficientes. «Algunas herramientas funcionan perfectamente en ciertas situaciones, mejorando la tecnología en pequeños pero importantes pasos, y esas herramientas son bien conocidas y han sido probadas. Pero esas mismas herramientas te alejarán de la innovación radical. De hecho, son capaces de hacer que una innovación radical se convierta en una incremental», me dijo en una ocasión Andy Ouderkirk.

La profesora de la Universidad de Utah, Abbie Griffith[311], se ha especializado en encontrar nuevos Thomas Edison, es decir, innovadores seriales. Lo que ha encontrado ya debería comenzar a resultar familiar: «alta tolerancia a la ambigüedad, pensadores sistémicos, conocimiento técnico adicional de campos periféricos, buscadores de nuevos usos a lo disponible, adeptos a utilizar analogías en los procesos de invención, habilidad para conectar puntos de información en nuevas formas, sintetizar información proveniente de muchas fuentes, amplio rango de intereses, leen más y más variado que otros tecnólogos, necesidad de aprender significativamente de varios dominios, necesidad de comunicarse con expertos técnicos de varios dominios». ¿Queda clara la película?

Charles Darwin «podría considerarse un *outsider* de su profesión»[312], dice el investigador sobre creatividad Dean Keith Simonton. Darwin no era miembro de la facultad ni científico en ninguna institución, pero sí tenía buenos contactos en la comunidad científica. Por un tiempo, estuvo muy centrado en crustáceos marinos, pero se llegó a cansar de ellos hasta tal punto que dijo en una monografía introductoria a los crustáceos: «No quiero pasar más tiempo estudiando esto»[313]. Al igual que los generalistas y polímatas de 3M, se aburría rápido en una sola área. Para su descubrimiento de cambio de paradigma, su red de contactos era esencial. Howard Gruber, un psicólogo que estudió los diarios de Darwin, escribió que Darwin solo llevaba a cabo personalmente experimentos «accesibles para científicos genéricos como era él». Para todo lo demás, se apoyaba en otros, al estilo de Jayshrre Seth. Darwin siempre tenía varios proyectos en marcha a la vez, lo que Gruber llamó su «red de empresas». Tenía, al menos, 231 amigos epistolares[314], que podían ser agrupados en trece grandes temas basados en sus intereses: desde gusanos hasta selección sexual humana. Los inundaba a preguntas y cortaba muchas de las cartas de respuesta para pegarlas directamente en sus cuadernos, en los cuales las ideas se superponían unas a otras en forma aparentemente caótica. Cuando sus cuadernos ya se volvían muy complejos, quitaba páginas y las reagrupaba según la investigación. Para su propio experimento con semillas, mantuvo correspondencia con geólogos, botánicos y ornitólogos de Francia, Estados Unidos, Sudáfrica, las Azores, Jamaica y Noruega; sin mencionar otros naturalistas y algunos jardineros a los que conocía. Como destacó Gruber: «La actividad de un creador puede parecer, desde fuera, una miscelánea descontrolada[315], pero él o ella pueden mapear cada actividad de la empresa en marcha. En cierta forma, los mejores trabajos de Charles Darwin representan compilaciones interpretativas de hechos que fueron primero registrados o inventados por otros». Era un pensador lateral integrador.

Hacia el fin de su libro *Serial innovators*, Abbie Griffin y sus coautores pasan de compartir estoicamente sus datos y observaciones a ofrecer una serie de consejos para directores de Recursos Humanos. Les preocupaba que las políticas laborales de las empresas establecidas tuviesen tan definidos los roles especializados de cada empleado, que ocasionara que los innovadores pudieran parecer «piezas redondas en agujeros cuadrados» y que se perdiera su potencial. Su amplitud de intereses no encaja en un lugar concreto. Son «personas con forma de π» que entran y salen de distintas especialidades. «Mira sus intereses a largo plazo, mira sus múltiples *hobbies* y aficiones... Cuando el candidato describe su trabajo, ¿tiende a centrarse en los límites y en las interfaces con otros sistemas?» Un innovador serial describió su red de empresa como «un conjunto de boyas de pescador flotando en el agua, que tienen pequeños pensamientos colgando de ellas». El creador del musical *Hamilton*, Lin-Manuel Miranda, expresó la misma idea elegantemente al decir: «Tengo varias aplicaciones abiertas[316] en mi cerebro en este momento».

El equipo de Griffin descubrió que los innovadores seriales consideran que, bajo los criterios de contratación actuales de sus empresas, a ellos los descartarían. «Una forma mecanizada de contratar puede dar resultados reproducibles y reduce el número potencial de candidatos [para la innovación]», escribieron. Cuando hablé con Ouderkirk por primera vez, estaba dando un curso en la Universidad de Minnesota que, en parte, buscaba la forma de identificar a potenciales innovadores. Me dijo: «Creemos que la mayoría debe haberse sentido frustrado en el colegio, porque por naturaleza son muy amplios».

Al enfrentarse con entornos «malos» y problemas inciertos, la amplitud de la experiencia es invaluable. Ante los entornos o problemas «buenos», la especialización reducida puede ser muy eficiente. El problema radica en que, a menudo, esperamos que el hiperespecialista, debido a su experiencia en un área concreta, mágicamente sea capaz de extender sus habilidades a problemas y entornos «malos». Los resultados pueden ser desastrosos.

10

Engañados por la especialización

L a apuesta estaba vigente[317], y era acerca del destino de la humanidad. De un lado estaba el biólogo de Stanford Paul Ehrlich. Tanto como testigo ante el Congreso como en el programa *Today Show* (acudió veinte veces) y en su libro superventas de 1968 *The population bomb*, Ehrlich insistía en que era demasiado tarde ya para prevenir el apocalipsis, debido a la sobrepoblación de la Tierra. La portada del libro traía la imagen de un fusible quemándose poco a poco y un recordatorio de que «la bomba está conectada». La falta de recursos causaría cientos de millones de muertes por hambre en la siguiente década, advirtió Ehrlich. El *New Republic* alertaba al mundo de que la población ya había sobrepasado la oferta de alimentos. «La hambruna ha comenzado», proclamaban. Se trataba de frías matemáticas. La población crecía exponencialmente, los alimentos no. Ehrlich era un especialista en mariposas, y muy bueno. Sabía que la naturaleza no suele regular la población animal delicadamente. Las poblaciones crecen, pasan el nivel de recursos disponibles y luego perecen. «La forma de la curva de población[318] es muy conocida por los biólogos», escribió.

Ehrlich concibió distintos escenarios de lo que podría ocurrir. En uno de ellos, durante los años setenta, Estados Unidos y China comenzarían a acusarse mutuamente por la hambruna masiva y eso daría lugar a una guerra nuclear. Ese era el escenario moderado. En el malo, la hambruna se diseminaría por todo el planeta. En las ciudades se alternarían los estados de sitio con las protestas callejeras. Los asesores ambientales del presidente de Estados Unidos aconsejarían una política de hijo único y esterilizar a la gente con bajo cociente intelectual. Rusia, China y Estados Unidos se enfrascarían en una guerra nuclear que haría inhabitable las dos terceras partes del norte del planeta. Grupos de población se concentrarían en el hemisferio sur, pero la degradación ambiental pronto extinguiría a la especie humana. En el escenario «positivo», se comienza a controlar a la población. El Papa anuncia que los católicos se deben reproducir menos, y da su bendición al aborto. Se expande la hambruna y los países se debilitan, pero para la década de 1980, la principal oleada de muertes habrá pasado y la tierra cultivable comenzará a ser reutilizada. Este escenario positivo prevé solo quinientos millones de muertos por hambre: «Desafío a cualquiera a imaginar un escenario más optimista», escribió Ehrlich, agregando que no servía contar con extraterrestres benevolentes que nos salvasen.

El economista Julian Simon aceptó el desafío y creó un escenario más optimista. A finales de la década de 1960, empezó «la revolución verde»[319]. Tecnología de otros sectores como las técnicas de control del agua, la hibridación de semillas y estrategias de gestión comenzaron a utilizarse en agricultura, y las cosechas globales estaban aumentando[320]. Simon vio que esa innovación estaba alterando la ecuación. Más gente, en realidad, sería la solución, porque significaría más ideas y más inventos avanzados. Simon propuso hacer una apuesta. Ehrlich podría escoger cinco metales que él considerara que se encarecerían a medida que se agotasen sus reservas y apareciera el caos. Se comprarían mil dólares de los materiales escogidos por Ehrlich. Si después de diez años los precios bajaban, Ehrlich tendría que pagarle la diferencia de precio a Simon. Si los precios subían, Simon pagaría. Lo máximo que podía perder Ehrlich era mil dólares, mientras que lo que podía perder Simon no tenía límite. La apuesta se hizo oficial en 1980.

En octubre de 1990, Simon recibió un cheque de 567,07 dólares en su buzón. El precio de todos los metales escogidos por Ehrlich había descendido. El cambio tecnológico no solo había mantenido a la población, sino que la oferta alimentaria había subido en todos los lados. Cualquier número de población con malnutrición que no sea cero es malo, pero, actualmente, es menor que nunca. En los años sesenta, cincuenta de cada cien mil personas morían de hambre; hoy ese número es de 0,5. Aun sin la ayuda del Papa, el crecimiento de la población de la Tierra ha comenzado a descender y continúa haciéndolo. Cuando disminuye la mortalidad infantil y aumenta la educación (especialmente de las mujeres), las tasas de nacimiento disminuyen. La humanidad va a necesitar más innovación, ya que el número total sigue creciendo, pero la tasa a la que lo hace ha disminuido mucho. La proyección de las Naciones Unidas[321] es que, para finales del siglo XXI, la tasa de crecimiento de la población sea de cero o incluso negativa.

Las estimaciones de Ehrlich sobre las hambrunas fueron muy malas. Las hizo cuando el desarrollo tecnológico comenzaba a dar sus frutos, y justo antes de que la tasa de crecimiento de la población comenzase a descender. Pero, el mismo año que aceptó la apuesta, Ehrlich aún insistía en que, si bien los tiempos no habían sido exactos, «ahora sí que había detonado la bomba»[322]. A pesar de una predicción errónea tras otra, a Ehrlich lo siguió muchísima gente y obtuvo numerosos premios. Simon se convirtió en la persona a mencionar para demostrar que no se habían tenido en cuenta los criterios económicos, y por cualquier persona que se cansara de predicciones fatalistas que nunca ocurrieron. Ante el tipo de regulaciones innecesarias por las que abogaba Ehrlich, los aliados de Simon argumentaban que limitarían la innovación, que era justamente la que había permitido evitar la catástrofe. Ambos se convirtieron en luminarias para sus seguidores, y ambos estaban equivocados.

Cuando varios economistas[323] examinaron el precio de los metales en cada década desde 1900 hasta 2008, período durante el cual la población mundial se cuadruplicó, Ehrlich hubiera ganado la apuesta el 63% de las veces. Eso es porque los precios de los insumos básicos no son una buena medida para ver los efectos en la población en una década. La variable que ambos eligieron para probar sus postulados no tenía ninguna incidencia en ellos. Los precios de las materias primas suben y bajan según los ciclos macroeconómicos, y una recesión durante la apuesta fue lo que redujo los precios. Ambos podrían haber lanzado una moneda al aire y haberse declarado ganadores.

Ambos se equivocaron. Cada uno declaraba su fe en la ciencia y en los datos indiscutibles. Pero ambos se perdieron valorar las ideas de los otros. Ehrlich se equivocó con lo de la población (y el apocalipsis), pero tenía razón en cuanto a la degradación ambiental. Simon tenía razón en cuanto al ingenio humano para aumentar la oferta de alimentos, pero se equivocó al pensar que la mejora de la calidad del agua y del aire también apoyaba sus ideas. Irónicamente, esas mejoras se debieron no a las iniciativas del mercado y la tecnología, sino a las regulaciones propuestas por Ehrlich y otros.

Lo ideal sería que un debate entre dos intelectuales «mejorase los argumentos de ambos y los hiciera mejores», escribe el historiador de Yale Paul Sabin, «pero lo opuesto sucedió con Ehrlich y Simon». A medida que cada uno conseguía más datos que apoyaran sus propuestas, más dogmáticos y más inadecuados se convertían sus modelos.

Existe un tipo de pensador que se encierra en su gran idea acerca de cómo funciona el mundo, aun cuando los hechos le resulten contrarios, y cuyas predicciones resultan peores, no mejores, cuanta más información consigue. Se los puede ver en la televisión y en los diarios todos los días, haciendo cada vez peores predicciones mientras claman victorias. Han sido estudiados rigurosamente.

El estudio comenzó en 1984, en el comité sobre las relaciones americano-soviéticas del Consejo Nacional de Investigaciones. El psicólogo y politólogo Philip Tetlock tenía treinta años y era de lejos el más joven del comité. Escuchaba atentamente las discusiones de los miembros sobre las intenciones de los soviéticos y las políticas estadounidenses. Expertos renombrados daban con confianza y autoridad sus predicciones y Tetlock se asombraba de que a menudo eran contradictorias entre sí e impermeables a contraargumentos.

Tetlock decidió evaluar[324] las predicciones de los expertos. En plena guerra fría, comenzó a recolectar predicciones a corto y largo plazo de 284 expertos que tenían de promedio más de doce años en sus respectivas especialidades. Los temas eran de política internacional y de economía y, para concretar las predicciones, los expertos debían dar detalles sobre las probabilidades de determinados sucesos. Tetlock debería recolectar suficientes predicciones durante el tiempo suficiente como para descartar la buena o mala suerte de la verdadera habilidad. El proyecto duró veinte años e incluía 82.361 predicciones sobre el futuro. Los resultados han demostrado que el mundo es un entorno muy «malo».

El experto promedio resultó ser un malísimo pronosticador. Sus áreas de especialidad, años de experiencia o títulos académicos y, a veces, acceso a información clasificada no marcaban ninguna diferencia. Fallaban tanto las predicciones a corto como a largo plazo y en cualquier materia. Cuando los expertos predecían que algo era imposible o casi imposible, ocurrió el 15% de las veces. Cuando aseguraban que sucedería algo, fallaban el 25% de las veces. El proverbio danés que dice que «Es difícil hacer predicciones, especialmente sobre el futuro» se confirmaba. Los diletantes con los que se los comparó no lo hicieron mejor, pero al menos no solían asegurar que algo era imposible o que seguro que sucedería, lo que les evitaba errores de bulto que expiar, aunque eso no quiere decir que los expertos creyesen en la expiación.

La mayoría de los expertos nunca reconocen los fallos sistemáticos de sus juicios, aun después de ver los resultados. Cuando aciertan, es solo por sus méritos. Cuando se equivocan por mucho, aducen que fallaron por poco, que evaluaron bien la situación pero que, si alguna de las variables hubiera sido distinta, hubieran acertado. Como dijo Ehrlich, su concepto era correcto, aunque no hubiese acertado con el momento en que se produciría. Las victorias son victorias totales, las derrotas siempre son un poco de mala suerte que no les permitió la victoria. Los expertos permanecen imbatidos a pesar de perder constantemente. «Siempre hay una curiosa relación inversa[325] entre cómo creen haberlo hecho de bien los predictores y cómo de bien lo hicieron en realidad», concluyó Tetlock.

También existe una «relación inversa perversa» entre fama y acierto. Cuantas más posibilidades de que sus predicciones aparezcan en un periódico o en un programa de televisión, más probabilidades hay de que sean equivocadas. O no siempre equivocadas sino, tal como dice Tetlock en su libro *Superpronosticadores*, «tan acertadas como un chimpancé tirando dardos».

Las primeras predicciones del estudio se referían al futuro de la Unión Soviética. Había expertos (sobre todo liberales) que creían que Gorbachev era un reformador capaz de cambiarla manteniendo a su vez su integridad y expertos (sobre todo conservadores) que creían que la Unión Soviética era irreformable, ruinosa en esencia y que perdía legitimidad. Ambos estaban parcialmente acertados y parcialmente equivocados. Gorbachev sí que hizo reformas, abriéndose al mundo y poniendo en valor a sus ciudadanos, pero esas reformas llevaron a que se despertaran distintas fuerzas en las repúblicas que no eran Rusia, en las cuales el sistema había perdido legitimidad. Comenzando por Estonia, que fue la primera en declararse soberana y que dio lugar a la desintegración de la Unión Soviética. Expertos de ambos bandos se vieron sorprendidos por el final abrupto de la Unión Soviética y sus predicciones fueron malísimas. Sin embargo, había un subgrupo que pudo prever algunas de las cosas que estaban por suceder.

A diferencia de Ehrlich o Simon, no se basaban en una sola perspectiva. Eran capaces de ver varias e integrar aun las que aparentemente eran contradictorias. Estaban de acuerdo en que Gorbachev era un reformador y que la Unión Soviética había perdido legitimidad fuera de Rusia. Algunos llegaron a avizorar un final cercano de la Unión Soviética y que el catalizador del mismo serían las reformas realizadas.

Los integradores mejoraron las predicciones de los expertos en casi todos los rubros, pero especialmente en el futuro a largo plazo. Tetlock utilizó dos animales para describirlos (basado en Isaiah Berlin), que se convirtieron en habituales dentro de la psicología y las comunidades de inteligencia: los erizos, de mirada reducida (que saben de una sola cosa), y los zorros integradores (que conocen muchas pequeñas cosas).

Los expertos erizos son profundos pero limitados. Algunos se han pasado la vida estudiando un solo problema. Como Ehrlich y Simon, pusieron de moda una sola idea acerca de cómo funciona el mundo y lo hicieron a través del lente de su especialidad, y luego tomaban cualquier dato que se correspondiera con eso. Los erizos, según Tetlock, trabajan devotamente dentro de la tradición de su especialidad y buscan soluciones en forma de fórmulas para problemas mal definidos. Los resultados no importan; tanto los éxitos como los fracasos les dan la razón y ahondan en sus ideas. Los hace geniales para predecir el pasado, pero son como chimpancés con dardos para el futuro. Los zorros, en cambio, «se basan en una selección ecléctica de tradiciones y aceptan las contradicciones y la ambigüedad», escribió Tetlock. Donde los erizos viven en espacios reducidos, los zorros deambulan por distintos campos y personifican la amplitud.

Increíblemente, los erizos rindieron especialmente mal en las predicciones dentro de su disciplina a largo plazo. Y peor lo hacían cuanta más experiencia y títulos académicos tuvieran. Cuanta más información disponible tenían, mejor podían adaptarla a su peculiar visión. Esto les da a los erizos una gran ventaja. Poder ver el mundo a través del ojo de tu cerradura preferida te permite crear historias sobre cualquier cosa que ocurra, y contarlas con mucha autoridad. En otras palabras, son muy buenos para la televisión. Tetlock es claramente un zorro. Es profesor en la Penn University de Filadelfia y, cuando lo visité, me vi envuelto en una conversación casual sobre política junto a sus colegas, incluida su colaboradora y esposa Barbara Mellers, también psicóloga y experta en toma de decisiones. Tetlock comenzaba en determinada dirección y luego se interrogaba a sí mismo en un cara a cara. Se basó en economía, ciencias políticas e historia para discutir un tema de psicología, luego se detuvo y dijo: «Pero si tus ideas acerca de la naturaleza humana o de cómo debe estructurarse una sociedad son diferentes, lo verás de forma completamente diferente». Cuando se incorporaba a la conversación una nueva idea, enseguida decía: «Digamos que, con el fin de argumentar…», lo que le permitía ver las cosas desde distintos puntos de vista, tanto de disciplinas como emocionales. Probaba ideas como se prueban los filtros de Instagram, hasta que costaba distinguir cuál era la original.

En 2005 publicó los resultados de su largo estudio sobre los expertos y captó la atención de la Intelligence Advance Research Projects Activity (IARPA), una organización gubernamental que apoya estudios sobre los problemas más difíciles a los que se enfrenta la comunidad de Inteligencia de Estados Unidos. En el año 2011, la IARPA lanzó un concurso de predicción durante cuatro años en el que compitieron cinco equipos de investigación. Cada equipo podía reclutar, entrenar y experimentar como quisiera. Cada día de los cuatro años había que presentar las predicciones a las nueve de la mañana. Las preguntas eran tan difíciles como cuáles eran las posibilidades de que un país saliera de la Unión Europea antes de cierta fecha; las posibilidades de que la Bolsa japonesa cerrase por encima de los 9.500 puntos, o la posibilidad de una batalla naval con más de diez muertos en el mar de China. Los pronosticadores podían corregir las predicciones en cualquier momento, pero el sistema de puntuación graduaba el tiempo, por lo que predecir algo pocos minutos antes de que pase no otorgaba muchos puntos.

El equipo que lideraban Tetlock y Mellers se llamaba «el proyecto del buen juicio». En lugar de reclutar expertos condecorados, hicieron un llamamiento abierto a voluntarios. Después de una primera selección muy simple, invitaron a tres mil doscientos a comenzar a hacer pronósticos. De entre ellos, identificaron a un grupo de pronosticadores zorros, personas brillantes con amplitud de intereses y hábitos de lectura, pero no particularmente especialistas en nada, y sopesaban sus pronósticos con los del resto del equipo. Destrozaron a sus competidores.

En el segundo año, pusieron a los superpronosticadores a liderar equipos *online*[326] de doce personas para que pudieran intercambiar información e ideas. Ganaron a los otros equipos por un margen tan grande que IARPA eliminó a los equipos que habían tenido tan malos resultados. Los voluntarios del público general habían vencido a expertos con acceso a datos clasificados «por unos márgenes que son información confidencial», según Tetlock. (Sin embargo, en un reportaje del *Washington Post*, indicó que su equipo había superado por un 30% a otros equipos de analistas de Inteligencia.)

No solo los mejores pronosticadores eran zorros como personas, sino que tenían características que los hacían buenos colaboradores en intercambiar información y discutir predicciones. Cada miembro del equipo aún tenía que hacer predicciones individuales, pero el equipo puntuaba según el rendimiento colectivo. De promedio, los pronosticadores de los pequeños superequipos acertaron un 50% más que las predicciones individuales. Los superequipos ganaron a la sabiduría de equipos más grandes, en la cual la predicción de todos los individuos se promedia, y también ganaron a la previsión de los mercados, donde los pronosticadores negociaron los resultados de futuros eventos como si fuesen acciones y el mercado representara la predicción de la masa.

Puede parecer que predecir la complejidad geopolítica y económica de grandes sucesos necesitaría de un equipo de expertos en cada tema, cada uno aportando conocimientos profundos en un área. Pero en realidad es lo opuesto. Al igual que sucedía con los creadores de cómics o las patentes de los inventores, ante la incertidumbre, la amplitud individual es crucial. Los pronosticadores más zorros son impresionantes por sí solos, pero juntos ejemplifican el ideal de un equipo. Se convierten en mucho más que la suma de sus partes.

Algunas de las cualidades que hacen que estos pronosticadores sean también buenos compañeros de equipo resultan obvias al hablar con ellos. Son brillantes, pero también suelen serlo los expertos erizos. Tienen facilidad para jugar con los números, estimando el porcentaje de pobreza de un país o la proporción de tierra cultivable de un Estado. Y tienen amplitud.

Scott Eastman me contó que «nunca encajé completamente en un solo lugar». Creció en Oregón y compitió en concursos de ciencia y matemáticas, pero en la universidad estudió Literatura y Arte. Ha sido reparador de bicicletas, pintor, fundador de una empresa de pinturas, gestor de un fondo multimillonario, fotógrafo, profesor de fotografía y profesor en una universidad rumana (en materias que iban desde la antropología cultural hasta los derechos civiles) y asesor principal del alcalde de Avrig, un pequeño pueblo en el centro de Rumania. En ese puesto hacía de todo, desde integrar las nuevas tecnologías a la economía local o negociar con empresarios chinos o hacer la prensa del municipio.

Eastman cuenta su vida como si fueran fábulas: cada experiencia trae una moraleja. «Creo que pintar casas me ha resultado de lo más útil.» Le dio la oportunidad de interactuar con una serie diversa de personas, colegas y clientes, desde pedidores de asilo hasta multimillonarios de Silicon Valley con quienes conversaba cuando tenía un gran proyecto en sus casas. Él lo describe como un buen terreno para obtener distintas perspectivas. Pero pintar casas no es una preparación especial para hacer predicciones de geopolítica. Eastman, al igual que sus compañeros de equipo, está permanentemente viendo distintas perspectivas de las cosas, siempre añadiendo conocimientos a su amplitud intelectual, por lo que para él cualquier terreno es fértil.

Eastman fue inusualmente certero al predecir lo acontecido en Siria, y se mostró sorprendido al descubrir que Rusia era su punto débil. Él había estudiado ruso y tenía un amigo que había sido embajador en Rusia. «Me debería haber ido bien en Rusia, pero, después de muchas preguntas, vi que era uno de mis puntos débiles», me dijo. Se dio cuenta de que especializarse en un tema no necesariamente era útil para predecir cosas. «Así que, si veo a un experto de algo en mi equipo, me acerco a él y le hago un montón de preguntas para ver qué es lo que sabe, pero no me voy a quedar con eso. No porque el bióquímico me diga que una droga está a punto de salir al mercado debe tener razón. A menudo, si estás muy en el tema, es difícil tener una buena perspectiva.» Eastman me dijo que el buen pronosticador tiene que «ser genuinamente curioso acerca de todo».

Ellen Cousins investiga fraudes para bufetes de abogados. Sus investigaciones van desde la medicina hasta los negocios. Además, tiene amplios temas que le interesan, desde coleccionar utensilios antiguos para hacer bordados hasta grabados con láser, pasando por la manipulación de cerraduras. Hace también trabajos voluntarios para veteranos militares a los que debieron haberles otorgado la Medalla de Honor (a veces, consigue que se las den). Ella siente lo mismo que Eastman. Los expertos en campos reducidos son muy valiosos «pero hay que entender que puede que tengan anteojeras, por lo que procuro conseguir datos de ellos y no opiniones». Al igual que los inventores polímatas, Cousins y Eastman toman lo mejor de los especialistas y luego lo integran.

Las interacciones *online* de los superpronosticadores son ejercicios de un antagonismo extremadamente cortés. Se trata de discutir sin ser desagradables, aun cuando alguien pueda alegar: «Estás diciendo tonterías, eso no tiene sentido, explícamelo». Cousins me asegura que no agreden. No están en busca de llegar a un acuerdo, sino de sumar perspectivas, muchas. Tetlock define a los mejores pronosticadores como «zorros con ojos de libélula». Los ojos de las libélulas están compuestos por decenas de miles de lentes, cada una con una perspectiva distinta, que luego son sintetizadas en el cerebro de la libélula.

Una de las discusiones que presencié era de un equipo tratando de predecir a cuánto cotizaría el dólar estadounidense respecto al grivna ucraniano, durante un período extremadamente volátil de 2014. ¿Sería menos de diez, entre diez y trece o más de trece? La discusión comenzó con uno de los miembros del equipo ofreciendo porcentajes de probabilidades para los tres escenarios y compartiendo un artículo de *The Economist*. Otro lo acompañó de un enlace a un artículo de Bloomberg y datos históricos *online*, y creía que la más probable era entre diez y trece. Un tercer miembro se mostró convencido por este último argumento. Un cuarto aportó información sobre el mal estado de las finanzas ucranianas. Una quinta persona hizo una evaluación de cómo se modifican las tasas cambiarias en relación con los sucesos mundiales. El que comenzó todo se mostró convencido por alguno de los argumentos y modificó su predicción original, pero aún pensaba que le estaban dando demasiadas posibilidades a que fuese mayor de trece. Siguieron intercambiando información y desafiándose unos a otros e iban actualizando sus pronósticos. Dos días más tarde, uno de los miembros del equipo vio que el grivna se estaba fortaleciendo en medio de sucesos que deberían debilitarlo. Informó a sus compañeros de que esto era lo opuesto a lo esperable y que era una muestra de que había algo más en su diagnóstico de la situación. A diferencia de los políticos, los pronosticadores cambian de opinión continuamente. El equipo, finalmente, decidió que lo más probable es que cotizase entre diez y trece, y acertó.

En otro trabajo, el psicólogo alemán Gerd Gigerenzer estudió las predicciones de las cotizaciones de cambio entre el dólar y el euro[327] entre 2000 y 2010, realizadas por expertos de los más prestigiosos bancos: Barclays, Citigroup, JPMorgan Chase, Bank of America, Merrill Lynch y otros. Anualmente, el banco pronosticaba la cotización al final del año. La conclusión de Gigerenzer es que «las predicciones sobre la cotización dólar/euro no tienen ningún valor». En seis de los diez años, la cotización se alejó por completo del campo previsto por los expertos. Un superpronosticador hubiera estado atento a los cambios y hubiera modificado sus pronósticos, pero los grandes bancos no vieron, en toda la década analizada, ninguno de los cambios de dirección que ocurrieron.

Una característica de las interacciones que se producen en los mejores equipos es lo que el psicólogo Jonathan Baron llama «apertura mental activa»[328]. Los mejores pronosticadores ven sus ideas como hipótesis que tienen que ser comprobadas. El objetivo no es convencer a sus pares de su propia sabiduría, sino alentarlos a demostrar la falsedad de sus hipótesis. Eso no es muy normal entre humanos. Al ser preguntados por algo difícil, por ejemplo, «si dar más dinero a las escuelas públicas significa mejorar la calidad de la enseñanza y del aprendizaje», la gente, normalmente, contesta con una mezcla de sus ideas previas. Si pueden encontrar respuestas en Internet, no comienzan a buscar ideas para ver si están equivocados. No es que no podamos concebir ideas contrarias, es solo que nuestro instinto es muy fuerte para que no las busquemos.

Investigadores de Canadá y Estados Unidos comenzaron en 2017 un estudio preguntando a un grupo de adultos bien educados y políticamente diversos, que leyeran argumentos que confirmaran sus creencias en temas controvertidos. Cuando a los participantes se les daba la oportunidad de cobrar por leer argumentos contrarios, las dos terceras partes se negaron a siquiera mirarlos, y ni hablar de tenerlos seriamente en consideración[329]. La aversión a las ideas contrarias no es solo una característica de estúpidos e ignorantes. El profesor de derecho de Yale, Dan Kahan, ha demostrado que los adultos más educados científicamente son los más dogmáticos en polarizar políticamente temas de ciencia. Kahan cree que esto se debe a que son más hábiles para encontrar evidencias que confirmen sus sentimientos: cuanto más tiempo pasan estudiando el tema, más encerrados en sí mismos (tipo erizo) se vuelven.

En un estudio realizado antes de las elecciones del Brexit[330], una pequeña mayoría de partidarios, tanto de permanecer como de salir de la Unión Europea, fueron capaces de interpretar correctamente unas estadísticas falsas de una crema para prevenir la picazón, pero cuando se les dieron exactamente los mismos datos, pero presentados como si la inmigración acentuara o disminuyera el crimen, hordas de británicos se volvieron súbitamente incapaces de interpretar números que fuesen en contra de sus creencias políticas. Kahan descubrió el mismo efecto utilizando las cremas y el control de armas[331]. Kahan también demostró que hay un tipo de personalidad que puede ayudar a prevenir esa predisposición: la curiosidad por la ciencia, no el conocimiento de la ciencia, sino la *curiosidad* por ella[332].

Kahan y sus colaboradores elucubraron una astuta forma de medir la curiosidad por la ciencia, escondiendo preguntas relevantes en lo que parecían ser encuestas de *marketing* para consumidores y viendo luego cómo la gente reaccionaba a la información suministrada después de ser expuestos a determinados vídeos, algunos de ellos relacionados con temas científicos. Los más curiosos por la ciencia siempre buscan más evidencias, coincidan o no con sus ideas previas. Los menos curiosos eran como los erizos: se volvían más resistentes a la evidencia contraria y más políticamente polarizados al obtener más conocimiento sobre la materia. Los que tenían un alto nivel de curiosidad rompían esa tendencia, siendo como zorros cazando presas: primero deambulaban libremente, escuchaban cuidadosamente y consumían omnívoramente. Tal como dijo Tetlock de los pronosticadores, no se trata de lo que piensan, sino de cómo piensan. Los mejores tienen altos niveles de apertura mental. También son extremadamente curiosos y no les basta meramente con considerar ideas contrarias, sino que buscan soluciones interconectando distintas disciplinas. «La profundidad puede ser inadecuada[333] sin amplitud», escribió Jonathan Baron, el psicólogo que desarrolló medidas de amplitud mental activa.

Charles Darwin debe de haber sido una de las personas más abiertas mentalmente de la historia. Sus primeros cuatro modelos[334] fueron formas de creacionismo o diseño inteligente (el quinto separó la cuestión de la creación). Acostumbraba a anotar cada punto de sus notas u observaciones que pudiera ser contrario[335] a la teoría en la cual estaba trabajando. Incansablemente, atacaba sus propias ideas, cambiando un modelo por otro hasta que llegó a una teoría que fuera coherente con toda la evidencia. Pero antes de comenzar a realizar el trabajo de su vida, necesitó el empujón de otra persona abierta: su compañero de trabajo o, mejor dicho, su mentor. John Stevens Henslow era el párroco, geólogo y profesor de botánica que consiguió que Darwin se subiera al *HMS Beagle*. También le dijo que leyera el controvertido libro de Charles Lyell *Principios de geología*. Lyell argumentaba que la Tierra había cambiado muy lentamente a través de procedimientos que aún continuaban produciéndose. Henslow no podía aceptar la teoría de Lyell, ya que no se correspondía con la teología y, por lo tanto, advirtiendo a Darwin de que «de ninguna manera aceptara las ideas ahí transcritas». Pero, a pesar de ello, al igual que un zorro, dejó de lado su propia revulsión por la teoría y alentó a su pupilo a leer el libro. Fue una revelación. Según la historiadora científica Janet Browne, «en uno de los intercambios más destacables[336] de la historia de la ciencia, Lyell enseñó a Darwin cómo pensar acerca de la naturaleza».

Nada de esto quiere decir que los expertos erizos sean innecesarios. Producen conocimientos esenciales. Einstein era un erizo[337]. Veía simplicidad en medio de la complejidad y encontró elegantes teorías para probarlo. Pero también pasó treinta años de su vida en una rígida búsqueda de una teoría del todo que explicase el aparentemente caótico mundo de la mecánica cuántica, una disciplina que fue alentada en parte por su propio trabajo.

Como escribió el astrofísico Glen Mackie: «Parece que existe un consenso[338]: en sus años tardíos, Einstein trabajó con anteojeras matemáticas, inmune a descubrimientos relevantes e incapaz de cambiar su método de investigación». «Dios no juega a los dados con el universo», aseguró Einstein, mientras que Niels Bohr[339], su contemporáneo que iluminó la estructura de los átomos (usando como analogía los anillos de Saturno y el sistema solar), contestó a Einstein que debería mantener su mente abierta y no decirle a Dios cómo debía hacer funcionar al universo.

Debajo de la complejidad, los erizos suelen ver reglas simples y deterministas de causas y efectos, enmarcadas dentro de su área de experiencia, como los patrones que se repiten en un tablero de ajedrez. Los zorros ven complejidad en lo que otros equivocadamente piensan que es causa-efecto. Entienden que la mayoría de las relaciones causa-efecto son probabilísticas y no deterministas. Existen cosas desconocidas, suerte y, aun cuando parece que la historia se repite, nunca lo hace exactamente igual. Reconocen que operan en un entorno «malo» por definición, donde puede ser muy difícil aprender tanto de los éxitos como de los fracasos.

En entornos «malos» que carecen de *feedback* automático, la mera experiencia no mejora el rendimiento. Los hábitos efectivos de la mente son más importantes, y pueden ser desarrollados. En cuatro años seguidos[340] de torneos de pronósticos, el grupo de investigación de Tetlock y Meller demostró que una hora de entrenamiento básico en hábitos de «zorro» mejora los aciertos. Uno de esos hábitos es el del pensamiento analógico, que ayudó a los inversores y a los cinéfilos del capítulo cinco a calcular mejor los retornos de la inversión. Básicamente, los pronosticadores pueden mejorar generando listas separadas de sucesos con estructuras profundas similares, en lugar de enfocarse en los detalles del suceso en cuestión. Pocos sucesos son cien por cien novedosos, todo es cuestión de grados según Tetlock, y crear listas obliga al pronosticador a pensar como un estadístico.

Por ejemplo, en 2015 se preguntó a los pronosticadores si Grecia saldría de la eurozona ese año. Nunca un país se había ido por lo que era un suceso único. Pero había un gran número de negociaciones internacionales fallidas, salidas de pactos internacionales y conversiones monetarias forzosas que permitían a los mejores pronosticadores basarse en lo que habitualmente sucede en situaciones análogas, en lugar de concentrarse en las muchas peculiaridades únicas de este caso. Comenzar por los detalles (la visión desde dentro) es peligroso. Los expertos erizos tienen mucha información como para hacer lo que Dan Kahan menciona: escoger los datos que más se adapten a sus teorías. Su conocimiento profundo juega en su contra. Los pronosticadores habilidosos parten del problema analizado buscando otros sucesos con estructuras similares antes que basarse en experiencias personales o en conocimientos concretos de una sola área.

Otro aspecto del entrenamiento del pronosticador consiste en convertir la predicción de resultados en búsqueda de aprendizajes, especialmente cuando los pronósticos han sido equivocados. De esta forma, convierten un entorno «malo» sin *feedback* inmediato en un entorno ligeramente más «bueno» al creer aprendizajes en cada oportunidad. En los veinte años que duró el estudio de Tetlock, tanto los zorros como los erizos fueron rápidos en actualizar sus creencias después de predicciones acertadas, lo que los hacía reforzarlas. Cuando un resultado los tomaba desprevenidos, los zorros eran mucho más propensos a adoptar sus ideas. Los erizos raramente cambian. Algunos, después de predicciones muy erróneas, corrigen sus teorías en la dirección contraria. Se muestran aún más convencidos de sus ideas originales. «Los grandes jueces son aquellos buenos a la hora de comportarse como actualizadores de creencias», dice Tetlock. Si hacen una apuesta y pierden, abrazan la lógica de la pérdida al igual que lo hubieran hecho con el refuerzo de la victoria.

Esto se puede decir con una sola palabra: aprendizaje. A veces requiere dejar de lado por completo la propia experiencia.

11

Aprender a abandonar
las herramientas habituales

J ake, el rubio atlético, habló primero. Él está a favor de competir.
«¿Por qué no nos ponemos todos de acuerdo y ya? —pregunta—. Yo
digo que corramos con ese coche.»

Era una tarde de otoño[341], y Jake y seis compañeros de segundo año
de la Harvard Business School han encontrado un lugar donde poder
almorzar y discutir un tema.* Su profesor les acaba de dar tres páginas
de uno de los más famosos casos de estudio jamás creados, conocido
como «Carter Racing». El dilema es si el ficticio coche del equipo Carter
Racing debe competir en la carrera más importante de la temporada,
que ha de comenzar dentro de una hora.

Los argumentos a favor de correr son varios. Carter Racing ha desarro-
llado un poderoso turbo que les ha permitido acabar entre los cinco primeros en doce de veinticuatro carreras. Ese éxito les ha hecho obtener el
patrocinio de una importante empresa petrolera y, además, la oportunidad

---

* Los nombres de los alumnos han sido cambiados, excepto los de aquellos que dieron
permiso para utilizar su nombre.

de conseguir el patrocinio de los neumáticos Goodstone Tires. Carter Racing ha ganado la última carrera, la cuarta de la temporada. La carrera de hoy se emitirá en directo para todo el país y, si consiguen llegar entre los cinco primeros, se asegurarán un premio de dos millones de dólares de Goodstone. Si, en cambio, deciden no correr, perderán parte de la inscripción y tendrán que devolver parte del dinero a los patrocinadores. El equipo terminaría perdiendo ochenta mil dólares y le costaría mucho conseguir otra oportunidad así. Correr parece ser la única opción.

Los argumentos para no correr son los siguientes: en siete de las veinticuatro carreras, el motor falló y dañó el vehículo. En las últimas dos carreras, los mecánicos utilizaron un nuevo proceso sin problemas, pero no saben qué es lo que causó los fallos anteriores. Si el motor falla con la transmisión en directo, se perderá al patrocinador petrolero y será el adiós a Goodstone, lo que implicaría volver al principio y, posiblemente, ir a la quiebra. Así que ¿competir o no?

El grupo comienza a votar. Tres estudiantes están a favor de correr y cuatro a favor de no hacerlo. Ahora comienza el debate.

Aun con los problemas de motor, el equipo tiene un cincuenta por ciento de posibilidades de conseguir su mayor triunfo. La parte positiva es que el dinero de Goodstone es mayor de lo que se perdería si no se triunfase. En cambio, si el equipo abandona, una gran temporada terminaría en deudas y, como todo el mundo sabe, ese no es un modelo de negocio sostenible.

«Simplemente pienso que no pueden permitirse no correr», dice Justin.

Alexander interviene y pregunta a los que no quieren correr: «¿Qué habría que hacer para convencerlos de que están listos?».

Mei, que lleva una sudadera de Harvard y está sentada formando parte del círculo, ofrece el siguiente cálculo: «Para mí, el riesgo de no correr es de un tercio del que se produciría con otro fallo de motor». Agrega que se centra en la mitigación de pérdidas y que no quiere correr.

El caso que están trabajando dice que, en el último minuto, el dueño del equipo BJ Carter llama a sus mecánicos. Pat, el mecánico del motor, no tiene ningún título académico de ingeniero o especialidad, pero tiene décadas de experiencia en carreras. El problema puede ser la temperatura, sugiere él. Cuando el turbo se calienta en un día fresco, los componentes del motor se expanden de forma distinta y crean un error en la junta frontal que sella el motor. Pat admite que cada fallo del motor parece distinto, pero todos tuvieron problemas con la junta frontal (dos de los fallos tuvieron múltiples daños en la junta). No sabe qué es lo que pasa con certeza, pero en ese momento no se le ocurre ninguna otra explicación. Aun así, quiere competir y le encantan los nuevos uniformes de Goodstone. Con solo 40 grados Farenheit (5 ºC), será la carrera más fría de la temporada. Robin, el jefe de mecánicos, apoya la idea de Pat de chequear los datos de temperatura. Los puso en un gráfico, pero no vio correlación alguna.

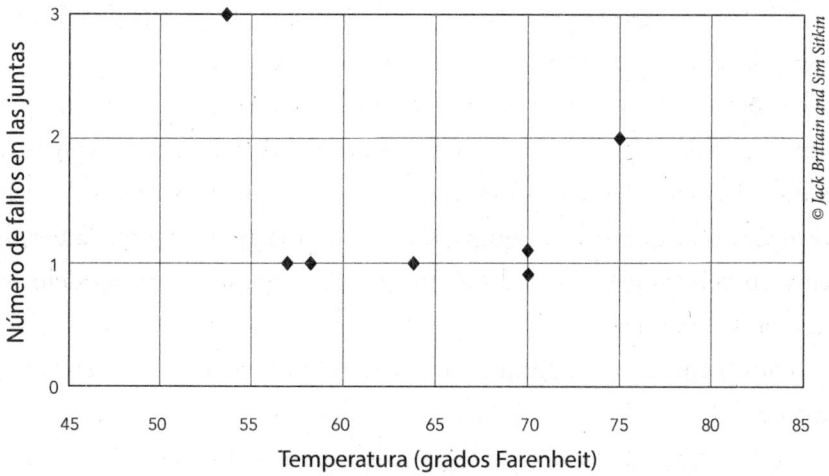

Dmitry, con su pelo oscuro peinado de lado, está firmemente en contra de correr. Concuerda con que no hay ninguna relación aparente entre la temperatura y las roturas de las juntas. Tres de los fallos ocurrieron en los días más fríos y dos en uno de los días más calurosos. Tal vez existe una temperatura óptima para el motor, ni muy fría, ni muy caliente. «Si los fallos son aleatorios, las posibilidades de quedar entre los cinco primeros son del cincuenta por ciento, pero si no son aleatorios, las posibilidades son menores», dice Dmitry. «Este es un día de bajas temperaturas que, hasta ahora, no han experimentado los motores. No sabemos si hay una relación con la temperatura, pero, si la hay, es probable que falle.»

Julia cree que la idea de la temperatura de Pat no tiene sentido y, como Dmitry, piensa que el problema del motor es como una caja negra que no te da ninguna información como para tomar una decisión basada en probabilidades. Reconoce que ella es personalmente adversa al riesgo y que ni siquiera participaría en carreras de coches.

Excepto por Dmitry, los demás piensan que no hay ninguna relación entre la temperatura y el fallo del motor.

A Jake no le han convencido nada las argumentaciones del mecánico Pat. «Creo que Pat puede ser un buen mecánico, pero que no es un ingeniero analista de causas y esas son dos cosas distintas.» Jake piensa que Pat está siendo víctima de un conocido sesgo cognitivo al sobrevalorar el hecho de que tres juntas se rompieron en días fríos. «Ni siquiera tenemos información suficiente como para analizar ese gráfico —dice Jake—. Ha habido veinticuatro carreras, ¿no es cierto? ¿Cuántas de ellas se corrieron con temperaturas frías y no se rompieron? Pero no pretendo atacar tu punto de vista», le dice a Dmitry mientras le palmea la espalda.

Todos coinciden en que sería bueno tener datos de temperatura en las carreras en las que no se rompió el motor, pero tienen los datos que tienen. Justin toma la palabra y dice: «Yo creo que tienes que correr, ya que esa es la razón por la cual estás en este negocio».

Parece que el grupo terminará tal como empezó, hasta que Mei hace otro de sus cálculos: «En realidad, he cambiado de opinión. Yo correría». Comparando las consecuencias financieras, Mei calculó que Carter Racing necesita solo un 26% de posibilidades de terminar entre los cinco primeros para que la apuesta de correr sea racional. Incluso si el tema de la temperatura fría tuviera importancia, no justificaría un descenso al 26% de posibilidades. Piensa que la evaluación de los datos de Dmitry está equivocada: Carter Racing ha competido entre 53 (12 ºC) y 82 (27 ºC) grados con cuatro fallos de motor a menos de 65 (18 ºC) y tres por encima. Dmitry le da demasiada importancia a la rotura a 53 (12 ºC) grados, porque implicó tres daños en la junta, pero sigue siendo un solo fallo de motor.

Jake salta y dice que cada uno está viendo lo que quiere ver en el gráfico, así que mejor sería definir ya el debate. Le gusta el hecho de que Mei base sus decisiones en cálculos: «Es siempre bueno basar las decisiones en matemáticas… Si me dices de lanzar una moneda al aire y que las opciones son perder cien o ganar doscientos, la lanzaría siempre». Le recuerda al grupo que el equipo ha utilizado un nuevo propulsor en las últimas dos carreras sin problemas: «Es un dato menor, pero, al menos, es uno en favor de mi argumentación».

Mei le pregunta a Dmitry a qué temperatura se sentiría cómodo para correr, ya que han tenido dos fallos a 70 (21 ºC) grados, uno a 63 (17 ºC) grados y uno a 53 (12 ºC) grados, por lo que «no hay ninguna temperatura que parezca segura».

Dmitry desearía que los límites de temperatura estuviesen dentro de los que ya se han experimentado. Algo no funciona bien, por lo que cualquier cosa fuera de ese rango de temperaturas es territorio desconocido. Es consciente de que su recomendación es un tanto arbitraria.

El grupo va llegando a la decisión final. Con la conversión de Mei, están cuatro a tres a favor de correr. Siguen charlando mientras guardan los papeles en sus mochilas.

Martina lee en voz alta una parte del caso, en la cual el dueño BJ le pide a Robin, su mecánico en jefe, su opinión. Esta contesta que los pilotos ponen sus vidas en peligro: «Yo tengo un trabajo que peligra con cada carrera y tú tienes cada céntimo invertido en el negocio». Nadie ha ganado nunca una carrera sentado en los boxes.

Martina tiene una última pregunta: «Esto es solo cuestión de dinero, ¿no? ¿Nadie saldrá herido a causa de nuestra decisión?».

Algunos de los miembros del grupo se miran, se ríen y emprenden caminos separados.

Cuando los alumnos llegan a su clase al día siguiente, descubren que la gran mayoría de estudiantes que han visto el caso han decidido correr. El profesor pregunta las razones para una u otra decisión.

Los equipos que han decidido competir discuten acerca de su método para tomar la decisión, y algunos tienen opiniones diversas sobre si el fallo de motor puede poner en peligro al piloto. La mayoría cree que lo de la temperatura es una distracción. Las cabezas asienten cuando una mujer dice: «Si queremos ser alguien en el mundo de las carreras de automovilismo, este es el tipo de riesgos que debemos asumir». Su equipo fue unánime: siete a cero a favor de competir.

Dmitry protesta y el profesor le interroga sin compasión. Dmitry creía que los árboles de decisiones de probabilidades que presentan los grupos son irrelevantes si se deja de lado la presunción de que los fallos de motor están aleatoriamente distribuidos. Agrega que los datos son especialmente ambiguos, ya que por alguna razón el jefe de mecánicos no aportó datos sobre cuándo no falló el motor.

«Bueno, Dmitry, he aquí una pregunta cuantitativa —suelta el profesor—. ¿Cuantas veces dije ayer que, si necesitábais más información, me la podíais pedir?» Se cruzaron miradas en la habitación. «Cuatro veces —se contestó a sí mismo el profesor—. Cuatro veces dije que si hacía falta más información me la solicitárais.» Ningún estudiante pidió más datos. El profesor puso un gráfico con información de todas las carreras. Era el siguiente:

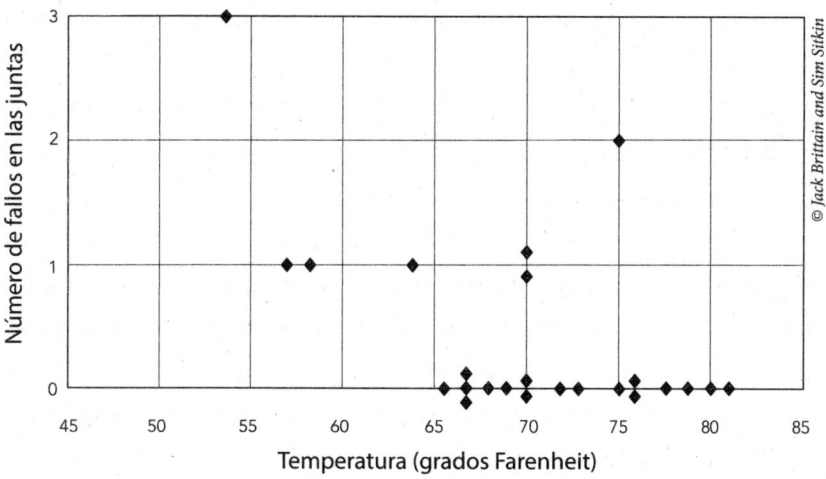

Cada carrera que se corrió a menos de 65 (18 ºC) grados tuvo un fallo de motor. El profesor luego etiquetó cada carrera como si hubiese o no fallo, y con esa información binaria realizó un análisis conocido por los estudiantes, llamado «regresión logística». Les dijo a los estudiantes que hay un 99,4% de probabilidades de que se produzca un fallo de motor a la temperatura de 40 (5 ºC) grados. «¿Queda alguien que aún quiera correr?», pregunta, y luego les da otra sorpresa.

Esos datos de temperatura están sacados, con los detalles cambiados para que parecieran de una carrera, de lo que sucedió con la trágica decisión de proceder al lanzamiento del transbordador *Challenger*. La cara de Jake se vuelve lívida. En lugar de una junta rota, en el *Challenger* fallaron unos anillos de goma que sellaban las juntas exteriores de los cohetes y que propulsaban el transbordador espacial. Las frías temperaturas hicieron que las gomas se endurecieran, haciéndolas menos efectivas a la hora de sellar.

Los personajes que intervinieron en el estudio tienen semejanza con los ingenieros y directores de la NASA y de la empresa contratante Morton Thiokol, durante una teleconferencia de emergencia realizada la noche anterior al lanzamiento del *Challenger*. Los pronósticos del tiempo preveían temperaturas inusualmente bajas para Florida. Después de la teleconferencia, la NASA y Thiokol dieron el visto bueno para continuar. El 28 de enero, los anillos de goma no sellaron adecuadamente el cohete y una cantidad de gas caliente se filtró hacia el exterior, causando que el *Challenger* explotase a los setenta y tres segundos del despegue. Los siete miembros de la tripulación murieron.

El estudio del caso Carter Racing funciona muy bien. Es impresionante cómo los estudiantes se ponen en los zapatos de los ingenieros que dieron la luz verde al lanzamiento. El profesor los dirigió magistralmente:

«Como todos sabéis, ni la NASA ni Thokiol preguntaron por las diecisiete veces en las cuales no había habido problemas. Obviamente, esos datos existían y ellos discutían lo mismo que nosotros. Si yo estuviese en vuestro lugar, probablemente diría que en una clase se supone que el profesor debe dar el material que los alumnos tienen que manejar. Pero sucede a menudo en reuniones, que la persona que proyecta el *Powerpoint* pone los datos y el resto solo utiliza los datos que se le ponen delante. Yo diría que no solemos preguntar: "¿Son estos datos relevantes para tomar la decisión?"».

La comisión presidencial que investigó el incidente concluyó que si solo hubiesen incluido los datos de los vuelos que no tuvieron problemas, se habría visto la correlación entre la temperatura y el daño a los anillos de goma. Un profesor de Psicología Organizacional de la Universidad de Chicago escribió que los que faltaban son un error tan básico que se trató de una «debilidad profesional compartida por todos»[342] los que participaron en la teleconferencia. Los argumentos en contra del lanzamiento fueron cualificados, pero nunca cuantificados. Los ingenieros sabían muy poco.

El libro de la socióloga Diane Vaughan *The Challenger Launch Decision* es considerado por la NASA como la mejor versión del proceso que llevó a la tragedia. «Lo más impactante es el hecho de que sí que tenían los datos relevantes, pero muchos de los ingenieros de Thiokol que querían postergar el lanzamiento no imaginaron ni realizaron gráficos con esos datos, ya que, si los hubieran hecho, hubieran mostrado la correlación necesaria para sostener su postura.»

Profesores de gestión de todo el mundo utilizan el caso de Carter Racing desde hace treinta años, porque muestra los peligros de sacar conclusiones con datos incompletos y de la locura de basarse solo en lo que tienes delante de ti.

Y, como última sorpresa, todos se equivocaron. La decisión del *Challenger* no fue un fracaso por falta de análisis cuantitativo. El verdadero error fue confiar demasiado en el análisis cuantitativo.

Antes del encendido, los anillos del *Challenger* se asentaban en las juntas que conectaban las secciones verticales de los cohetes. Al encenderse, los gases quemados buscan escapar. Las paredes metálicas que se conectan formando una junta son separadas por una fracción de segundo, momento en el cual los aros de goma se expanden inmediatamente para sellar la junta. Al enfriarse los aros, la goma se endureció y no pudo expandirse rápidamente. Cuanto más fríos estaban los anillos, más tiempo tardaron en sellar la junta y el gas quemado podía entrar en las paredes. Aun así, la temperatura no importa, pues los anillos están protegidos por una capa que los mantiene a salvo de los propios gases quemados. En los diecisiete vuelos sin problemas, la cobertura funcionó perfectamente. Esos vuelos no proveyeron ninguna información acerca de cómo podían fallar los anillos sin importar a qué temperatura, ya que el gas no les afectaba. A veces, algunos agujeritos se formaron en la capa protectora cuando se ensamblaban las juntas. En los siete vuelos que tuvieron incidencias con los anillos, solo esos siete puntos de datos fueron relevantes para saber cómo podrían fallar los anillos.

En esos siete vuelos, a diferencia de lo sucedido en el caso de estudio de las juntas de Carter Racing, hubo dos variantes de problemas: una era la erosión. En cinco ocasiones el gas llegó a los anillos de goma y erosionó la superficie de goma. Esta no es una cuestión de vida o muerte.

Había aún mucha goma en los anillos como para cumplir su cometido. Y la erosión no tiene nada que ver con la temperatura.

La segunda variante es el escape de combustión: si la goma no se expande instantáneamente para sellar la junta, el gas se escapa y potencialmente puede atravesar la pared del cohete. Esta sí es una cuestión de vida o muerte, y luego conocerían los ingenieros que empeoraba notablemente con bajas temperaturas. Dos vuelos anteriores habían tenido escapes de combustión, pero habían vuelto a casa sanos y salvos.

Los ingenieros de Thiokol que se oponían al lanzamiento no tenían datos relevantes de los veinticuatro lanzamientos. Ni siquiera tenían los siete del Carter Racing, solo tenían dos.

¿Qué te dice este gráfico ahora?

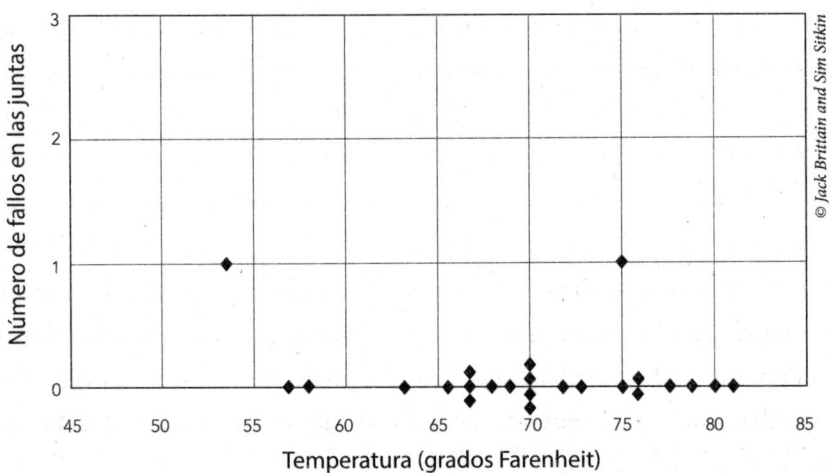

Allan MacDonald, el entonces director del proyecto de cohetes en Morton Thiokol, me dijo que «Irónicamente, mirar solo los datos relevantes apoyaba la posición previa de la NASA de que no permitían llegar a conclusiones». No había una posibilidad de 99,4 que se dejara pasar. Los ingenieros no estaban poco informados.

Había otra información en poder de Thiokol que podía haber ayudado a la NASA a evitar el desastre, pero no era cuantitativa y por eso la

NASA no la aceptó. El estudio del caso Carter Racing enseña que la información estaba disponible si los ingenieros miraban los números correctos. En realidad, los números correctos no podían dar una respuesta. La decisión del *Challenger* fue verdaderamente ambigua. Era un problema de entorno «malo», lleno de incertidumbre y fuera de la experiencia prevista, en el cual solicitar más datos fue el problema en sí mismo.

La infame teleconferencia incluyó a treinta y cuatro ingenieros situados en tres lugares distintos. El ingeniero de Thiokol, Roger Boisjoly, había investigado personalmente[343] los anillos después de los dos vuelos en los que hubo un escape de combustión y presentó fotografías de ambos. Con posterioridad al incidente del vuelo que se realizó con 75 (24 °C) grados de temperatura, encontró una ligera marca causada por una pequeña filtración de gas que se produjo antes de que el anillo sellara. No estuvo cerca de ser catastrófico. Después del vuelo realizado a 53 (12 °C) grados encontró unas marcas negras de hollín mucho más grandes en la junta. Mucho gas había pasado durante ese tiempo. Según la opinión de Boisjoly, la razón de que el incidente a 53 (12 °C) grados pareciera mucho más importante es que el frío había endurecido la goma, lo que retrasaba el sellado tras la ignición. Tenía razón, pero no tenía los datos para probarlo. «Se me pidió que cuantificara mi preocupación y dije que no podía hacerlo, no tenía datos que cuantificar, pero sí dije que lo sucedido estaba lejos de ser algo bueno.»

Debido a una cultura extraordinariamente técnica, la NASA ha elaborado rigurosas «revisiones de preparación para el vuelo» cuantitativas. Estaban pensadas para ser productivamente adversariales, al igual que los equipos de pronosticadores mencionados antes. Los directores exigían de los ingenieros que aportasen pruebas para sustentar sus opiniones. El procedimiento ha funcionado maravillosamente. El transbordador espacial es la máquina más compleja jamás realizada[344] y sus veinticuatro vuelos anteriores habían regresado sanos y salvos. Pero en esa teleconferencia de emergencia, esa misma cultura cuantitativa los llevó por mal camino.

Debido al consejo de su ingeniero, McDonald y dos directores de Thiokol[345] al principio estaban en contra del lanzamiento. El lanzamiento ya había sido habilitado, por lo que se trataba de una reunión de última hora. Cuando la NASA pidió a los ingenieros de Thiokol que estimaran exactamente qué temperatura era segura para volar, recomendaron establecer un límite de 53 (12 ºC) grados, la temperatura más baja experimentada anteriormente.

El director de la NASA, Larry Mulloy, estaba perplejo. Se suponía que los vuelos podían realizarse entre 31 y 99 grados Fahrenheit (entre 0 y 37 ºC). Un límite de última hora significaba establecer un nuevo criterio de vuelo. Uno que nunca antes había sido establecido y que no estaba apoyado por ningún dato. ¿Y si eso significaba que, de pronto, no se podría realizar actividad espacial en invierno? Mulloy veía eso como algo frustrante y estúpido.

¿Cómo habían llegado los ingenieros a ese número? «Dijeron que porque habían volado[346] a 53 (12 ºC) anteriormente», recordó un ingeniero de la NASA. «Lo que a mí no me parece una razón. Eso es tradición, no tecnología». Se le pidió nuevamente a Boisjoly que aportase datos «y yo dije que no tengo otros datos que los ya presentados».

Con la teleconferencia en un *impasse*, un directivo de Thiokol pidió cinco minutos para realizar un consenso entre ellos, en el cual concluyeron que no tenían más datos para mostrar. Volvieron a la conversación con una decisión: que se proceda al lanzamiento. El documento oficial manifiesta: «Datos de temperatura no concluyentes para predecir un escape de combustión a través de los anillos».

Cuando los participantes de la teleconferencia hablaron luego con los investigadores, repetidamente argüían la debilidad de la posición de los ingenieros. Sus respuestas eran «incapaces de cuantificar»; «los datos de apoyo son subjetivos»; «no han hecho un buen trabajo técnico»; «no tenían datos concluyentes». Después de todo, en la NASA cuelga una señal en la sala de evaluación de misiones que dice: «EN DIOS CONFIAMOS. TODOS LOS DEMÁS APORTAN DATOS»[347].

«La preocupación de los ingenieros se basaba mayoritariamente en algunas fotos de juntas con algo de hollín atrapado —me dijo McDonald—. Una sucedió a baja temperatura y la otra a relativamente alta temperatura. Roger Boisjoly creía que esas diferencias tenían importancia, pero era una evaluación cualitativa.» Mulloy, de la NASA, luego diría que se hubiera sentido desnudo si se hubiera presentado ante sus superiores con los argumentos de Thiokol. Sin un caso cuantitativamente sólido «no lo hubiera podido defender».

La misma herramienta que ayudó a la NASA a ser eficiente consistentemente, lo que Diane Vaughan llama «la cultura tecnológica original» que está en el ADN de la agencia, de pronto funcionó de forma perversa al no existir los datos a los que estaban familiarizados. Razonamientos sin números no eran aceptables, y enfrentados a un desafío distinto, los ingenieros de la NASA fallaron al no dejar de lado sus herramientas familiares.

El psicólogo y experto en comportamiento organizacional Karl Weick notó algo inusual[348] al analizar muertes de bomberos forestales: se aferraban a sus equipos aun cuando dejarlos de lado les hubiera permitido salvarse. Para Weick, esto debía de ser emblemático de un problema mayor.

En el incendio de Mann Gulch, en el estado de Montana en 1949, inmortalizado en el libro de Norman MacLean *Young boys and fire*, bomberos paracaidistas saltaron a un incendio que se preveía que controlarían hacia las diez de la mañana del día siguiente. Pero, de pronto, el fuego saltó un cortafuego y los comenzó a perseguir colina arriba a tres metros por segundo[349]. Wagner Dodge, el líder del grupo, ordenó a todos dejar sus equipos y correr. Dos lo hicieron y consiguieron salvarse. Los demás corrieron con el equipo y fueron cazados por las llamas. Uno de ellos se sentó exhausto con su pesada mochila, que nunca pensó en quitarse. Trece bomberos murieron. Pero otros bomberos forestales siguieron perdiendo carreras contra el fuego[350] por no quitarse de encima todo el equipamiento.

En 1994, en Colorado, un bombero en Storm King Mountain vivió una situación parecida a la de Mann Gulch cuando el fuego saltó un cañón. El sonido era como el de un *jet* a punto de despegar[351], describió un superviviente. «Una de las víctimas aún cargaba su mochila[352] y otro aún tenía la motosierra en la mano»; estaban a solo doscientos cincuenta metros de la salvación. El superviviente, Quentin Rhoades, había corrido casi trescientos metros colina arriba cuando se dio cuenta de que aún cargaba con la motosierra. «Irracionalmente, comencé a buscar un lugar donde dejarla para que no se quemase… Recuerdo pensar que no podía ser que estuviese abandonando mi motosierra.» Dos análisis diferentes de lo sucedido, realizados por el servicio forestal de Estados Unidos y por la oficina de la gestión de la tierra, concluyeron que los bomberos podían haber salido ilesos simplemente con haber soltado su equipo y haber comenzado a correr desde el inicio.

En cuatro incendios distintos de 1990, veintitrés bomberos forestales de primer nivel rehusaron cumplir las órdenes de dejar su equipo y perecieron por eso. Cuando Rhoades dejó su motosierra, sintió que estaba haciendo algo inapropiado. Weick ha encontrado fenómenos parecidos en marinos que, al ignorar las órdenes de quitarse los zapatos con taco de acero, terminaron ahogándose o pinchando los botes salvavidas; pilotos negándose a eyectarse en aviones en peligro, y Karl Wallenda, el famoso equilibrista que murió al caer desde cuarenta metros porque, al trastabillar, cogió primero la barra de equilibrio antes que el cable que estaba bajo sus pies. Al caer, volvió a aferrarse a su barra[353], que había perdido momentáneamente durante la caída. «Deshacerse del equipamiento es básico para desaprender, adaptarse o ser flexible —escribe Weick—. Es la falta de voluntad de la gente de soltar su equipo lo que convierte estos dramas en tragedias.» Para él, los bomberos eran un ejemplo y una metáfora de lo que sucedía cuando estudiaba organizaciones normales y sólidas, que se aferran a métodos confiables aun cuando conduzcan a decisiones ridículas.

En lugar de adaptarse a situaciones desconocidas, ya sea accidentes aéreos o incendios, Weick observó que los grupos con experiencia se vuelven rígidos bajo presión y «regresan a lo que mejor saben». Se comportan como un erizo colectivo llevando una situación desconocida a una zona de confort familiar, como intentando convertirla en algo sobre lo que sí conocen. Para los bomberos, sus herramientas son lo que mejor conocen: «Las herramientas de los bomberos son lo que define la membresía al grupo y son la razón de ser del bombero para actuar en primer lugar —dice Weick—. Dado el papel central de las herramientas en definir la esencia del bombero, no es raro el hecho de que abandonar el equipo se convierta en una crisis existencial». Como lo describió MacLean: «Cuando a un bombero se le pide que abandone su equipo, se le está pidiendo que se olvide de que es un bombero».

Weick explicó que los bomberos forestales tienen una firme cultura de «Se puede hacer», y abandonar el equipo no es parte de ella porque significa que han perdido el control. La motosierra de Quentin Rhoades era parte de su sentido de bombero y no se dio cuenta de que aún la cargaba, como si fuese una extremidad más. Cuando finalmente se dio cuenta de que era ridículo seguir cargándola, Rhoades aún no se podía creer que la estuviese abandonando. Se sentía desnudo, al igual que Larry Mulloy sin un análisis cuantitativo para paralizar el lanzamiento. En la NASA, aceptar un argumento cualitativo es el equivalente a olvidar que eres un ingeniero.

Cuando la socióloga Diane Vaughan entrevistó a los ingenieros de la NASA y de Thokiol que trabajaron con los cohetes, vio que la cultura de podemos hacerlo de la NASA se manifiesta en la creencia de que todo saldrá bien porque «se han seguido todos los procedimientos; porque el proceso de revisar si se está listo para el despegue es agresivo y adversarial; porque hemos seguido el manual». Las herramientas de la NASA son sus manuales de procedimientos. Las reglas siempre habían funcionado antes, pero con el *Challenger* estaban fuera de sus límites habituales, donde el «Se puede hacer» debía reemplazarse por una cultura de hacer de alguna forma. Necesitaban improvisar en lugar de descartar información que no encajaba en los procesos establecidos.

El argumento no cuantificable de Roger Boisjoly de que la temperatura fría «estaba alejada de ser algo bueno» fue considerado un argumento emocional por parte de los directores de la NASA. Se basaban en interpretaciones de unas fotos, no encajaba en los estándares cuantitativos habituales y, por lo tanto, era una evidencia inadmisible y por ello descartada. La actitud de «poder hacer» estaba asentada en la congruencia. Después de la tragedia, se supo que otros ingenieros que participaron en la teleconferencia estaban de acuerdo con Boisjoly, pero permanecieron callados porque sabían que no tenían argumentos cuantitativos que mostrar. Su silencio se consideró consentimiento. Como dijo uno de esos ingenieros luego: «Si yo siento que no tengo datos que me apoyen, la opinión de mi jefe es mejor que la mía».

Dejar de lado las herramientas familiares resulta especialmente difícil para profesionales experimentados que funcionan con lo que Weick llama «conducta sobreaprendida». Esto es, han hecho lo mismo en respuesta a los mismos desafíos una y otra vez, hasta que esa conducta se ha convertido en tan automática que ni siquiera son conscientes de que es una herramienta para una situación específica. Investigaciones sobre accidentes de avión han descubierto que uno de los patrones comunes[354] es la decisión de la tripulación de continuar con los planes previstos aun cuando las condiciones cambian radicalmente.

Cuando Weick habló con Paul Gleason, uno de los mejores bomberos forestales del mundo, Gleason le contestó que él prefiere ver su liderazgo no como una toma de decisiones, sino como dar sentido a que «si tomo una decisión[355] es una posesión, es algo de lo que estoy orgulloso, tiendo a defenderla y a no escuchar a quienes la cuestionan. Si le doy sentido a algo, eso es más dinámico, y entonces puedo escuchar y cambiar». Él utiliza lo que Weick llama «intuiciones levemente defendidas».

Gleason da direcciones decisivas a su gente, pero transparentemente y con el agregado de que el plan es revisable, mientras que el equipo va dando sentido colectivamente a la evolución del fuego.

La noche de la decisión del *Challenger*, la idea de que ante lo desconocido hay que seguir el procedimiento estaba tan inculcada en la NASA, que Mulloy pidió a Thiokol que pusieran su recomendación final sobre el lanzamiento en papel y lo firmaran. Las decisiones de último minuto siempre habían sido verbales en el pasado. Allan McDonald, de Thiokol, estaba con Mullay en la sala y rehusó hacerlo, pero uno de sus jefes firmó y envió por fax el documento. Hasta Mulloy, que pedía más datos, debió de haberse sentido incómodo con la decisión, aunque a la vez haberse sentido protegido por la herramienta de la NASA, es decir, sus procesos. La reunión terminó con más preocupación por poder defender por qué se adoptó esa decisión que preocupación por adoptar la decisión correcta. Al igual que los bomberos, los ingenieros de la NASA sucumbieron debido a sus herramientas. Como dijo McDonald, mirando solo los datos cuantitativos no se veía relación entre temperatura y fallos. Los estándares cuantitativos de la NASA son una herramienta muy apreciada, pero la equivocada para este trabajo en concreto. Esa noche fue una herramienta que debió haber sido abandonada.

Es fácil decirlo en retrospectiva. Un grupo de ingenieros acostumbrados a trabajar con información técnica prácticamente no tenían ninguna. Los ingenieros piensan que no deben hablar si no tienen datos. Décadas más tarde, un astronauta que viajó en el transbordador espacial, antes y después del *Challenger,* y que luego se convirtió en jefe de seguridad de las misiones de la NASA explicó lo que para él significaba el lema «En Dios confiamos. Todos los demás aportan datos»: «Eso significa que[356] no nos interesa tu opinión sobre las cosas. Si tienes datos, te escucharemos, pero tu opinión no es necesaria aquí».

El físico premio nobel Richard Feynman fue uno de los miembros del comité de investigación del accidente, y durante uno de los interrogatorios a un director de la NASA que repetía una y otra vez que Boisjoly no tenía datos para probar su postura, él le contestó: «Cuando no tienes datos, tienes que usar la razón». [357]

Estas son por definición situaciones «malas». Ni los bomberos ni los ingenieros tienen la libertad de entrenar para esos momentos a través de prueba y error. Un equipo o una organización que sea a la vez confiable y flexible es, según Weick, como un grupo de *jazz*. Hay cosas fundamentales, escalas y acordes que cada miembro del grupo debe aprender, pero esas son solo herramientas para la toma de sentido en un entorno dinámico. No hay herramientas que no puedan ser abandonadas, reinventadas o reformuladas para enfrentarse a desafíos desconocidos. Incluso las herramientas más sagradas. Incluso las que ni se ven de lo asimiladas que están. Es, por supuesto, más fácil de decir que de hacer. Especialmente cuando la herramienta está en el centro de la cultura de una organización.

Como lo describe el capitán Tony Lesmes, su equipo de la base aérea de Bagram, en Afganistán, solo trabaja cuando alguien ha tenido mucha mala suerte. Lesmes comanda el equipo de la Fuerza Aérea, encargado de realizar misiones de rescate tales como saltar en terreno enemigo para rescatar a un piloto abatido. Los PJ (*Pararescue Jumpers*) son una mezcla de soldados, paramédicos, bomberos, buzos, paracaidistas y socorristas de montaña. Su emblema es un ángel abrazando al mundo con las palabras «Para que otros puedan vivir».

No hay dos días iguales para un PJ de Bagram. Un día pueden ir a una montaña para rescatar a un soldado que se ha caído en un pozo no marcado y al día siguiente rescatar a unos marines en medio de un incendio. Los PJ, la mayor parte del tiempo, permanecen alerta esperando un «9 líneas», un formulario con nueve líneas que provee información básica sobre una emergencia. Como uno que llegó un día de otoño de 2009. Era categoría alfa, heridas traumáticas. En pocos minutos, el equipo estaba volando.

Los datos de inteligencia eran escasos. Una bomba había explotado en medio de un convoy de vehículos blindados. El lugar estaba a media hora en helicóptero. Había heridos graves, pero no se sabía cuántos ni cuán serios eran. Ni si la bomba era parte de una trampa y fuera una emboscada para el equipo de rescate.

Los PJ están habituados a trabajar con información confusa, pero esta era borrosa incluso para ellos. Lesmes sabía que tendrían que llevar un equipo pesado, como una motosierra de diamantes, porque no puedes cortar un vehículo blindado como si fuese la puerta de un coche normal. El peso era un obstáculo, especialmente en la altitud de las montañas. Si los helicópteros llevaban mucho peso, no podrían levantar suficiente altura y las limitaciones de combustible añadían problemas. El equipo de los PJ también ocupa espacio, y cada uno de los helicópteros tiene una cabida semejante a la de una furgoneta grande, pero no más. No sabían cuántos soldados necesitarían ser evacuados ni cuánto espacio necesitarían para ellos.

Lesmes solo sabía que quería tener espacio suficiente como para poder evacuar a todos de una vez y no tener que volver a la zona. Pero cuanto más tiempo tardaran en cargar a los heridos, más despertarían la atención del enemigo, y eso podría llevar al absurdo de que el equipo de rescate necesitase su propio equipo de rescate.

Tenía veintisiete años y el año anterior había liderado un equipo de rescate de huracanes. Afganistán era su primer gran desplazamiento y lideraba un equipo con miembros mayores que él y más experiencia en el mundo. Como de costumbre, Lesmes convocó a dos miembros del equipo para reunir información e intentar darle sentido a la situación. «A veces, los otros chicos son capaces de hacer preguntas relevantes que yo ni había imaginado y uno quiere compartir la mayor cantidad de información posible, y no hay demasiado tiempo.» Pero la información era escasa. «En Hollywood, un dron sobrevuela la zona y obtiene toda la información, pero eso es en Hollywood», dice Lesmes.

Caminó hasta los helicópteros en los cuales los PJ estaban acomodando todo su material. La situación no seguía las rutas de decisión habituales. Expuso a sus hombres los desafíos y les preguntó: «¿Cómo resolveremos esto?».

Uno sugirió acomodar el equipo de tal forma que hubiese más espacio vacío. Otro propuso que algunos miembros podían quedarse en el lugar con el ejército si hiciera falta más espacio. Otro recomendó evacuar a los más graves primero y mover el convoy a otro sitio más seguro para buscar al resto en un segundo viaje. Pero la bomba había explotado en medio del convoy, y Lesmes no sabía si se podía maniobrar o no.

«No podíamos llegar a ninguna conclusión que nos diera una ventaja. Quería una ventaja rápida y la capacidad de equilibrar el peso y el espacio para los soldados heridos. La distancia, el tiempo, el enemigo desconocido, todo comenzó a sumar en contra. Comencé a sentir que no había forma de prepararse para el peor de los escenarios. No había patrones reconocibles. Era todo fuera de lo normal.» En otras palabras, no tenía la información definitiva que le hubiese gustado. Basado en la que tenía, Lesmes supuso que habría más de tres heridos graves, pero menos de quince. Comenzó a formar una idea para asegurar más espacio. Podría dejar de lado una herramienta que nunca había abandonado en una operación: él mismo.

Lesmes nunca había dejado de acompañar a su equipo, era el conductor, quien tenía una visión amplia de la situación mientras los PJ salvaban la vida de los heridos. También coordinaba los helicópteros junto a los demás oficiales del área, y hasta llegaba a pedir bombardeo de aviones si hiciera falta. El tema emocional es una certeza en un lugar donde explotó una bomba. Los soldados ven a sus compañeros heridos chupar tabletas de fentanilo, desangrándose, desesperados por ayudar, pero deben ser evacuados. El desastre tiene que ser gestionado. Esta vez, a no ser que hubiese muchos más heridos que los previstos por Lesmes, sabía que sus miembros más experimentados serían capaces de liderar a los demás y ayudar a los lesionados. Lesmes podría ayudar a preparar el hospital para recibirlos y coordinar a los helicópteros desde el centro de operaciones y adaptándose conforme fuese recibiendo noticias por la radio *in situ*. Era una posibilidad.

Lesmes le comentó al equipo su «hipótesis», su intuición levemente defendida. «Quería que la desaprobaran», me contó. Les dijo que pensaba quedarse en la base y librar espacio para los heridos. Las aspas de los helicópteros ya estaban funcionando y el tiempo de la «hora dorada», en la que se considera que hay más posibilidades de ayudar a los heridos, se iba agotando. Les dijo que hablaran rápido y que tendría en cuenta todo lo que dijeran. Algunos permanecieron en silencio. Algunos protestaron. Estar unidos era su herramienta más básica. Una que ninguno sabía que podía ser abandonada hasta que alguien sugirió hacerlo. Uno dijo directamente que era el deber del oficial al mando ir. Otro se enojó. Un tercero sugirió que Lesmes tenía miedo. Le dijo que cuando era su momento era su momento, por lo que debían hacer lo que siempre hacían. Lesmes tenía miedo, pero no por su vida. «Si algo malo sucede y el oficial no está al mando. ¿Cómo le explicas eso a diez familias?»

Estoy sentado con él en el Memorial de la Segunda Guerra Mundial en Washington cuando me lo cuenta. Se había mantenido estoico y luego comenzó a llorar. «Todo está basado en el entrenamiento, la familiaridad y la cohesión. Entiendo perfectamente a quienes se enojaron. Estaba rompiendo nuestro procedimiento. Mi juicio estaba siendo cuestionado. Pero si yo iba, tal vez hubiésemos tenido que ir al lugar de rescate dos veces.» Las objeciones que obtuvo eran emocionales y filosóficas, no tácticas. Cambiaron de opinión sobre planes anteriormente, pero no esta vez. Él permanecería y los demás irían. Los helicópteros se marcharon y Lesmes fue al centro de operaciones. «Sufrí inmensamente. Podía ver lo que estaba sucediendo y, si algo resultaba mal, podría ver, literalmente, cómo derribaban el helicóptero.»

Afortunadamente, la misión de rescate fue un éxito rotundo. Los PJ trataron a los heridos en el mismo lugar de la explosión y siete debieron ser llevados de urgencia en los helicópteros. Estaban apretados como sardinas en lata. Varios tuvieron que ser amputados, pero todos sobrevivieron.

Cuando todo pasó, el soldado a cargo reconoció que fue la decisión acertada. Otro PJ no quiso abordar el tema durante meses, y luego reconoció que se vio sorprendido por la confianza que Lesmes había puesto en ellos. El que se había enojado, permaneció enojado por un tiempo. Otro PJ con el que hablé me dijo: «Si yo hubiera estado en esa posición, sin duda, hubiera dicho que fuéramos todos. Debe de haber sido muy duro».[358]

«No lo sé —me cuenta Lesmes—, a veces aún sufro por aquella decisión. Algo podría haber salido mal y entonces hubiese sido una mala decisión. Tal vez fue suerte. Ninguna de las opciones en ese momento parecía muy buena.»

Mientras terminábamos de dialogar, le comenté las investigaciones de Weick con los bomberos y su equipamiento. Bajo presión, los expertos vuelven a lo que mejor saben hacer. Le sugerí que tal vez sus PJ estaban reaccionando emocionalmente, volviendo a lo familiar. Debe haber ocasiones en las que hasta la sacrosanta unidad del equipo pueda ser dejada de lado, ¿no? «Sí... —asintió no muy convencido—. Es fácil para mí decirlo. —Esperó un momento y afirmó—: Sí, pero todo se basa en eso.»

Los directores del *Challenger* cometieron errores de congruencia. Se atuvieron a las herramientas clásicas ante desafíos inusuales. El capitán Lesmes dejó de lado una herramienta sagrada y le funcionó. Una vez que se enfriaron las emociones, varios de su equipo aceptaron que fue la decisión adecuada. Otros nunca lo aceptarán. Recordar esos momentos hizo llorar a Lesmes; no es necesariamente el fin de cuento de hadas para una buena decisión. Si la NASA hubiese cancelado el lanzamiento, Allan McDonald me dijo que los ingenieros que hubiesen votado por la cancelación habrían sido considerados unos «gallinas», y las gallinas no triunfan en la carrera espacial. Como dijo la ingeniera de la NASA Mary Shafer: «Insistir en la seguridad perfecta es para gente que no tiene cojones de vivir en el mundo real».[359] No es extraño entonces que a las organizaciones les cueste cultivar a expertos que sean maestros de sus herramientas, pero que estén preparados para abandonarlas. Sin embargo, hay una estrategia organizacional que puede ayudar. La estrategia es, por más extraña que parezca, la de enviar mensajes mixtos.

«Congruencia» es un término sociológico que indica la coherencia entre varios elementos constitutivos de una institución (valores, metas, visiones, estilos de liderazgo, autoconceptos). Desde 1980, la congruencia ha sido uno de los pilares de la teoría organizacional. Una cultura efectiva es tanto consistente como fuerte. Cuando todas las señales apuntan en la misma dirección, se promueve la consistencia y a la gente le gusta la consistencia.

Muchos de los perfiles de empresas u organizaciones se escriben apoyando la congruencia. Pero en el primer estudio[360] que examinó la congruencia en 334 instituciones de educación superior, los investigadores concluyeron que no tenía influencia en medida alguna a la hora de alcanzar éxitos. Los directores, jefes de departamento y demás de una institución congruente podían contestar con mayor facilidad acerca de su cultura cuando se les preguntaba, pero esto no tenía ningún impacto en el rendimiento; desde el desarrollo académico y de carrera de los estudiantes, hasta la satisfacción sobre la facultad y la salud financiera de la institución. La investigadora que realizó ese trabajo luego estudió a miles de empresas y descubrió que los líderes y las organizaciones más eficaces tenían amplitud[361]; eran, en efecto, paradójicas. Podían ser demandantes a la vez que protectoras, ordenadas y emprendedoras, hasta jerárquicas e individualistas al mismo tiempo. Un nivel de ambigüedad que no parece ser malo. En la toma de decisiones, puede ampliar la caja de herramientas de una organización de una forma especialmente valiosa.

Philip Tetlock y Barbara Mellers demostraron que los pensadores que toleran la ambigüedad hacen los mejores pronósticos. Uno de los exalumnos de Tetlock, el profesor de la Universidad de Texas Shefali Patil, desarrolló un proyecto con ellos para demostrar que las culturas se pueden desarrollar con un toque de ambigüedad que fuerce a los tomadores de decisiones a utilizar más de una herramienta y a ser más flexibles y aprender con mayor rapidez.

En un experimento[362], los participantes asumían el papel de un director de Recursos Humanos que tuviese que predecir el rendimiento de los aspirantes a un trabajo. Se les presentaban una serie de evaluaciones comunes que mostraban las habilidades que normalmente se miden, y luego se les decía que serían evaluados (y se les pagaría) con base a cómo tomaban sus decisiones. En una simulación a cámara rápida de la vida real, después de cada predicción podían ver cómo la persona realmente se había desempeñado según los registros de la empresa. En una carpeta de aplicantes, se desempeñaban como estaba previsto; en otros, ni siquiera se acercaban. Sin embargo, una y otra vez, los directores se basaban en los procedimientos estándar sin importar los resultados que les dijesen, aun cuando era obvio que no estaba funcionando bien. Fallaron en aprender según la experiencia. Hasta que se añadió un elemento, a los gerentes congruentes se le dio un falso estudio de la *Harvard Business Review* en el cual se decía que los equipos exitosos priorizan la independencia y el disenso. Milagrosamente, su mente se abrió y comenzaron a aprender. Empezaron a ver cuándo el procedimiento no funcionaba y qué necesitaba modificarse o descartarse. Estaban aprendiendo de la experiencia y sus predicciones se volvieron más certeras. Se estaban beneficiando de la *incongruencia*. Las normas procedimentales congruentes de la empresa fueron desplazadas por una cultura informal de autonomía individual en la toma de decisiones y disenso de la forma típica de hacer las cosas.

La incongruencia también funciona en el otro sentido. Los directores de Recursos Humanos a los que se les dio un proceso estándar de evaluación, pero se les dijo que solo el acierto de sus predicciones importaba, comenzaron a modificar el proceso y a crear sus propias reglas.

Nunca supieron si el procedimiento estándar funcionaba. En ese caso, la cura fue un artículo falso de la *Harvard Business Review* en el cual se decía que los grupos exitosos priorizan la cohesión, la lealtad y el compromiso común. Una vez más, se convirtieron en máquinas de aprendizaje. De pronto seguían de cerca el procedimiento tradicional cuando tenía valor, pero se desviaban del mismo cuando no servía, como debió haber hecho la NASA.

A los estudiantes de escuelas de negocios se les inculca profundamente la importancia de la congruencia. Se les dice que un buen gestor siempre puede alinear cada elemento dentro de la cultura de la organización, en la cual todas las influencias se refuerzan mutuamente, ya sea hacia la cohesión o hacia el individualismo. Sin embargo, las culturas pueden ser demasiado consistentes. Con las incongruencias «estás creando puntos de control cruzados», me dijo Tetlock.

Los experimentos han demostrado que una cultura de toma de decisiones efectiva es aquella que equilibra los procedimientos estándar con fuerzas que empujan en otro sentido. Si los directores estaban acostumbrados a la congruencia de procesos, fomentar el individualismo les ayudaba a tener un «pensamiento ambidiestro» y a aprender lo que funcionaba en cada situación. Si están acostumbrados a improvisar, fomentar una sensación de lealtad y cohesión ayuda. El truco es aumentar la amplitud de la organización al identificar la cultura dominante y luego diversificar, promoviendo la dirección contraria.

En el momento del lanzamiento del *Challenger*, la cultura de «poder hacer» de la NASA se manifestaba como un procedimiento de extremada responsabilidad individual combinada con normas sociales colectivistas. Todo era congruente y de conformidad con los procesos estándar. El proceso era tan rígido que rechazaba evidencias que no se adecuaran a las normas habituales, y tan sagrado que Larry Mulloy se sintió protegido por un pedazo de papel testificando que había utilizado el procedimiento adecuado. El disenso era valorado en las reuniones para determinar si el lanzamiento estaba preparado, pero en el momento más importante, el grupo de ingenieros solicitó una reunión interna *offline* para llegar a una solución de conformidad en privado. Como dijo el ingeniero: «Sin datos, la opinión del jefe es mejor que la mía».

Cuanto más conversaba con el capitán Lesmes, más me parecía que se sentía muy responsable del resultado (al buscar una solución, aun cuando se desviara del procedimiento establecido) dentro de una cultura extraordinariamente fuerte y colectiva que le aseguraba que no podría desviarse fácilmente de los procedimientos. Él había probado, como Patil, Tetlock y Meller escribieron, «el poder de las presiones cruzadas al promover un pensamiento ambidiestro y flexible». El subtítulo de su investigación fue: «Equilibrando los riesgos de la congruencia sin pensar, con la desviación arriesgada».

Los superequipos de pronosticadores también experimentaban esa presión cruzada. Un equipo era juzgado únicamente por el acierto pronosticador de sus miembros. Pero internamente el Proyecto del Buen Juicio incentivaba la cultura colectiva. Los comentarios se esperaban; los compañeros se fomentaban para votar sobre comentarios útiles y reconocer los mojones del proceso. Como un cierto número de comentarios por vida.

Antes del *Challenger*, hubo un tiempo en el que la cultura de la NASA abrazaba la incongruencia. Gene Kranz[363], director de vuelo del Apolo 11, vivía bajo el mismo mantra de «En Dios confiamos. Todos los demás aportan datos», pero también tenía el hábito de requerir la opinión de ingenieros y técnicos de todos los niveles de la jerarquía. Si escuchaba la misma premonición dos veces, no necesitaba de datos para interrumpir los procedimientos habituales e investigar.

Wernher von Braun, quien lideró en el Marshall Space Center el desarrollo de los cohetes que propulsaron la misión lunar, equilibraba el rígido proceso de la NASA con una cultura individualista e informal que promovía la constante discusión y la comunicación entre distintos departamentos. Von Braun dio comienzo a las «notas de los lunes»[364]. Cada semana, los ingenieros entregaban unas notas en las cuales sintetizaban los temas más importantes en los que estaban trabajando. Von Braun hacía notas en los márgenes y luego las hacía circular por todos lados. Todos podían ver lo que se estaba haciendo y cómo se podían resolver fácilmente los problemas. Estas notas de los lunes eran rigurosas pero informales.

En una página ya escrita, dos días después del aterrizaje lunar de 1969, Von Braun glosó una nota de un ingeniero en la que especulaba acerca de las razones de la pérdida de presión en un tanque de oxígeno líquido. La cuestión ya era irrelevante para la misión lunar, pero podía aparecer de nuevo en otros vuelos. «Definamos esto tan precisamente como sea posible. Debemos saber si detrás de todo hay algo que requiera ser chequeado o remediado», escribió Von Braun. Al igual que Kranz, Von Braun buscaba problemas, malas noticias y presentimientos. Inclusive, premiaba a quienes descubrieran problemas. Después de Kranz y Von Braun, el que «los demás traigan datos» permaneció, pero la cultura individual y el poder de los presentimientos individuales se redujo.

En 1974 William Lucas[365] se hizo cargo del centro Marshall. Un historiador de la NASA comenta que Lucas era un excelente ingeniero, «pero solía enfurecerse cuando se enteraba de problemas». Allan McDonald me lo describió como el tipo de persona «que mata al mensajero». Lucas transformó las notas de los lunes en un sistema que solo servía para la comunicación hacia arriba. No aportaba ningún *feedback* ni las hacía circular por los departamentos. Llegaron a convertirse en fichas que había que rellenar, una formalidad más en el rígido proceso que se insertó en la cultura. «Inmediatamente la calidad de las notas menguó», escribió otro historiador de la NASA.

Lucas se retiró poco después del accidente del *Challenger*, pero la cultura persistió. El otro único accidente fatal de la NASA, la desintegración del *Columbia* en 2003, fue una copia al carbón de lo que sucedió con el *Challenger*. La NASA se asió a sus procesos ante fenómenos inusuales. El desastre del *Columbia* engendró una congruencia aún mayor entre los procesos de responsabilidad y las normas de los grupos. Los ingenieros se mostraron preocupados por problemas que no entendían del todo y no podían presentar cuantitativamente. Cuando acudieron al Departamento de Defensa para solicitar fotos de las partes del transbordador dañadas, no solo las autoridades de la NASA bloquearon la iniciativa, sino que pidieron perdón al Departamento de Defensa por haberlo contactado «fuera de los canales apropiados»[366] y prometieron que la violación del protocolo no volvería a suceder. El comité de investigación del *Columbia* concluyó que la cultura de la NASA «enfatizaba la cadena de mandos, los procedimientos, el seguimiento de las normas y actuar según el manual. Aunque las normas y los procedimientos son esenciales para la coordinación, «habían tenido un efecto negativo». Una vez más, el «atenerse a la jerarquía y a los procedimientos» había terminado en desastre. Nuevamente, los ingenieros de bajo rango tenían dudas que no podían cuantificar y permanecieron callados porque «el requerimiento de datos era inhibidor».

Los aspectos culturales de la gestión de los desastres del *Challenger* y del *Columbia* eran tan similares que la comisión de investigación manifestó que la NASA no estaba funcionando «como una organización que aprende». En ausencia de presiones cruzadas, la NASA dejó de aprender; al igual que los sujetos del estudio de Patil, que se encontraban en culturas fuertemente congruentes.

Sin embargo, había en la NASA individuos que aprendieron lecciones vitales de cultura organizativa y, cuando llegó su momento, las utilizaron.

En primavera de 2003, solo dos meses después de que la NASA perdiera al *Columbia*, tenía que decidir si recortaba un proyecto que había insumido cuarenta años de trabajo y setecientos cincuenta millones de dólares. La *Gravity Probe B*[367], una sonda que era una maravilla tecnológica diseñada para probar de forma directa la teoría general de la relatividad de Einstein, sería lanzada al espacio para medir cómo la masa de la Tierra y su rotación afectaban al espacio-tiempo, como una bola de bolos dentro de una vasija de miel. GP-B tenía la distinción de ser el proyecto de la NASA que más tiempo había estado activo, y eso no era algo positivo.

Fue concebido al año de fundarse la NASA. El lanzamiento fue retrasado varias veces debido a problemas técnicos y casi fue cancelado en tres ocasiones a lo largo de la historia. Había personal de la NASA que ya pensaba que no era posible de realizar, y la financiación fue solventada varias veces gracias a un físico de Stanford con capacidad para hacer *lobby* en el Congreso.

Los desafíos tecnológicos eran inmensos. Requería de los objetos más redondos nunca fabricados, rotores giroscópicos de cuarzo del tamaño de una pelota de ping-pong y tan perfectamente esféricos que, si lo trasladabas al tamaño de la Tierra, la montaña más alta mediría dos metros y medio. El giroscopio tendría que ser enfriado a –450 grados Fahrenheit (267 ºC) con helio líquido, y la sonda espacial requería impulsores delicados para maniobrar con precisión. La tecnología tardó veinte años[368] en desarrollarse antes de estar lista para un vuelo de prueba.

Los ojos del Congreso estaban fijos en la NASA. La agencia no se podía permitir lanzar la sonda y tener un fracaso de gran repercusión como el del *Columbia*. Pero si se volvía a posponer, tal vez fuese la última vez que lo haría. «Había una enorme presión para conseguir que esto funcionase», me dijo Rex Geveden, el director del programa. Desafortunadamente, los ingenieros asistentes a la reunión de revisión sobre la preparación del vuelo encontraron un problema.

La fuente de energía de una caja electrónica interfería con un delicado instrumento científico. Afortunadamente, la caja solo tendría que funcionar al principio de la misión, para poner en marcha a los giróscopos; luego podría ser desconectada, por lo que no era algo catastrófico, pero sí algo inesperado. Si había algún otro inconveniente que no permitiese conectar los giroscopios, la misión sería una pérdida de dinero.

El contenedor en forma de termo gigante que contenía los giróscopos ya estaba lleno de helio líquido, enfriado y sellado para el lanzamiento. Si la caja necesitaba ser inspeccionada, partes que habían necesitado de tres meses para ser instaladas, habría que desinstalarlas de la sonda. Un retraso costaría entre diez y veinte millones. Algunos ingenieros pensaban que había más riesgo en remover las piezas y dañar algo que en dejarlo tal como estaba. La Universidad de Stanford era la contratista principal, y su líder estaba confiado en que tendrían éxito[369], así que «presioné para seguir adelante y volar», dijo. El jefe de ingenieros de la NASA y director científico de la GP-B también presionó para realizar el lanzamiento. Además, la sonda había sido trasladada a la base de Vandenberg en California para su lanzamiento, y un retraso incrementaría las oportunidades de que se encontrase allí en medio de un terremoto. Así que ¿correr o no correr?

La decisión estaba en manos de Geveden. «Por Dios, ni siquiera puedo expresar lo estresante que fue», me dijo. Aun antes del último desastre, tenía una intuición levemente defendible. No se sentía cómodo con la caja electrónica y con cómo había sido gestionada. Pero mientras la caja estuviese dentro de la sonda, no habría más información disponible.

Geveden entró en la NASA en 1990 y fue un gran observador de su cultura. «Cuando entré en la NASA me di cuenta de que había una cultura de congruencia.» Al poco de comenzar, acudió a un curso de formación de equipos realizado por la agencia. El primer día, el instructor preguntó a la clase, retóricamente, cuál era el principio más importante para la toma de decisiones. Su respuesta: conseguir consensos. «Y yo dije, no creo que la gente que lanzó el *Challenger* esté de acuerdo con eso. Es bueno tener consensos, pero no deberíamos optimizar la felicidad, deberíamos optimizar las decisiones. Presentía que había algo malo en la cultura de la organización. No existía una tensión sana en el sistema.»[370] La NASA aún tenía sus procedimientos y una cultura de congruencia evitaba los conflictos de todo tipo. «Casi no había reunión en la que alguien dijera: "Discutamos eso *offline*"», tal como Morton Thiokol había hecho en el infame cónclave *offline*.

Geveden, a su manera, estaba, al igual que Von Braun y Kranz, a favor de equilibrar los procedimientos con una dosis de informalidad individual. «La cadena de comunicación tiene que ser informal, completamente diferente de la cadena de mando», me dijo Geveden. Él quería una cultura en la cual cualquiera pudiera protestar si veía algo que no le gustaba. Decidió buscar dudas.

Respetaba profundamente al director de electrónica de Stanford. Él había trabajado con fuentes de energía similares con anterioridad y las consideraba una tecnología frágil. Después de una reunión formal, en la cual el ingeniero y el director científico del proyecto de la NASA abogaban por dejar la caja en paz, Geveden mantuvo reuniones informales individuales. En una de ellas, uno de los miembros del equipo le dijo que un ejecutivo de Lockheed Martin, que había construido la caja, tenía sus dudas. Al igual que con los anillos del *Challenger*, el problema era solucionable, pero inesperado. Se desconocía qué es lo que se desconocía.

En contra de las recomendaciones del director de ingenieros y del jefe del equipo de Stanford, Geveden decidió suspender el lanzamiento e inspeccionar la caja. Una vez extraída, pronto descubrieron otros tres errores de diseño. La sorpresa llevó a Lockheed a tener que revisar cada componente de la caja. Encontraron veinte problemas distintos.

Como si el proyecto GP-B tuviera que superar cualquier tipo de problema, un mes después de que se extrajera la caja, hubo un terremoto cerca del sitio de lanzamiento. El vehículo de lanzamiento quedó levemente dañado, pero la sonda resultó intacta. En abril de 2004, la sonda GP-B se lanzó. Fue el primer intento directo[371] de demostrar la teoría de Einstein de que la Tierra arrastra el tejido espacio-tiempo consigo mientras gira. La tecnología dejó un gran legado. Los componentes diseñados para la GP-B mejoraron las cámaras digitales y los satélites. Los GPS de precisión milimétrica se usan en sistemas de aterrizaje de aviones y en agricultura de precisión.

Al año siguiente, un nuevo director de la NASA fue elegido por el presidente. Instaló un proceso que requiriese un debate individual de opiniones, que sirviese para hacer presiones cruzadas sobre el rígido proceso de la NASA. Nombró a Geveden administrador asociado, básicamente un director de operaciones, el puesto no político más alto de la institución.

En 2017 Geveden fue nombrado director ejecutivo de BWX Technologies, una empresa que tiene entre sus misiones desarrollar la tecnología nuclear que permita una misión tripulada a Marte. Trasladó allí su experiencia, ya que algunos de los decisores de BWX son líderes militares retirados cuya gran herramienta es la jerarquía. Por eso, cuando Geveden fue nombrado, lo primero que hizo fue una nota esperando trabajo en equipo: «Les dije que esperaba disensos a mis ideas durante el proceso de toma de decisiones, y que eso era una muestra de salud organizacional. Una vez tomadas las decisiones, se espera apoyo y aceptación, pero tenemos permiso para discutir de una forma profesional». Enfatizó nuevamente la diferencia entre «cadena de comunicación» y «cadena de mando»: «Les advertí de que me comunicaría con todos los niveles de la organización y que nadie se podía poner paranoico por eso. Les dije que no me inmiscuiría en las decisiones que fuesen de su propia cadena de mando, pero que recibiría información de cualquier lugar y en cualquier momento por cualquiera de la organización. No puedo entender bien el estado de la organización escuchando solo a los mandos superiores».

Su descripción me recordó a las Girl Scouts de Frances Hesselbein y a su «gestión circular». En lugar de una escalera, su estructura eran unos círculos concéntricos con Hesselbein en el centro. La información puede circular en muchas direcciones y cualquiera dentro del círculo puede comunicarse con otro círculo en lugar de únicamente con un superior. Cuando ella me lo explicó, me pareció muy similar a lo de Geveden y lo del capitán Lesmes. Una cadena de comunicación que produce incongruencias y, por lo tanto, una tensión sana. Una efectiva mezcla, aunque en ocasiones confusa, de cultura formal e informal. Un trío de psicólogos y profesores de gestión que analizaron un siglo de escaladores del Himalaya [372], 5.104 expediciones en total, encontró que los equipos de países que valoraban fuertemente la jerarquía conseguían que más escaladores hicieran la cima, pero también tenían más muertos en el camino. La tendencia no se confirmaba para el caso de los escaladores individuales, sino solo para los equipos. Los investigadores concluyeron que se benefician de una clara cadena de mando, pero sufren con la cadena de comunicación que hace que se oculten los problemas. Los equipos necesitan tanto de jerarquías como de individualismo, ya sea para sobrevivir como para triunfar.

Es algo difícil de equilibrar el hecho de cultivar aspectos que, aparentemente, se oponen a otros. No existen normas para las corazonadas cualitativas de los ingenieros del *Challenger* o para los paracaidistas sin información. La incongruencia, tal como muestra la investigación, ayuda a la gente a descubrir utilidades y a abandonar las herramientas tradicionales cuando tiene sentido hacerlo.

Las enseñanzas de Karl Weick me recuerdan a una experiencia que tuve cuando era estudiante y trabajaba en un barco de investigación, el *Maurice Ewing*, en el océano Pacífico. El barco emitía ondas de sonido al fondo marino para detectar volcanes submarinos. Conocí a expertos en volcanes que veían el mundo a través de lentes color volcán. A pesar de la amplia evidencia de que el impacto de un asteroide fue la principal causa de la extinción de los dinosaurios, o al menos una de las importantes, ellos insistían en que la erupción de volcanes había sido la principal causa. En todo caso, el asteroide fue el golpe fortuito definitivo, pero los volcanes ya habían dado los puñetazos necesarios. Algunos lo decían con evidencia dudable y otros sin ninguna evidencia. Aprendí que cuando todo lo que tienes es un vulcanólogo, cualquier extinción es un volcán. Esto no es necesariamente malo para el mundo. Ellos deben desafiar la sabiduría aceptada, y por otro lado hace que esos expertos vulcanólogos busquen conocimiento donde nadie más está mirando. Pero, cuando todos los especialistas terminan adorando una misma herramienta, el resultado puede ser una miopía desastrosa.

Los cirujanos cardiólogos, por ejemplo, se especializan en colocar *stents* (un tubo de metal que abre las arterias). Tiene todo el sentido del mundo: un paciente entra con dolor en el pecho, las imágenes muestran arterias obstaculizadas y se coloca un *stent* para abrirlas y evitar un infarto cardíaco. La lógica es tan evidente que un prominente cardiólogo acuñó el término «reflejo oculoestenótico»[373], del latín «ojo» y del griego «estrecho», queriendo decir que, si ves un bloqueo, reaccionas destapando el bloqueo. El problema es que varios y repetidos estudios han demostrado que, comparado con los *stents*, otras formas más conservadoras de tratamiento muestran que, para los pacientes con dolor de pecho estable, los *stents* previenen cero infartos y extienden la vida del paciente un total de cero.

Los cirujanos cardiólogos están viendo y tratando una pequeña parte de un sistema mucho más complejo. El sistema cardiovascular no es una cañería de cocina y con desbloquear solo un caño no se soluciona el problema. Además, uno de cada cincuenta[374] pacientes que reciben un *stent* sufren serias complicaciones o mueren a causa de la intervención. A pesar de la clara evidencia, los cardiólogos que utilizan esa herramienta no se creen que la aplicación[375] de *stents* no sea positiva, aun cuando no tienen ningún interés monetario en su aplicación. Decirles que dejen de utilizar *stents* es como decirles que dejen de ser cirujanos cardíacos. El instinto, a menudo bienintencionado, de usar intervenciones que suenan lógicas, pero que no han demostrado resultados, parecen explicar los resultados de un estudio de 2015: los pacientes con fallo o paro cardíaco tenían menos posibilidades de morir[376] si les sucedía durante una conferencia nacional de cardiología, cuando miles de cardiólogos están lejos de sus clínicas. La cardióloga Rita Redberg escribió que «en las convenciones de cardiólogos[377] solíamos bromear con que ese era el mejor lugar para sufrir un infarto, y ese estudio indica que era al revés».

Descubrimientos similares se están viendo en muchas de las especialidades de la medicina cuando se basan en una herramienta específica.

Una de las intervenciones ortopédicas más comunes es afeitar un menisco rasgado (un cartílago de la rodilla) y devolverle su forma original. Un paciente viene con dolor en la rodilla, una resonancia magnética muestra un menisco deformado; naturalmente, un cirujano quiere arreglarlo. Cuando cinco clínicas ortopédicas de Finlandia compararon esa cirugía con falsas cirugías[378] (es decir, los cirujanos llevan a pacientes con dolor en las rodillas a un quirófano, hacen un corte, cierran y los llevan a realizar rehabilitación física), descubrieron que la falsa funciona igual que la verdadera. La mayoría de gente con un menisco deformado no tiene ningún síntoma y ni siquiera se entera. Y para aquellos que lo tienen y, además, con dolor, la imperfección no tiene nada que ver con el dolor.

Mirar las pequeñas piezas de un rompecabezas aisladamente, no importa por buena que sea la imagen, es insuficiente para abordar los grandes retos de la humanidad. Hace mucho que conocemos las leyes de la termodinámica, pero nos cuesta predecir cómo se expande un fuego forestal. Sabemos cómo funcionan las células, pero no podemos predecir cómo será la poesía escrita por un humano hecho de ellas. La vista de sapo de trozos individuales no es suficiente. Un ecosistema saludable necesita biodiversidad.

Incluso en tareas que requieren de una gran especialización, hay lugares de amplitud. Son aquellos que viven bajo el lema del historiador Arnold Toynbee de que «no hay herramientas omnicomprensivas. No existe una llave maestra que abra todas las llaves». En lugar de una sola herramienta, han conseguido tener una caja de herramientas, y muestran el poder de la amplitud en un mundo hiperespecializado.

12

Amateurs deliberados

El 23 de enero de 1954 fue sábado y Oliver Smithies estaba en su laboratorio de Toronto, como era habitual. Él los llamaba «experimentos de sábado por la mañana». No había nadie alrededor y así era libre de probar sin atenerse a las estructuras del trabajo normal. No tenía que pensar las cosas con mucho cuidado. Podía tomar algo de aquí y algo de allá y probar a ver qué sucedía. Algo que en horario normal se consideraría una pérdida de tiempo y de recursos. Podía probar cosas que le interesaban, pero que no tenían relación directa con el proyecto en el que estaba trabajando. Uno necesita dejar que su cerebro piense cosas distintas al trabajo habitual. Como dijo Smithies: «Los sábados, no necesitas ser completamente racional».

Smithies trabajaba estudiando la insulina y buscaba un precursor de la misma. El proyecto estaba atascado, literalmente. El método de separar moléculas y poder estudiarlas era hacerles pasar una corriente eléctrica a través de un papel especial húmedo. Las moléculas se separaban al atravesar el papel, pero la insulina se quedaba adherida a él. Smithies había escuchado que en el hospital de niños local habían probado con granos de almidón húmedos en lugar de papel. El almidón resolvía el problema de que se adhirieran, pero requeriría cortar los granos en cincuenta pedazos y analizar cada uno de ellos para ver adónde habían ido a parar las moléculas. Eso le llevaría una vida, por lo que no tenía sentido intentarlo. Luego recordó algo que le sucedió cuando tenía doce años.

Smithies creció en el pueblo de Halifax, en Inglaterra, y veía cómo su madre almidonaba las camisas de su padre para hacer que los cuellos quedaran firmes. Las sumergía en agua con almidón caliente y luego las planchaba. Para ayudar a su madre, él tiraba luego el almidón. Recordó que, cuando se enfriaba, el almidón formaba una especie de gel.

Smithies tenía una llave maestra del edificio y recorrió todas las habitaciones de la limpieza en busca de granos de almidón. Calentó unos granos, dejó que se enfriasen hasta que formaran el gel y pasó la corriente eléctrica por él, en lugar de por el papel. Las moléculas de insulina se separaron en el gel según su tamaño. «¡Muy prometedor!»[379], anotó en su cuaderno. En los años siguientes, la «electroforesis de gel» fue refinada y revolucionó la biología y la química. Fragmentos individuales de ADN y componentes de la sangre humana podrían ser separados y estudiados gracias a ese descubrimiento.

Cuando hablé con Smithies en 2016, tenía noventa años y estaba trabajando en su laboratorio. En esos momentos reflexionaba acerca de cómo el riñón separa las moléculas grandes y las pequeñas. «Por el momento es un experimento teórico de sábado por la mañana», me dijo.

Lo que me sorprendió de Smithies era cómo disfrutaba con la experimentación, no solo en el laboratorio, sino en su vida. Él personifica una cantidad de principios que son los que busco explorar con este libro. Desde fuera, pareciera ser el hiperespecialista. Es un bioquímico molecular, solo que no estudió para ello. Primero fue médico, luego tuvo un profesor que combinaba la química con la biología y eso lo cautivó. «Daba lecciones sobre algo que aún no se había inventado. Era maravilloso y, si yo quería hacer algo similar, debía aprender más química.» Se cambió de carrera y estudió Química. Jamás pensó que estuviese dejando algo. Al contrario, «ese conocimiento de biología me sirvió, ya que tenía buenas bases en esa disciplina, por lo que no la temía, y tampoco luego a la química. Eso me dio un gran poder en los comienzos de la biología molecular». Lo que ahora parece una hiperespecialización, en realidad, en su momento fue una hibridación innovadora.

Smithies era profesor en la Universidad de Carolina del Norte cuando hablamos. Murió nueve meses después, con noventa y un años. Hasta el fin de su vida alentó a sus estudiantes a pensar lateralmente, ampliar sus horizontes y forjar su propio camino, en busca de la calidad de adecuación. «Intento enseñar a la gente que no tiene que ser un clon de su director de tesis. Usa tus habilidades en un lugar donde no se usen. Aplícalas a un nuevo problema. O toma un problema y aplica nuevas habilidades.»

Smithies vivió el consejo que daba. Durante su cincuentena, se tomó un año sabático para trabajar en el mismo edificio, pero dos pisos más abajo y aprender sobre ADN. Nunca encontró el precursor de la insulina, y para cuando le dieron el Premio Nobel en 2007, fue por su trabajo como genetista, por descubrir cómo modificar genes para que puedan ser estudiados en animales. En ese sentido era un especialista tardío. Le expliqué que un decano de una facultad que utilizaba datos estadísticos para recomendar promociones y ascensos en la universidad, me había dicho que los químicos dejan de hacer contribuciones veinte años después de obtener su doctorado. Smithies se rio y me dijo: «Bueno, la investigación más importante de mi vida la hice a los sesenta años». Un análisis realizado en 2016[380] sobre diez mil investigadores de distintas carreras demuestra que no hay ninguna relación entre experiencia y contribución. La investigación más importante puede ser la primera, la décima o la última (aunque es verdad que se tiende a publicar más estudios cuando se es más joven).

Cuando le mencioné a Smithies, y que su recuerdo del almidón utilizado para las camisas era un ejemplo de pensamiento lateral con tecnología obsoleta, me dijo que en 1990 había ganado el Premio Gairdner (una especie de premio precursor del Nobel) junto a Edwin Southern, quien también había rescatado un recuerdo de la infancia, en apariencia sin relación alguna. El suyo era un recuerdo del *cyclostyling*, que era un antiguo sistema de copiado de documentos que utilizaba papel satinado y un sistema de plantillas. Con eso en mente, Southern creó el «secante de Southern», un método que permite detectar moléculas específicas del ADN. Gunpei Yokoi hubiera estado encantado. Y eso no es nada comparado con el uso de tecnología obsoleta hecho por Tu Youyou, que, en 2015, se convirtió en la primera china (y hasta ahora la única) en ganar el Premio Nobel de Medicina, y la única china en cualquier categoría.

A Tu se la conoce como la profesora de los tres «no»: «no» membresía en la Academia de Ciencias de China, «no» experiencia en investigación fuera de China y «no» título de posgrado. Antes de Tu, otros científicos probaron doscientos cuarenta mil componentes[381] buscando una cura para la malaria. A Tu le interesan tanto la medicina moderna como la historia, y la clave se la dio una receta médica del siglo IV escrita por un alquimista chino[382] basada en el ajenjo dulce. Una tecnología no puede ser más obsoleta que esa. Eso la llevó a experimentar, primero en ella misma con un extracto de ajenjo dulce llamado «artemisinina». La artemisinina es considerada hoy en día como una de las grandes drogas descubiertas por la medicina. Un estudio sobre la disminución[383] de la malaria en África calculó que la artemisinina ayudó a curar a ciento cuarenta y seis millones de personas entre 2000 y 2015. De entre todas las ventajas de Tu, tenía la de ser ajena al tema, y eso le permitía buscar en lugares en los cuales los demás no se atreverían. El tipo de ventajas que Smithies buscaba los sábados por la mañana.

Durante su carrera, Smithies escribió y clasificó más de ciento cincuenta cuadernos de apuntes. «Eso también eran sábados», me dijo mientras me mostraba papeles con temas importantes. Cuando le rebatí me contestó: «Bueno, hay gente que me preguntaba por qué habría de ir a trabajar otro día más».

Los grandes descubrimientos, por supuesto que son excepciones. Uno de los experimentos sabatinos disolvió accidentalmente una importante pieza de un equipo. En otro, Smithies contaminó sus zapatos con una sustancia de olor pútrido. Pensó que los había aireado suficientemente, hasta que escuchó a una señora preguntarle a otra si olía a cuerpo putrefacto. Smithies no podía resistir experimentar con cualquier cosa, un hábito que sus colegas conocían perfectamente. En lugar de descartar equipos viejos o dañados, se los dejaban a él con la inscripción «NSM-POKPO[384] (No sirve más, pero OK para Oliver)».

El entusiasmo casi infantil y ser juguetón es una característica habitual en los pensadores creativos. El físico Andre Geim, de la Universidad de Manchester, emplea (sin saber lo de Smithies) lo que llama «experimentos del viernes por la noche». Fue uno de esos experimentos lo que le llevó a ganar, en el año 2000, el Premio Ig Nobel. Este premio se otorga a investigaciones que con una primera impresión parecen absurdas o triviales. La imagen del premio es la figura de *El pensador* de Rodin, pero caído de su pedestal y de espaldas contra el suelo. Se les pregunta a los ganadores si quieren que se les conceda el premio antes de anunciarlo, ya que algunos lo pueden considerar una afrenta a su carrera. Geim lo ganó por hacer levitar un sapo con poderosos imanes (los sapos, y el agua que contienen, son repelidos por campos magnéticos).

No hace falta decir que estos experimentos vespertinos no están subvencionados, y la mayoría no conducen a ningún lado. Sin embargo, después del experimento del sapo, uno de ellos terminó produciendo la *gecko tape*: una cinta adhesiva inspirada en los pies de las lagartijas. En otro experimento se utilizó cinta adhesiva Scotch[385] (o celo) para quitar pequeñas láminas de grafito, el material de la mina del lápiz. Ese experimento de baja tecnología culminó en el Premio Nobel de Física de 2010 para Geim y su colega Konstantin Novoselov, que, gracias a ello, produjeron el grafeno, un material cien mil veces más pequeño que un cabello humano y doscientas veces más duro que el acero[386]. Es flexible, más transparente que el vidrio y un excelente conductor de la electricidad.

Arañas alimentadas[387] con grafeno han producido telas mucho más resistentes que el kevlar, que se utiliza para los chalecos antibalas. El grafeno consiste en tiras de carbón de un átomo de anchura, algo que previamente se consideraba puramente teórico. Cuando Geim y Novoselov sometieron su idea a una publicación científica, uno de los revisores dijo que era imposible y otro dijo que no era «un avance científico suficiente»[388].

La historiadora Sarah Lewis, que estudió los grandes logros creativos, dice que la mentalidad de Geim es la de un «*amateur* deliberado»[389]. La palabra *amateur* no es un insulto; proviene del latín y significa «alguien que adora alguna práctica en particular». «Una de las paradojas de la innovación es que los grandes descubrimientos ocurren cuando vas por un camino, pero luego tomas desvíos pretendiendo que has comenzado un nuevo camino», escribió Lewis. Cuando se le pidió a Geim (dos años antes del Nobel) describir su estilo de investigar, contestó «es algo inusual[390], no profundizo demasiado, voy por la superficie, por lo que desde que hice mi doctorado cambio de tema cada cinco años. No me gusta estudiar lo mismo desde la cuna hasta la tumba. A veces digo que no me interesa hacer tanto investigaciones como búsquedas». Desviarse de lo que Geim llama la «vía recta del tren» de la vida, no es estable psicológicamente, pero tiene ventajas para la motivación y «para cuestionar las cosas que la gente que trabaja en ese campo nunca se preocupó en preguntar».[391] Sus viernes, al igual que los sábados de Smithies, le permiten equilibrar el resto del trabajo semanal y ampliar los campos de exploración. Adoptan lo que Max Delbrück, un premio nobel que estudió la intersección entre la física y la biología, llamó «el principio de descuido limitado»[392]. «Ten cuidado con no tener demasiado cuidado o, inconscientemente, limitarás tu exploración», advirtió Delbruck.

Novoselov era estudiante de doctorado de Geim, al cual acudió después de que un colega le dijera que Novoselov estaba desperdiciando su vida[393] en otro laboratorio. Cuando llegó se encontró con el mismo material que en el otro laboratorio, pero «con una flexibilidad y unas posibilidades de probarte en distintas áreas que eran muy interesantes». Una biografía suya de la revista *Science* incluía los subtítulos «Buscando la amplitud» y «Expandiendo superficialmente», lo que no suena como conceptos muy positivos, si no fuese porque es el perfil de cómo una persona de treinta y seis años se convirtió en el ganador más joven de un Nobel de los últimos cuarenta años.

Al igual que Van Gogh, Hesselbein o miles de jóvenes deportistas, visto desde fuera, podría parecer que Novoselov se estaba quedando rezagado, hasta que, de pronto, ya no lo estaba. Tuvo suerte, llegó a un lugar en el cual se consideraba a las divagaciones mentales una ventaja competitiva, no una peste que debía ser eliminada en nombre de la eficiencia.

Ese espacio de protección contra la ventaja inicial es cada vez más raro. En un momento u otro, todos nos especializamos en mayor o menor medida, por lo que el apuro por hacerlo parece lógico. Por suerte, hay pioneros que están equilibrando el culto a la ventaja inicial. Quieren tenerlo todo, las divagaciones mentales, así como la sabiduría de la experiencia profunda, las habilidades conceptuales amplias que hacen uso de las lentes científicas de Flynn, con programas de formación de especialistas, y el poder creativo de la fertilización cruzada interdisciplinaria. Quieren revertir la tendencia de Tiger, no solo para ellos mismos, sino para todos, aun en campos que son sinónimos de especialización. El futuro de los descubrimientos depende de ello.

Solo necesito unos pocos minutos de conversación con Arturo Casadevall para saber que es alguien que siempre mira el vaso medio lleno. Uno de los grandes días de su vida fue cuando se detectaron ondas gravitacionales, y ese no es su campo de trabajo. «Dos agujeros negros chocan en el espacio hace billones de años y, durante ese tiempo, las ondas de gravedad viajan a través del espacio-tiempo —explica con los ojos muy abiertos—. Cuando la señal original comenzó, la vida en la

Tierra era unicelular y, en todo este tiempo, la humanidad ha sido capaz de construir dos interferómetros y medirlas. A lo que me refiero es que es un logro asombroso.» Él también es médico, toda una estrella en su propio campo de microbiología e inmunología. Ha estudiado el SIDA y el ántrax, y ha descubierto muchas cosas acerca de cómo funcionan las enfermedades causadas por hongos. Su índice H, un sistema para medir la productividad de un científico y cuántas veces ha sido citado, ha sobrepasado al de Einstein.* Así que sus pares se lo tomaron en serio cuando, en 2015, entró a trabajar como jefe de Microbiología Molecular e Inmunología en la Johns Hopkins Bloomberg School of Public Health, y alertó de que la investigación científica estaba en crisis.

En una charla a sus nuevos colegas, Casadevall dijo que el ritmo del progreso se había ralentizado, a la vez que la cantidad de retractaciones de publicaciones científicas se habían acelerado proporcionalmente, superando los nuevos estudios publicados. «Si esto continúa así[394], toda la literatura médica será retractada en pocos años.» Era un exagerado humor negro científico, pero basado en datos. Parte del problema, dijo, es que a los jóvenes científicos se les conmina a especializarse antes de aprender a pensar; no son capaces de producir buenos trabajos por sí mismos y no están equipados para detectar trabajos malos o fraudulentos de sus colegas.

La razón por la cual Casadevall se trasladó a Hopkins, dejando su cómodo puesto en la New York City's Albert Einstein College of Medicine, es que le ofrecían la posibilidad de crear un prototipo de lo que él considera que debería ser la educación de posgrado y la educación en general.

En contra de la tendencia prevalente, Casadevall junto con Gundula Bosch, una profesora tanto de biología como de educación, están «desespecializando» la formación, incluso para aquellos estudiantes que quieren

---

* Los científicos publican mucho más actualmente que en el pasado, por lo que la comparación no es muy justa, pero, aun así, pone a Casadevall en la élite.

especializarse en lo más especializado. El programa, conocido como Iniciativa 3R (Rigor, Responsabilidad y Reproducibilidad), comienza con clases interdisciplinares que incluyen filosofía, historia, lógica, ética, estadística, comunicación y liderazgo. Un curso titulado «¿Cómo sabemos qué es cierto?» examina los tipos de evidencias a través de la historia y en distintas disciplinas. En «Anatomía del error científico», los estudiantes se convierten en detectives, buscando problemas metodológicos en investigaciones reales, a la vez que aprenden que algunos errores han conducido a grandes descubrimientos.

Cuando Casadevall describió su visión por una educación más amplia en un panel profesional en 2016, el editor del *New England Journal of Medicine* (una muy prestigiosa publicación propensa a las retractaciones[395]), contraargumentó diciendo que sería absurdo agregar aún más formación a la ya de por sí extensa que tienen los científicos y médicos. Casadevall contestó que mantuviesen la misma cantidad de horas, pero que quitasen otras materias llenas de datos: «¿Realmente necesitamos cursos especializados con ingentes cantidades de información, a menudo muy detallada, especializada y que será completamente olvidada a las pocas semanas? Especialmente ahora, que toda la información está en tu teléfono. Tienes gente caminando con toda la información del mundo disponible en el teléfono, pero que no tienen ni idea de cómo usarla. No entrenamos a la gente para pensar o razonar».

A los médicos ni siquiera se los forma en entender la lógica subyacente de sus propias herramientas. En 2013 un grupo de científicos dio a los médicos y estudiantes de las universidades de Harvard y Boston un problema que surge cotidianamente en el ejercicio de la medicina:

Si un estudio para detectar una enfermedad[396] que tiene una prevalencia de 1/1.000 da un falso positivo del 5%, ¿cuál es la probabilidad de que una persona, que tiene un positivo realmente, tenga la enfermedad? Asume que no sabes nada acerca de los síntomas del paciente.

La respuesta correcta es que hay un 2% de probabilidades (1,96 para ser exactos) de que tenga la enfermedad. Solo la cuarta parte de los médicos y estudiantes acertaron. La respuesta más común es 95%. Debería ser un problema muy sencillo para profesionales que se basan en diagnósticos para ejercer su profesión. En una muestra de diez mil personas, diez tienen la enfermedad y tendrán un resultado positivo; el 5%, es decir, quinientas tendrán un falso positivo. De quinientas diez personas que dan positivo, solo diez (1,96%) están enfermos. El problema no es intuitivo, pero no es difícil. Todos tienen las habilidades matemáticas para resolverlo, por lo que, como diría James Flynn, no necesitan utilizar herramientas de razonamiento más amplias de su profesión para resolverlo, aunque podrían hacerlo.

«Yo digo que, al menos en medicina y ciencia básica, donde llenamos a los alumnos de datos en los cursos, lo que se necesita es dar contexto y herramientas para pensar», me dijo Casadevall. Actualmente, todo está configurado de forma errónea.

Comparó el sistema actual con el de los gremios medievales. El sistema de gremios se desarrolló en Europa[397] en el medievo, cuando los artesanos y los mercaderes buscaron formas de proteger a determinadas especialidades y comercios. «Aunque esos gremios, a menudo, producen personas altamente especializadas en su oficio, también promueven el conservadurismo y la falta de innovación.» Tanto la formación como los incentivos profesionales se alinean para acelerar la especialización, creando archipiélagos intelectuales.

Hay una creciente industria de conferencias que invita a especialistas en un solo microorganismo. Mientras tanto, una comprensión completa de cómo reacciona el cuerpo ante un corte con un papel se ve obstaculizada porque los hematólogos e inmunólogos se concentran en las partes aisladas del rompecabezas aun cuando el sistema inmune es un sistema integrado.

«Puedes desarrollar toda una carrera estudiando un solo tipo de célula, y es muy probable que así mantengas tu trabajo y tus subsidios.

No hay presión para integrar conocimientos. Es más, si pides un subsidio proponiendo averiguar cómo la célula B se integra con los macrófagos (una interacción básica del sistema inmunológico),* es probable que no exista nadie que pueda recomendarlo. Si va a los especialistas en macrófagos, dirán que "Bueno, no sé nada de eso, ¿por qué las células B?". El sistema te mantiene en una trinchera. Básicamente, tienes todas estas trincheras paralelas y es muy raro que alguien salga de ellas y mire a las otras, y eso que a menudo están relacionadas.»**

Sustituye algunos términos, y el sistema de trincheras paralelas podría adecuarse a muchas industrias. Mientras investigaba para este libro, un funcionario de la U.S. Securities and Exchange Commission se enteró de que estaba escribiendo sobre especialización y me contactó para asegurarse de que supiera que la crisis financiera de 2008 se debió a la excesiva especialización: «Los reguladores de seguros regulan los seguros; los reguladores de bancos, a los bancos; los reguladores de la Bolsa, a las empresas cotizadas, y los reguladores del consumo, a los consumidores, pero el crédito se otorga en todos los sectores —me dijo el funcionario—. Especializamos los productos y especializamos su regulación, pero ¿quién supervisa a todos los mercados en general? Nadie mira las cuestiones sistémicas».

En 2015 Casadevall mostró que la financiación de la investigación biomédica creció[398] exponencialmente en un período de treinta y cinco años, mientras que los descubrimientos disminuyeron. La esperanza de vida en[399] países avanzados, como Reino Unido o Estados Unidos, después de décadas de crecimiento, recientemente bajó. La gripe mata

---

* Cuando la bacteria entra en una herida, la célula B libera anticuerpos que se adhieren a la misma y la llevan hasta un macrófago que la destruye.

** De hecho, la interdisciplinariedad está mal vista, justamente porque no está hiperespecializada. Las científicas Diana Rothen y Stephanie Pfirman escribieron en *Inside Higher Ed* que las mujeres tienden más a la interdisciplinariedad, pero no recomiendan a las jóvenes científicas que lo hagan «porque si no nunca serán tomadas en serio».

anualmente a cientos de miles de personas en todo el mundo, mientras la humanidad la combate con una vacuna difícil de producir y creada en la década de 1940. La madre de Casadevall tiene noventa y tres años y utiliza cinco medicamentos que ya estaban disponibles cuando él estudiaba Medicina; dos de ellos son más viejos que él mismo y otros dos apenas más jóvenes. «No me puedo creer que no podamos hacerlo mejor. —Se detiene un momento, sacude la cabeza y se inclina hacia adelante—. Si tú solicitas un subsidio para financiar una investigación interdisciplinaria, irá a gente especializada en A o en B. Si tienes suerte, podrán ver que existe una conexión en la intersección entre A y B. Todos reconocen que los grandes progresos se producen en las intersecciones, pero ¿quién está allí para defenderlas?»

La intersección entre especialistas, y la intersección entre creadores provenientes de diferentes campos, ha sido estudiada y vale la pena defenderla.

Cuando investigadores de las universidades de Stanford y Northwestern analizaron las redes de trabajo[400] que llevan a logros creativos, encontraron que cumplían con una máxima universal. Bien se tratara de economistas, ecologistas, escritores o compositores de musicales de Broadway, los ecosistemas que surgen tienen fronteras porosas entre los equipos.

En redes profesionales que actúan como suelo fértil para grupos exitosos, las personas se mueven fácilmente entre equipos, cruzando fronteras organizacionales y profesionales y encontrando nuevos colaboradores. Las redes de equipos no exitosos están subdivididas en clústeres aislados, en los que la misma gente colabora entre sí una y otra vez. Eficiente y confortable, tal vez, pero no una máquina creativa. «Toda la red se ve diferente[401] cuando comparas un equipo exitoso con uno que no lo es», según Luis A. Nunes Amaral, físico de Northwestern que estudia las redes de trabajo. Amaral no compara equipos individuales, sino los ecosistemas más grandes que fomentan la formación de equipos exitosos.

El destino comercial de Broadway[402] durante una era determinada, ya sea inusualmente próspera o excepcionalmente mala, tiene menos que ver con los nombres famosos que con el hecho de que los colaboradores se mezclasen y adecuasen vigorosamente. Los años de la década de 1920 tenían decenas de espectáculos con Cole Porter, Irving Berlin, George Gershwin, Rodgers and Hammerstein (aún cada uno por su lado), y un inusualmente elevado número de fracasos (del 90% de los nuevos espectáculos). Era una época de equipos fijos, llena de repetidas colaboraciones y poco cruce de fronteras.

Nuevas colaboraciones les permiten a los creadores «tomar ideas que son convencionales en un área y llevarlas a un nuevo lugar, donde de pronto se ven como invenciones —dice el sociólogo Brian Uzzi, colaborador de Amaral—. La creatividad humana es, básicamente, un negocio de importación y exportación de ideas».[403]

Uzzi documentó una tendencia de importación y exportación que comenzó tanto en las ciencias sociales como en las físicas en la década de 1970, antes de Internet: los equipos más exitosos tendían a tener miembros más diversos. Era más probable que equipos que incluían miembros de distintas instituciones fuesen exitosos que los que no, y quienes tenían miembros de otros países también tenían ventajas.

Consistente con el modelo de importar/exportar, los científicos que trabajan fuera de su país, regresen o no, es más probable que consigan más impacto que los que no han viajado. Los economistas que han analizado los datos creen que puede deberse a las oportunidades de arbitraje de los inmigrantes[404], es decir, a la oportunidad de tomar una idea de un mercado y aplicarla a otro, donde es rara o más valorada.* Repite el

---

* Cuando el investigador de la creatividad Dean Keith Simonton estudió la historia de la innovación en Japón[405], que varió entre ser un territorio muy cerrado a uno muy abierto al mundo exterior, vio una explosión creativa en dominios como la escritura de ficción y la poesía; hasta cerámica y medicina explotaban siguiendo períodos de inmigración.

consejo de Smithies sobre aplicar nuevas habilidades a viejos problemas, o un nuevo problema a viejas habilidades. La combinación atípica de formas típicas, como por ejemplo el *hip-hop*, un musical de Broadway y una historia biográfica de Estados Unidos. No es una estrategia mala para el negocio de los espectáculos.

Uzzi y su equipo [406] analizaron dieciocho millones de estudios de distintos campos científicos para ver si las combinaciones atípicas tenían importancia. Si en un estudio se mencionaban ciertos campos que no se citaban prácticamente en otros estudios, se consideraba que estaba haciendo una combinación atípica de conocimientos. La mayoría se basaban en combinaciones típicas de conocimientos, es decir, citaban trabajos que acostumbraban a ser citados en otros estudios de referencia. Los estudios más exitosos, que han sido citados durante mucho tiempo y por más científicos, tenían amplias combinaciones convencionales, pero también agregaban una inyección de combinaciones atípicas.

Otro equipo internacional analizó más de medio millón de artículos y los clasificaba como «novedosos» [407] si citaban a dos publicaciones que nunca habían sido citadas juntas. Solo uno de cada diez tenía una nueva combinación y solo uno de cada veinte hacía una nueva combinación múltiple. Luego trazaron el impacto de esos artículos a lo largo del tiempo. Vieron que los artículos que tenían más combinaciones solían ser publicados en medios menos prestigiosos y también más probabilidades de ser ignorados después de haber sido publicados. Solían comenzar poco a poco su andadura por el mundo, pero a los tres años, los artículos con nuevas combinaciones habitualmente superaban a los convencionales y comenzaban a tener más citas de otros científicos. Quince años después de publicarse, los de múltiples combinaciones tenían muchas posibilidades de estar entre el 1% de los artículos más citados.

Para recapitular: el trabajo que crea puentes [408] entre distintos campos de conocimiento es menos probable que consiga financiación, menos probable que aparezca en publicaciones prestigiosas, más probable que sea ignorado inmediatamente después de ser publicado y tiene más posibilidades de ser, a largo plazo, un artículo de éxito que contribuya al conocimiento humano.

Casadevall lidera con el ejemplo. En una conversación con él, es probable que saque temas como Anna Karenina, los papeles federalistas, el hecho de que tanto Newton como Leibniz fuesen filósofos además de científicos, por qué el Imperio romano dejó de innovar, y cuestiones sobre la mentoría, basadas en el personaje de Mentor de la *Odisea* de Homero. «Me aplico esto, y siempre le digo a la gente de mi equipo que lea algo, cada día, que esté fuera de su ámbito. Y la mayoría me responde que no tiene tiempo de leer algo ajeno a su campo. Les digo que sí tienen tiempo, que es muy importante, porque así amplías tu mundo y es posible que llegue el momento en que comiences a hacer conexiones.»

Uno de los proyectos de Casadevall tuvo su origen en un artículo periodístico que hablaba de un robot enviado a Chernóbil, aún muy contaminado por el desastre. El artículo comentaba que el robot regresó con una mancha de moho negro, como el que aparece en una sucia cortina de baño, que había colonizado el antiguo reactor. «¿Por qué moho negro?», se preguntó Casadevall. Y luego una cosa llevó a la otra. Él y sus colegas hicieron un descubrimiento asombroso: el moho se estaba alimentando de la radiación[409]. No con sustancias radioactivas, sino de la propia radiación.

Casadevall se asegura de relatar experiencias fuera de su laboratorio y mostrar cómo ayudaron a formar a la persona que es hoy. Su familia escapó de Cuba y llegó a Queens cuando él tenía once años. A los dieciséis, desempeñó su primer empleo en McDonald's, y trabajó allí hasta los veinte. Está aún en su currículum y se aseguró de mencionarlo en su entrevista para la John Hopkins. «Fue una gran gran experiencia —me dice—. Aprendí mucho trabajando allí.» Por ejemplo, a soportar la presión. Su hermano menor también trabajó allí y fue tomado como rehén durante un asalto armado. «Luego estuvo dos días declarando como testigo y los abogados se reían de su acento. Eso lo llevó a estudiar Derecho y ahora es un exitoso abogado litigante.» Después de McDonald's, Casadevall trabajó como cajero de un banco (que también fue asaltado). Su padre deseaba que tuviera algo práctico en lo que apoyarse, así que un título de especialista en control de plagas cuelga de su pared, muy cerca del certificado que lo acredita como miembro de la Academia Nacional de Medicina.

Casadevall es reconocido en su especialidad. No tiene problemas para conseguir subvenciones para investigar y, habitualmente, suele ser uno de los que deciden quiénes reciben sus subvenciones. A él le conviene que se mantenga el *statu quo* de las especializaciones, ya que es un ganador en la suya, sin embargo, considera que acabar con el mismo es una de las tareas más importantes de su vida. Mientras la ciencia más básica se aleje de la exploración divagante y se dirija hacia la eficiencia, él cree que menos oportunidades tendremos de resolver los grandes problemas de la humanidad.

Laszlo Polgar, en la cúspide de su experimento ajedrecístico con sus hijas, proclamó que los problemas del cáncer o el SIDA tendrían más posibilidades de resolverse si la especialización y la educación eficiente se extendieran más allá del ajedrez para educar a miles de niños. Casadevall es un aficionado a la historia de la innovación. Él creció como médico y científico cuando el tema del SIDA apareció con virulencia, y no podría estar más en desacuerdo con el húngaro. «Cuando estudié Medicina me enseñaron que no había enfermedades humanas causadas por un retrovirus y que estos eran solo una anormalidad en algunos cánceres de animales. En 1981 aparece una nueva enfermedad de la que nadie sabe nada. En 1984 se descubre que se trata de un retrovirus, el VIH. En 1987 se da con el primer tratamiento. En 1996 el tratamiento es tan efectivo que la gente ya no tiene por qué morir de ella. ¿Cómo sucedió? ¿Fue acaso porque las empresas se apuraron para conseguir drogas? No. Si se analiza y mira hacia atrás, la sociedad había gastado parte de su dinero en estudiar una curiosidad que solo aparecía en animales llamada "retrovirus". Solo por curiosidad. Cuando apareció el VIH, ya se sabía que si interferías la proteasa (un tipo de enzima) podías desactivarlo, así que cuando el SIDA apareció, la sociedad ya había realizado mucha investigación sobre una curiosidad que en su momento no tenía ningún uso. Podría suceder que, si se invierte todo el dinero de investigación del país en la enfermedad de Alzheimer, nunca se llegue a solucionar. Pero la solución puede provenir, por decir algo, de la proteína de un pepino. Pero ¿cómo va alguien a pedir una subvención para estudiar el pepino? ¿Y a quién se la propondrías? Si alguien estuviera interesado en analizar la proteína de un pepino, déjalo tranquilo. Déjalo que torture al pepino.»

El punto de Casadevall es que el ecosistema innovador debe, deliberadamente, tener amplitud e ineficiencias. Sabe que está peleando una batalla cuesta arriba.

En 2006, cuando comencé a trabajar como periodista, acudí a las audiencias[410] del Subcomité del Senado para la Ciencia y el Espacio, presididas por la senadora por Texas Kay Bailey Hutchinson, para el otorgamiento de financiación de proyectos. Hutchinson leía en alto los títulos de las propuestas. Si el título no tenía relación directa con una aplicación comercial tecnológica, preguntaba a la sala de qué manera financiarlo nos ayudaría a seguir por delante de China o India. Entre las disciplinas que Hutchinson consideraba que no tenían relación con la comercialización tecnológica estaban la biología, la economía, la geología y la arqueología. Uno puede preguntarse cómo hubiera evaluado ella el trabajo de Louis Pasteur (quien comenzó siendo artista) y su estudio de pollos con cólera, lo que le llevó a crear las vacunas. O la loca idea de Einstein de investigar si el tiempo transcurre a distinta velocidad con alta o baja gravedad, que parte de una teoría esencial para acabar desencandenando una tecnología algo útil, como la de los teléfonos inteligentes que utilizan GPS con relojes ajustados gravitacionalmente que se sincronizan con los relojes de la Tierra.

En 1945 el antiguo decano del MIT Vannevar Bush, quien supervisó la ciencia durante la Segunda Guerra Mundial, incluida la producción masiva de penicilina o el Proyecto Manhattan, redactó un informe a pedido del presidente Roosevelt, en el cual explicaba qué se necesitaba para tener una cultura exitosa de innovación. Se titulaba «Ciencia, la última frontera», y llevó a la creación de la National Science Foundation, que financió a tres generaciones de muy exitosos descubrimientos científicos, desde el radar Doppler y la fibra óptica hasta navegadores de Internet o resonancias magnéticas. «El progreso científico, en gran medida, resulta del juego libre de intelectos libres, trabajando en temas de su propia elección, en la forma que dicte su curiosidad para la exploración de lo desconocido», dijo Bush.

Un fenómeno curioso[411] ha aparecido en los últimos años, cuando se entregan los Premios Nobel. Alguno de los galardonados, al recibir el premio, dice que su gran descubrimiento no hubiera podido ocurrir hoy en día. En 2016 el biólogo japonés Yoshinori Ohsumi cerró su discurso de agradecimiento contundentemente: «Los descubrimientos realmente originales en ciencia a menudo responden a pequeños e impredecibles descubrimientos… A los científicos se les pide que inmediatamente provean evidencias de aplicaciones inmediatas y tangibles de su trabajo». De esta forma, el fervor por la ventaja inicial completa el círculo; los exploradores deben seguir una especialidad reducida con tal hipereficiencia que tienen que decir qué es lo que van a descubrir antes de hacerlo.

Al igual que Casadevall, Ohsumi sabe que el fin último es la aplicación de la ciencia, pero el tema es cómo llegar mejor a la misma. No hay falta de organizaciones dedicadas a aplicar los conocimientos a cuestiones prácticas. Muchas aparecen en este libro, pero ¿por qué especializar a todo el mundo de esa forma? El juego libre de los intelectos suena horriblemente ineficiente, así como el libre juego de desarrollar jugadores de fútbol que podrían estar aprendiendo técnicas específicas. Simplemente, cuando alguien estudia cómo se producen los descubrimientos o cómo crecieron los futbolistas[412] que constituyeron el equipo campeón del mundo en 2014, «estos realizaban menos práctica organizada, pero mayor proporción de actividades lúdicas».

En su esencia, toda hiperespecialización es una forma bienintencionada de eficiencia, la mejor forma de desarrollar una habilidad deportiva, de ensamblar un producto, de aprender a tocar un instrumento o de trabajar en una nueva tecnología. Pero la ineficiencia también necesita ser cultivada. La sabiduría de un método como el de Polgar, de desarrollo eficiente y concentrado como un láser, está limitada a los entornos de aprendizaje «buenos».

«Cuando empujas los límites, estás probando cosas, y muchas de ellas tienen que ser ineficientes. Lo que ha desparecido es ese tiempo para hablar y sintetizar. La gente lleva su almuerzo al escritorio porque cree que el hecho de almorzar es ineficiente, pero, a menudo, ese es el mejor momento para evaluar ideas y hacer conexiones», dice Casadevall.

Cuando el ingeniero Bill Gore dejó Du Pont para crear la empresa que inventó el Gore-Tex, la diseñó después de observar que las empresas consiguen su faceta más creativa durante las crisis, porque los límites entre los distintos departamentos se borran. También consideraba que «la comunicación funciona realmente bien cuando se comparten los viajes de ida y vuelta al trabajo». Hizo que parte de la cultura de su empresa fuera tener «tiempo para charlar»[413] entre los empleados.

Conclusión

Expande tu amplitud

Cuando comencé a escribir y a dar conferencias exponiendo que los deportistas que terminan siendo los mejores no suelen ser quienes se han especializado tempranamente, las reacciones (especialmente de los padres) eran de dos tipos: 1) No se lo creían, no podía ser cierto, y 2) Entonces... en una sola frase, ¿cuál es el consejo? ¿Cuál podía ser la sentencia que encapsulara toda la amplitud del viaje de experimentación que es necesario si quieres, al igual que Van Gogh, Andre Geim o Frances Hesselbein, llegar a un lugar que es óptimo solo para ti? De la misma manera que en el camino de esas personas, mi exploración de la amplitud y la especialización ha sido ineficiente, y lo que comenzó con la búsqueda de una sola frase para aconsejar, ha terminado convirtiéndose en este libro.

Contadas en retrospectiva, para el agrado de los medios populares, las historias de descubrimientos pueden parecer caminos ordenados que te llevan de «A» a «B»; así es como suelen narrarse los caminos de los deportistas de élite, que parecen siempre rectos, pero la realidad suele ser más compleja cuando se la examina de cerca. La noción popular del camino seguido por Tiger minimiza el papel de los desvíos, la amplitud y la experimentación. Resulta atractiva porque es una descripción clara, con poca incertidumbre y mucha eficiencia. Después de todo, ¿a quién no le gusta comenzar con una ventaja inicial? Experimentar no es un consejo nítido, pero es común y tiene sus ventajas, y requiere de algo más que el típico póster motivador, que provoca poca tolerancia al fracaso. Los éxitos pueden tener características muy variadas.

El investigador de la creatividad Dean Keith Simonton ha demostrado que cuantos más trabajos realizan los grandes creadores[414], más cosas inútiles crean y más oportunidades de alcanzar un gran éxito tienen. Thomas Edison obtuvo más de mil patentes, la mayoría sin ninguna importancia, y le rechazaron muchas otras. Sus fracasos fueron muchísimos, pero sus éxitos (la bombilla de luz, el fonógrafo y un proyector de películas) cambiaron el mundo. Entre sus famosas obras *El Rey Lear* y *Macbeth*, Shakespeare escribió la ignota *Timón de Atenas*. La escultora inglesa Rachel Whitehead consiguió algo único[415]: fue la primera mujer en ganar el Premio Turner (un premio a la mejor producción del año) y también le otorgaron el Premio Anti-Turner a la peor artista, y ambas cosas sucedieron el mismo año. Cuando comencé a investigar la historia de los videojuegos para escribir sobre Nintendo, descubrí que un psicoterapeuta llamado Howard Scott Warshaw había sido antes diseñador de juegos para Atari, que utilizó una tecnología muy limitada de un modo muy exitoso para desarrollar su juego de ciencia ficción *Yar's Revenge*. Este fue el título con mayores ventas para la consola Atari 2600 durante los primeros años de la década de los ochenta, cuando Atari se convirtió en la empresa de mayor crecimiento de Estados Unidos. Ese mismo año, Warshaw diseñó la adaptación de la película *E. T.* a un videojuego, y nuevamente con escasa tecnología. Esta vez, el juego tuvo tan poco éxito que fue considerado como el mayor fracaso comercial de la historia de los videojuegos, desencadenando la desaparición de Atari al poco tiempo.*

---

* El juego de *E. T.* fue tal fiasco que dio lugar a la leyenda de «El gran entierro de videojuegos de 1983», en la que se decía que Atari había enterrado millones de copias del videojuego en un sumidero de Nuevo México. En 2014, el sitio fue excavado como parte de un documental. Contenía algunas copias de *E. T.*, pero no millones.

Así es como funciona el desordenado camino de la experimentación. Los creadores originales tienden a lanzar muchos *strikes out*, pero también reciben grandes golpes. Lo cierto es que esta analogía con el béisbol no les hace justicia. Como dijo el escritor de negocios Michael Simmons: «El béisbol tiene una distribución truncada [416]. Cuando te toca batear, no importa lo bien que lo hagas; lo máximo que puedes llegar a obtener son cuatro carreras. En la vida real, puedes llegar a anotar más de mil». No quiere decir que la creación sea suerte, aunque ayuda, sino que es difícil e inconsistente. Ir hacia donde nadie ha ido es un problema «malo». No hay una fórmula bien definida o un sistema perfecto de *feedback* que seguir. Es como en la Bolsa: si quieres estar cuando se producen las grandes subidas, tienes que tolerar muchas bajadas. Como me dijo el creador de InnoCentive Alph Bingham, «las grandes ideas y las falacias son muy parecidas inicialmente».

La pregunta que me propuse contestar es cómo se podía capturar y cultivar el poder de la amplitud, de la experiencia diversa y de la exploración interdisciplinaria dentro de sistemas que cada vez más piden hiperespecialización y que te hacen decidir qué debes ser antes de descubrir quién eres.

Al comienzo del libro, hablamos de deportistas y músicos porque son prácticamente sinónimos de «especialización temprana», pero de entre los deportistas que llegarán a ser de la élite, una amplia experimentación y una tardía especialización es la norma. Los músicos de prestigio llegan a la cumbre por una increíble diversidad de caminos, pero la hiperespecialización temprana, generalmente, no es necesaria para desarrollar la habilidad, y en sus formas más improvisadas no es lo normal; aunque, al igual que en el deporte, muchos tienen un enorme interés financiero en decir que sí lo es. Sviatoslav Richter, uno de los más grandes pianistas del siglo XX, comenzó con clases formales a los veintidós [417] años. Steve Nash es un canadiense de estatura media que no pisó una pista de baloncesto hasta que tuvo trece años [418]; ganó el MVP de la NBA en dos ocasiones. Mientras escribo esto, estoy escuchando a una violinista profesional que comenzó cuando tenía dieciocho años. Por supuesto que se le dijo que no lo intentara, ya que era muy vieja para comenzar. Ahora se dedica a enseñar a adultos que están empezando. La narrativa de la especialización ni siquiera se cumple en estos entornos relativamente buenos, en los cuales nos la han querido vender con más fuerza.

Así que, volviendo a una sola frase que sirva como consejo: No sientas que es tarde y que te has quedado atrás. Dos historiadores romanos narran que, cuando Julio César[419] era joven, vio una estatua de Alejandro Magno en Hispania y se echó a llorar. «Alejandro, a los dieciocho años, ya había conquistado muchas naciones, y yo, en todo este tiempo, no he hecho nada especial», cuentan que dijo. Al poco tiempo, ese problema había quedado atrás y Julio César estaría a cargo de la República de Roma que él mismo convertiría en una dictadura antes de ser asesinado por sus pares. Es justo decir que, al igual que muchos deportistas jóvenes, tuvo su pico a temprana edad. Compárate a ti mismo con tu yo de ayer, no con gente joven que no son tú. Todos progresamos a un ritmo diferente. Probablemente, no tengas ni idea de hacia dónde te diriges, por lo que sentir que te quedas atrás no es ninguna ayuda. En su lugar, como Herminia Ibarra sugirió para la activa búsqueda de la adecuación de calidad, comienza a planificar experimentos. Tu propia versión de los viernes por la noche o de los sábados por la mañana.

Encara tu propio viaje personal y tus proyectos, como Miguel Ángel con sus bloques de mármol, queriendo aprender y ajustando mientras vas haciendo, e incluso abandonando una meta y cambiando de dirección si hace falta. Investigaciones sobre creadores en distintas disciplinas muestran que un diverso grupo de especialistas no puede reemplazar la contribución de un individuo con amplitud. Aun cuando te muevas de un campo a otro, esa experiencia no es dilapidada.

Finalmente, recuerda que no hay nada de malo en especializarse. Todos lo hacemos en alguna medida. Mi interés inicial en este tema provino de leer artículos virales y de ver conferencias que ofrecían la hiperespecialización temprana como un salvavidas, una herramienta que te permitiría no malgastar tu existencia en experiencias diversas. Espero haber aportado ideas para esa discusión, porque las investigaciones en múltiples áreas sugieren que la divagación mental y la experimentación personal son fuentes de poder y que las ventajas iniciales están sobrevaloradas. Como dijo el juez Oliver Wendell Holmes hace más de un siglo, el libre intercambio de ideas «es un experimento[420], como lo es todo en la vida».

Agradecimientos

Para mí, escribir un libro es como correr los 800 metros en pista: una tortura mientras lo haces, pero, si te has esforzado al máximo, pronto miras hacia atrás y te dices: «Bueno, no ha sido tan malo». Lo ha sido, pero es algo que debes volver a hacer.

Todo tipo de cosas buenas ocurrieron mientras estaba escribiendo este libro. Por ejemplo, aprendí muchísimo. Un día que mi cerebro estaba en ebullición, tres pájaros (un cardenal, una chara azul y un oriol) aparecieron cerca de mi ventana. Son tres pájaros que representan a equipos de béisbol. Eso no sucede nunca.

Gracias especialmente al equipo de la editorial Riverhead y a la editora Courtney Young. Cuando decidimos tirar adelante este proyecto, Courtney me asustó un poco al decirme que estaría preocupada si no me conociera. Luego actuó como una buena entrenadora debe hacer con un deportista: me dejó que me involucrara en actividades autodirigidas amplias y, cuando volví a surgir a la superficie dos años más tarde, con un manuscrito que era demasiado largo, cambió de forma de actuar y comenzó una interacción de *feedback* constante a medida que decidía qué cortar y qué eliminar. Al final, me dio consejos que convirtieron un entorno «malo» en uno más «bueno». («Sí, me gusta; ahora se parece menos a un gnomo mágico», fue su respuesta a una descripción un poco retorcida por mi parte.) Apropiadamente, Courtney tiene amplitud, ya que casi se convierte en ingeniera.

Gracias a mi agente Chris Parris-Limb, que terminó en el puesto número 235 de la maratón de Nueva York, lo que es importante, pero no tan importante como su misión, que es ayudar a los escritores a ganarse su libertad. Para utilizar una analogía deportiva, mi estrategia al trabajar con un agente es seleccionar al mejor deportista posible y luego quitarme del camino.

Gracias a todos los que tomaron parte en el arduo y pesado proceso de comprobación de datos, especialmente a Emily Krieger y a Drew Bailey, y a los entrevistados que me regalaron su tiempo (en ocasiones, varias veces) porque los perseguí para que me repitieran cosas que ya me habían dicho. Gracias a Masaharu Kawamata y a Tyler Walker, por ayudar con la traducción de textos japoneses.

Gracias a Malcolm Gladwell. La primera vez que nos encontramos fue en un debate en la MIT Sloan Sport Analytics Conference que se titulaba «10.000 horas vs. el gen deportivo» (está en YouTube). Derivó en una buena discusión y creo que ambos nos fuimos con pensamientos nuevos a casa. Me invitó al día siguiente, y al otro, a seguir tratando el tema sobre la idea en que se basó «Roger vs. Tiger». Esa discusión se archivó en algún lugar de mi cerebro y resurgió cuando interactué con los becarios de Tillman. No estoy seguro de que hubiese explorado este tema de no haber sido por esa charla. Como dijo el psicólogo Howard Gruber, «las ideas no se pierden, se reactivan cuando son necesarias».

Este libro ha sido el desafío organizacional más grande que he tenido en mi vida. Buscar la forma de obtener información, decidir qué incluir y dónde hacerlo a veces me sobrepasaba. Una cita volvía a mi mente cuando eso sucedía: «Es como luchar con un gorila: no abandonas cuando estás cansado; abandonas cuando el gorila está cansado». Sea cual sea la acogida de este libro, estoy orgulloso de haber regresado a por más. Agradezco a mi familia y amigos que me apoyasen y que aceptasen mi respuesta «Espero que el año que viene» a muchas de sus preguntas. Créanme, no es que no quisiera asistir a ese espectáculo que me gustaba, es solo que, como cualquier «Westerosi» sabe, las palabras en mi casa son: «cuando acabe el libro». A los que me apoyaron: mi hermano Daniel (cuya respuesta entusiasta a unas ideas a las que andaba dando vueltas me convenció para escribir el capítulo 4); mi hermana Charna (me parece que ella compró todos los ejemplares de mi anterior libro), y mis padres, Mark y Eve, que siempre esperaron a que yo hiciera algo ridículo antes de intervenir, en lugar de prohibírmelo de antemano. Fue un vibrante período de probar cosas. Gracias al «príncipe Andrei», que sabrá quién es cuando lea esto; a mi sobrina, Sigalit Koufax Epstein-Pawar, y a su padre, Ameya; a Andrea y John, por el apoyo moral y calórico, y a las familias Weiss y Green al completo. Gracias especiales a Liz O'Herrin y a Mike Christman, por relacionarme con la Fundación Tillman; a Steve Mesler, por relacionarme con la Classroom Champions; a mi amigo Kevin Richards, sin el cual probablemente no me hubiese convertido en periodista científico, y a mi amigo Harry Mbang, que siempre está listo para ir corriendo a medianoche a alguna librería. Gracias a toda la familia Chalkbeat (seguid nadando). Gracias especiales a Toru Okada, Alice, Natasha Rostova, Katurian K. Katurian, Petter y Mona Kummel, Nate River, Gbessa, Benno von Archimboldi, Tony Webster, el hermano de Sonny, Tony Loneman, al trío compuesto por Tommy, Doc y Maurice, Braiden Chaney, Stephen Florida y a otras personas que insisten en enseñarme a escribir. Espero que aquellos de los que me he olvidado me perdonen.

Me siento un poco como Íñigo Montoya después de que consiguiera su revancha: ¿Y ahora qué? Pero estoy un millón de veces más excitado y menos temeroso (de ese «¿Y ahora qué?») de lo que lo hubiera estado antes de realizar las investigaciones que resultaron en este libro. Cerré los agradecimientos de mi anterior libro con una nota a Elizabeth: «Si alguna vez escribo otro libro, seguro que estará dedicado también a ti» (a pesar de que ella tenía dudas de si dedicarme su libro a mí o a John Dewey). Al final de mi segundo libro, creo que estoy seguro al decir que, si escribo otro libro más, también estará dedicado a ella.

Notas

Por consideraciones de espacio, aquí presento notas abundantes, pero no exhaustivas, sobre las citas mencionadas. Mi intención es que estas notas cumplan un doble objetivo: que sirvan como rastro de las investigaciones en las que se basa el libro, así como que sirvan de base a las fuentes primarias para cualquier persona interesada en alguna exploración de viernes por la noche (o sábado por la mañana). La gran mayoría de las citas del libro son de entrevistas personales. Cuando ese no es el caso, la fuente se identifica en el texto o aquí. En interés de incorporar muchas citas en poco espacio, he eliminado algunos subtítulos de libros y documentos de las notas.

Introducción: Roger vs. Tiger

1. G. Smith, «The Chosen One», *Sports Illustrated*, 23 de diciembre de 1996. (Además, Earl Woods incluyó una fotografía en la nota siguiente).

2. La principal fuente sobre la infancia de Tiger en esta sección proviene de: E. Woods (con P. McDaniel, prólogo de Tiger Woods), *Training a Tiger: Raising a Winner in Golf and Life* (New York: Harper Paperbacks, 1997).

3. J. Benedict y A. Keteyian, *Tiger Woods* (New York: Simon & Schuster, 2018).

4. Smith, «The Chosen One».

5. R. Jacob, «Ace of Grace», *Financial Times*, 13 de enero de 2006, edición *online*.

6. R. Stauffer, *The Roger Federer Story: Quest for Perfection* (Chicago: New Chapter Press, 2007 [Kindle ebook]).

7. «Mehr CDs»: J. L. Wertheim, *Strokes of Genius* (New York: Houghton Mifflin Harcourt, 2009 [Kindle ebook]).

8. Stauffer, *The Roger Federer Story.*

9. K. A. Ericsson, R. T. Krampe y C. Tesch-Römer, «The Role of Deliberate Practice in the Acquisition of Expert Performance», *Psychological Review* 100, n.º 3 (1993): 363–406.

10. A. Gawande, *The Checklist Manifesto* (New York: Metropolitan Books, 2010).

11. Una excelente visión de cómo Gran Bretaña alteró su reserva de talento se puede encontrar en: O. Slot, *The Talent Lab* (London: Ebury Press, 2017).

12. Ejemplos de estudios que incluyen los ya citados en la Introducción y de una variedad de deportes y países que documentan la tendencia a probar varias cosas y la especialización tardía (incluye el primer estudio del cual se ha sacado el gráfico de horas de práctica). Ver: K. Moesch *et al.*, «Late Specialization: The Key to Success in Centimeters, Grams, or Seconds (CGS) Sports», *Scandinavian Journal of Medicine and Science in Sports* 21, n.º 6 (2011): e282–90; K. Moesch *et al.*, «Making It to the Top in Team Sports: Start Later, Intensify, and Be Determined!», *Talent Development and Excellence* 5, n.º 2 (2013):85–100; M. Hornig *et al.*, «Practice in the Development of German Top-Level Professional Football Players», *European Journal of Sport Science* 16, n.º 1 (2016): 96–105 (epub antes que en papel, 2014); A. Gullich *et al.*, «Sport Activities Differentiating Match-Play Improvement in Elite Youth Footballers—A 2-Year Longitudinal Study», *Journal of Sports Sciences* 35, n.º 3 (2017): 207–215 (epub antes que en papel, 2016); A. Gullich, «International Medallists' and Nonmedallists' Developmental Sport Activities—A Matched-Pairs Analysis», *Journal of Sports Sciences* 35, n.º 23 (2017): 2281–2288; J. Gulbin *et al.*, «Patterns of Performance Development in Elite Athletes», *European Journal of Sport Science* 13, n.º 6 (2013): 605–614; J. Gulbin *et al.*, «A Look Through the Rear View Mirror: Developmental Experiences and Insights of High Performance Athletes», *Talent Development and Excellence* 2, n.º 2 (2010): 149–164; M. W. Bridge y M. R. Toms, «The Specialising or Sampling Debate», *Journal of Sports Sciences* 31, n.º 1 (2013): 87–96; P. S. Buckley *et al.*, «Early Single-Sport Specialization», *Orthopaedic Journal of Sports Medicine* 5, n.º 7 (2017): 2325967117703944; J. P. Difiori *et al.*,

«Debunking Early Single Sports Specialization and Reshaping the Youth Sport Experience: An NBA Perspective», *British Journal of Sports Medicine* 51, n.º 3 (2017): 142–143; J. Baker *et al.*, «SportSpecific Practice and the Development of Expert Decision-Making in Team Ball Sports», *Journal of Applied Sport Psychology* 15, n.º 1 (2003): 12–25; R. Carlson, «The Socialization of Elite Tennis Players in Sweden: An Analysis of the Players' Backgrounds and Development», *Sociology of Sport Journal* 5 (1988): 241–256; G. M. Hill, «Youth Sport Participation of Professional Baseball Players», *Sociology of Sport Journal* 10 (1993): 107–114.; F. G. Mendes *et al.*, «Retrospective Analysis of Accumulated Structured Practice: A Bayesian Multilevel Analysis of Elite Brazilian Volleyball Players», *High Ability Studies* (advance online publication, 2018); S. Black *et al.*, «Pediatric Sports Specialization in Elite Ice Hockey Players», *Sports Health: A Multidisciplinary Approach* (publicación online, 2018). (Francia, que ganó el campeonato mundial de 2018, revisó el desarrollo de sus jóvenes unas décadas antes para insistir en el juego no estructurado en lugar de las competiciones formales, y también para hacer jugar a quienes se desarrollen tardíamente. Un jugador francés de élite puede que juegue la mitad de los partidos formales que su contraparte estadounidense. A los entrenadores se les prohíbe hablar durante la mayor parte de la competición, de forma que no microgestionen a sus jugadores. «No existe un control remoto para los jugadores…, déjalos jugar», como dijo Ludovic Debru, quien ayudó a diseñar el sistema juvenil, durante la edición de 2018 del Aspen Institute's Project Play Summit.)

13. J. Brewer, «Ester Ledecka Is the Greatest Olympian at the Games, Even If She Doesn't Know It», *Washington Post,* 24 de febrero de 2018, edición *online.*

14. J. Drenna, «Vasyl Lomachenko: "All Fighters Think About Their Legacy. I'm No Different"», *The Guardian*, 16 de abril de 2018, edición *online.*

15. M. Coker, «Startup Advice for Entrepreneurs from Y Combinator», *VentureBeat,* 26 de marzo de 2007.

16. P. Azoulay *et al.*, «Age and High-Growth Entrepreneurship», NBER Working Paper n.º 24489 (2018).

17. G. Tett, *The Silo Effect: The Peril of Expertise and the Promise of Breaking Down Barriers* (New York: Simon & Schuster, 2015 [Kindle ebook]).

18. A. B. Jena *et al.*, «Mortality and Treatment Patterns Among Patients Hospitalized with Acute Cardiovascular Conditions During Dates of National Cardiology Meetings», *JAMA Internal Medicine* 175, n.º 2 (2015): 237–244. Véase también: R. F. Redberg, «Cardiac Patient Outcomes during National Cardiology Meetings», *JAMA Internal Medicine* 175, n.º 2 (2015): 245.

1: El culto a la ventaja inicial

19. La vida de las hermanas Polgar ha sido narrada en numerosos artículos y libros. Para los detalles de este capítulo, además de una entrevista con Susan Polgar, las fuentes más útiles han sido: Y. Aviram (director), *The Polgar Variant* (Israel: Lama Films, 2014); S. Polgar con P. Truong, *Breaking Through: How the Polgar Sisters Changed the Game of Chess* (London: Everyman Chess, 2005); C. Flora, «The Grandmaster Experiment», *Psychology Today,* julio de 2005, edición *online*; P. Voosen, «Bringing Up Genius: Is Every Healthy Child a Potential Prodigy?», *Chronicle of Higher Education,* 8 de noviembre de 2015, edición *online*; C. Forbes, *The Polgar Sisters* (New York: Henry Holt, 1992).

20. Polgar con Truong, *Breaking Through.*

21. *People* staff, «Nurtured to Be Geniuses, Hungary's Polgar Sisters Put Winning Moves on Chess Masters», *People,* 4 de mayo de 1987.

22. L. Myers, «Trained to Be a Genius, Girl, 16, Wallops Chess Champ Spassky for $110.000», *Chicago Tribune,* 18 de febrero de 1993.

23. Aviram, *The Polgar Variant.*

24. W. Hartston, «A Man with a Talent for Creating Genius», *Independent,* 12 de enero de 1993.

25. «Daniel Kahneman. Biographical», Nobelprize.org, Nobel Media AB 2014. Tuve el placer de conversar con Kahneman acerca de su vida y de su trabajo durante un almuerzo en diciembre de 2015. Se puede conseguir más información en su libro *Thinking, Fast and Slow* (New York: Farrar, Straus & Giroux, 2011).

26. El libro que tanto impresionó a Kahneman es el de Paul E. Meehl, aún relevante: *Clinical Versus Statistical Prediction* (Minneapolis: University of Min-

nesota Press, 1954). Meehl registró una enorme cantidad de investigación mostrando que los expertos suelen ganar en confianza, pero no en habilidades ni experiencia. Una excelente revisión de su trabajo es: C. F. Camerer y E. J. Johnson, «The Process-Performance Paradox in Expert Judgment: How Can Experts Know So Much and Predict So Badly?», in *Toward a General Theory of Expertise,* ed. K. A. Ericsson y Jacqui Smith (Cambridge: Cambridge University Press, 1991).

27. D. Kahneman y G. Klein, «Conditions for Intuitive Expertise: A Failure to Disagree», *American Psychologist* 64, n.º 6 (2009): 515–526.

28. El fantástico libro de Robin Hogarth sobre entornos de aprendizaje es *Educating Intuition* (Chicago: University of Chicago Press, 2001).

29. L. Thomas, *The Youngest Science* (New York: Penguin, 1995), 22.

30. Kasparov apareció en la portada de *Newsweek* el 5 de mayo de 1997 bajo el titular «El último bastión del cerebro».

31. Kasparov y su ayudante, Mig Greengard, fueron muy amables al contestar a mis preguntas. Se puede conseguir más información sobre una conferencia que dio Kasparov en la Georgetown University el 5 de junio de 2017, y en el libro de Kasparov y Greengard titulado *Deep Thinking* (New York: PublicAffairs, 2017).

32. S. Polgar y P. Truong, *Chess Tactics for Champions* (New York: Random House Puzzles & Games, 2006).

33. Kasparov y Greengard, *Deep Thinking.*

34. Una excelente discusión sobre las parejas de ajedrez humanos-máquinas puede encontrarse en: T. Cowen, *Average is Over* (New York: Dutton, 2013).

35. Hernández, amablemente, me explicó una y otra vez las particularidades del ajedrez *freestyle* y me brindó información sobre torneos. Él estima que el puntaje Elo de Williams en ajedrez tradicional debe rondar los 1.800.

36. El programa se llamaba «My Brilliant Brain».

37. A. D. de Groot, *Thought and Choice in Chess* (Amsterdam: Amsterdam University Press, 2008).

38. La teoría de la fragmentación de Chase y Simon: W. G. Chase y H. A. Simon, «Perception in Chess», *Cognitive Psychology* 4 (1973): 55–81.

39. F. Gobet y G. Campitelli, «The Role of Domain-Specific Practice, Handedness, and Starting Age in Chess», *Developmental Psychology* 43 (2007): 159–172. Para saber más sobre las diferentes velocidades a las cuales progresan las personas, ver: G. Campitelli y F. Gobet, «The Role of Practice in Chess: A Longitudinal Study», *Learning and Individual Differences* 18, n.º 4 (2007): 446–458.

40. Treffert me enseñó vídeos de su videoteca documentando a los *savants*. Su libro, *Islands of Genius* (London: Jessica Kingsley Publishers, 2012), es una gran síntesis de sus investigaciones.

41. A. Ockelford, «Another Exceptional Musical Memory», en *Music and the Mind,* ed. I. Deliège, and J. W. Davidson (Oxford: Oxford University Press, 2011). Otras fuentes sobre *savants* y música atonal: L. K. Miller, *Musical Savants* (Hove, East Sussex: Psychology Press, 1989); B. Hermelin *et al.*, «Intelligence and Musical Improvisation», *Psychological Medicine* 19 (1989): 447–457.

42. N. O'Connor y B. Hermelin, «Visual and Graphic Abilities of the Idiot-Savant Artist», *Psychological Medicine* 17 (1987): 79–90. (Treffert ha ayudado a reemplazar el término *«idot-savant»* por el de *«syndrome savant».*) Ver también: E. Winner, *Gifted Children: Myths and Realities* (New York: BasicBooks, 1996), cap. 5.

43. D. Silver *et al.*, «Mastering Chess and Shogi by SelfPlay with a General Reinforcement Learning Algorithm», *arXiv* (2017): 1712.01815.

44. Además de una entrevista con Gary Marcus, utilicé uno de sus vídeos del 7 de junio de 2017 en una conferencia sobre Inteligencia Artificial en la Good Global Summit de Ginebra, así como otros estudios y ensayos: «Deep Learning: A Critical Appraisal», *arXiv:* 1801.00631; «In Defense of Skepticism About Deep Learning», *Medium,* 14 de junio de 2018; «Innateness, AlphaZero, and Artificial Intelligence», *arXiv:* 1801.05667.

45. Para tener una visión equilibrada de los desafíos de *Watson* respecto a la salud (desde quienes lo llamaban «un chiste» hasta otros que, a pesar de quedarse cortos, le dan su valor, ver: D. H. Freedman, «A Reality Check for IBM's AI Ambitions», *MIT Technology Review,* 27 de junio de 2017, edición *online*.

46. El oncólogo es el doctor Vinay Prasad. Me dijo esto en una entrevista y, además, lo compartió en Twitter.

47. J. Ginsberg *et al.*, «Detecting Influenza Epidemics Using Search Engine Query Data», *Nature* 457 (2009): 1012–1014.

48. D. Butler, «When Google Got Flu Wrong», *Nature* 494 (2013): 155–156; D. Lazer *et al.*, «The Parable of Google Flu: Traps in Big Data Analysis», *Science* 343 (2014): 1203–1205.

49. C. Argyris, «Teaching Smart People How to Learn», *Harvard Business Review,* mayo-junio de 1991.

50. B. Schwartz, «Reinforcement-Induced Behavioral Stereotypy: How Not to Teach People to Discover Rules», *Journal of Experimental Psychology: General* 111, n.º 1 (1982): 23–59.

51. E. Winner, «Child Prodigies and Adult Genius: A Weak Link», en *The Wiley Handbook of Genius,* ed. D. K. Simonton (Malden, MA: John Wiley & Sons, 2014).

52. Una fuente útil, además del estudio *«adversarial collaboration»* de Kahneman y Klein, y del libro de Hogarth *Educating Intuition,* es: J. Shanteau, «Competence in Experts: The Role of Task Characteristics», *Organizational Behavior and Human Decision Processes* 53 (1992): 252–262.

53. Kahneman, *Thinking, Fast and Slow.*

54. P. A. Frensch y R. J. Sternberg, «Expertise and Intelligent Thinking: When Is It Worse Know Better?» en *Advances in the Psychology of Human Intelligence,* vol. 5, ed. R. J. Sternberg (New York: Psychology Press, 1989).

55. E. Dane, «Reconsidering the Trade-Off Between Expertise and Flexibility», *Academy of Management Review* 35, n.º 4 (2010): 579–603. Para más discusiones acerca de la flexibilidad e inflexibilidad de los expertos: P. J. Feltovich *et al.*, «Issues of Expert Flexibility in Contexts Characterized by Complexity and Change», en *Expertise in Context,* ed. P. J. Feltovich *et al.* (Cambridge, MA: AAAI Press/ MIT Press, 1997), y F. Gobet, *Understanding Expertise* (Basingstoke: Palgrave Macmillan, 2016).

56. R. Root-Bernstein *et al.*, «Arts Foster Scientific Success: Avocations of Nobel, National Academy, Royal Society and Sigma Xi Members», *Journal of Psychology of Science and Technology* 1, n.º 2 (2008): 51–63; R. RootBernstein *et al.*, «Correlations Between Avocations, Scientific Style, Work Habits, and Professional Impact of Scientists», *Creativity Research Journal* 8, n.º 2 (1995): 115–137.

57. S. Ramón y Cajal, *Precepts and Counsels on Scientific Investigation* (Mountain View, CA: Pacific Press Publishing Association, 1951).

58. A. Rothenberg, *A Flight from Wonder: An Investigation of Scientific Creativity* (Oxford: Oxford University Press, 2015).

59. D. K. Simonton, «Creativity and Expertise: Creators Are Not Equivalent to Domain-Specific Experts!», en *The Science of Expertise,* ed. D. Hambrick *et al.* (New York: Routledge, 2017 [Kindle ebook]).

60. Discurso de Stanford de Steve Jobs de 2005: https://news.stanford. edu/2005/06/14/jobs061505.

61. J. Horgan, «Claude Shannon: Tinkerer, Prankster, and Father of Information Theory», *IEEE Spectrum* 29, n.º 4 (1992): 72–75. Para más datos sobre Shannon, ver: J. Soni y R. Goodman, *A Mind at Play* (New York: Simon & Schuster, 2017).

62. C. J. Connolly, «Transition Expertise: Cognitive Factors and Developmental Processes That Contribute to Repeated Successful Career Transitions Amongst Elite Athletes, Musicians and Business People» (PhD thesis, Brunel University, 2011).

2: Cómo se formó este mundo «malo»

63. R. D. Tuddenham, «Soldier Intelligence in World Wars I and II», *American Psychologist* 3, n.º 2 (1948): 54–56.

64. J. R. Flynn, *Does Your Family Make You Smarter?* (Cambridge: Cambridge University Press, 2016), 85.

65. J. R. Flynn, *What Is Intelligence?* (Cambridge: Cambridge University Press, 2009).

66. J. R. Flynn, «The Mean IQ of Americans: Massive Gains 1932 to 1978», *Psychological Bulletin* 95, n.º 1 (1984): 29–51; J. R. Flynn, «Massive IQ Gains in 14 Nations», *Psychological Bulletin* 101, n.º 2 (1987): 171–191. Para un excelente recuento del efecto Flynn y su repercusión, ver: I. J. Deary, *Intelligence: A Very Short Introduction* (Oxford: Oxford University Press, 2001).

67. Además de la entrevista a Flynn, sus libros fueron de gran ayuda, especialmente las cien páginas del anexo de *Are We Getting Smarter?* (Cambridge: Cambridge University Press, 2012).

68. M. C. Fox y A. L. Mitchum, «A Knowledge-Based Theory of Rising Scores on "CultureFree" Tests», *Journal of Experimental Psychology* 142, n.º 3 (2013): 979–1000.

69. O. Must *et al.*, «Predicting the Flynn Effect Through Word Abstractness: Results from the National Intelligence Tests Support Flynn's Explanation», *Intelligence* 57 (2016): 7–14. Primero vi estos resultados en San Petersburgo, Rusia, en la conferencia anual de la International Society for Intelligence Research, realizada en 2016. La ISIR me invitó a dar la conferencia *Constance Holden Memorial Address*. Tras cuatro intentos de conseguir una Visa, finalmente, llegué. El evento estaba lleno de vigorosos pero civilizados debates, incluyendo el efecto Flynn, y fue una excelente fuente de recursos.

70. J. R. Flynn, *What Is Intelligence?*

71. E. Dutton *et al.*, «The Negative Flynn Effect», *Intelligence* 59 (2016): 163–169. Y, por ejemplo, ver en las tendencias de Sudán lo dicho por Flynn en *Are We Getting Smarter?*

72. El fascinante libro de Luria es la principal fuente de este capítulo: *Cognitive Development: Its Cultural and Social Foundations* (Cambridge, MA: Harvard University Press, 1976).

73. E. D. Homskaya, *Alexander Romanovich Luria: A Scientific Biography* (New York: Springer, 2001).

74. *Does Your Family Make You Smarter?*, de Flynn, y el capítulo 22 de R. J. Sternberg y S. B. Kaufman, eds., *The Cambridge Handbook of Intelligence* (Cambridge: Cambridge University Press, 2011).

75. Una descripción en profundidad del fenómeno de «ver los árboles» en un contexto diferente puede encontrarse en las secciones acerca de la «coherencia central débil», en U. Frith, *Autism: Explaining the Enigma* (Malden, MA: Wiley-Blackwell, 2003).

76. S. Scribner, «Developmental Aspects of Categorized Recall in a West African Society», *Cognitive Psychology* 6 (1974): 475–494. Para más trabajos que difundieron los descubrimientos de Luria, ver: M. Cole y S. Scribner, *Culture and Thought* (New York: John Wiley & Sons, 1974).

77. Búsqueda de la palabra inglesa *«percent»* en Google Books Ngram Viewer. Ver también: J. B. Michel *et al.*, «Quantitative Analysis of Culture Using Millions of Digitized Books», *Science* 331 (2011): 176–182.

78. Flynn, *Does Your Family Make You Smarter?*

79. S. Arbesman, *Overcomplicated* (New York: Portfolio, 2017), 158–160.

80. C. Schooler, «Environmental Complexity and the Flynn Effect», in *The Rising Curve,* ed. U. Neisser (Washington, DC: American Psychological Association, 1998). También ver: A. Inkeles y D. H. Smith, *Becoming Modern: Individual Change in Six Developing Countries* (Cambridge, MA: Harvard University Press, 1974).

81. S. Pinker, *The Better Angels of our Nature* (New York: Penguin, 2011).

82. Flynn, *Are We Getting Smarter?*

83. Flynn, *How to Improve Your Mind* (Malden, MA: Wiley-Blackwell, 2012). Flynn, amablemente, me facilitó los test y las respuestas.

84. R. P. Larrick *et al.*, «Teaching the Use of Cost-Benefit Reasoning in Everyday Life», *Psychological Science* 1, n.º 6 (1990): 362–370; R. P. Larrick *et al.*, «Who Uses the Cost-Benefit Rules of Choice?», *Organizational Behavior and Human Decision Processes* 56 (1993): 331–347. (La cita de Hogarth's «lo que me sorprende», en la nota al pie, proviene de su libro *Educating Intuition*, p. 222).

85. J. F. Voss *et al.*, «Individual Differences in the Solving of Social Science Problems», in *Individual Differences in Cognition,* vol. 1, ed. 44. R. F. Dillon y R. R. Schmeck (New York: Academic Press, 1983); D. R. Lehman *et al.*, «The Effects of Graduate Training on Reasoning», *American Psychologist* 43, n.º 6 (1988): 431–443.

86. «The College Core Curriculum», University of Chicago, https://college.uchicago.edu/academics/college-core-curriculum.

87. M. Nijhuis, «How to Call B.S. on Big Data: A Practical Guide», *The New Yorker,* 3 de junio de 2017, edición *online*.

88. J. M. Wing, «Computational Thinking», *Communications of the ACM* 49, n.º 3 (2006): 33–35.

89. B. Caplan, *The Case Against Education* (Princeton, NJ: Princeton University Press, 2018), 233–235.

90. J. R. Abel y R. Deitz, «Agglomeration and Job Matching among College Graduates». *Regional Science and Urban Economics* 51 (2015): 14–24.

91. A. J. Toynbee, *A Study of History,* vol. 12, *Reconsiderations* (Oxford: Oxford University Press, 1964), 42.

92. Vídeo del *Center for Evidence-Based Medicine,* «Doug Altman. Scandal of Poor Medical Research», https://www.youtube.com/watch?v=ZwDNPldQO1Q.

93. Además de los estudios de Larrick y Lehman, ver: D. F. Halpern, «Teaching Critical Thinking for Transfer Across Domains», *American Psychologist* 53, n.º 4 (1998): 449–455; W. Chang *et al.*, «Developing Expert Political Judgment», *Judgment and Decision Making* 11, n.º 5 (2016): 509–526.

94. «Case Studies: Bullshit in the Wild», *Calling Bullshit,* https://callingbullshit. org/case_studies.html.

3: Cuando menos de lo mismo es más

Las citas de este capítulo serán extensas, pero necesariamente abreviadas. Explicación: la investigación más exhaustiva de la vida y música de las *ospedali* fue realizado por Jane L. Baldauf-Berdes. Partes de su trabajo pueden encontrarse en libros como *Women Musicians of Venice* (Oxford: Oxford University Press, 1996), que apenas pudo completar antes de morir de cáncer. Tan solo llegó a la mitad de su trabajo. Luego me enteré de que se había dejado sus archivos en la David M. Rubenstein Rare Book and Manuscript Library de la Universidad de Duke. Gracias a la biblioteca y a su personal, tuve acceso a cuarenta y ocho cajas llenas de material de investigación de Baldauf-Berdes, desde traducciones de documentos originales hasta fotografías de antiguos instrumentos, y correspondencia de músicos y otros historiadores. Su pasión por el tema es evidente en esas cajas. Algunos pocos detalles que provienen de su investigación son, creo, publicados aquí por primera vez. Solo espero que a ella le hubiese gustado que un escritor curioso haga uso de su material. Le dedico este capítulo a Jane L. Baldauf-Berdes.

95. J. Kerman y G. Tomlinson, *Listen (Brief Fourth Edition).* (Boston: Bedford/ St. Martin's, 2000), capítulos 7 y 9. (Vivaldi como «campeón invencible» está en la p. 117.)

96. Esto es de las páginas 118–138 de la publicación moderna de relatos contemporáneos, que fueron una importante fuente para el capítulo de la música del

siglo XVIII en Europa: P. A. Scholes, ed., *Dr. Burney's Musical Tours in Europe*, vol. 1, *An Eighteenth-Century Musical Tour in France and Italy* (Oxford: Oxford University Press, 1959).

97. E. Selfridge-Field, «Music at the Pieta Before Vivaldi», *Early Music* 14, n.º 3 (1986): 373–386; R. Thackray, «Music Education in Eighteenth Century Italy», reimpreso de *Studies in Music* 9 (1975): 1–7.

98. E. Arnold y J. Baldauf-Berdes, *Maddalena Lombardini Sirmen* (Lanham, MD: Scarecrow Press, 2002).

99. J. Spitzer y N. Zaslaw, *The Birth of the Orchestra* (Oxford: Oxford University Press, 2004), 175. Also: Scholes, ed., *Burney's Musical Tours en Europe*, vol. 1, 137.

100. A. Pugh, *Women in Music* (Cambridge: Cambridge University Press, 1991).

101. Hester L. Piozzi, *Autobiography, Letters and Literary Remains of Mrs. Piozzi (Thrale)* (Tredition Classics, 2012 [Kindle ebook]).

102. Arnold y Baldauf-Berdes, *Maddalena Lombardini Sirmen.*

103. El escrito de Coli apareció en 1687 en *Pallade Veneta*, un (olvidado) periódico que publicaba comentarios en forma de cartas. La mejor fuente sobre el periódico es: E. Selfridge-Field, *Pallade Veneta: Writings on Music in Venetian Society, 1650–1750* (Venice: Fondazione Levi, 1985).

104. J. L. Baldauf-Berdes, «Anna Maria della Pietà: The Woman Musician of Venice Personified», en *Cecilia Reclaimed,* ed. S. C. Cook y J. S. Tsou (Urbana: University of Illinois Press, 1994).

105. Esto es de otra fuente destacable, un libro de documentos originales escaneados y compilados por Micky White, un antiguo fotógrafo de deportes británico y fanático de Vivaldi que se mudó a Venecia con la misión de hurgar en los inmensos archivos de la Pietà: M. White, *Antonio Vivaldi: A Life in Documents (with CD-ROM)* (Florence: Olschki, 2013), 87.

106. Baldauf-Berdes, «Anna Maria della Pietà».

107. Rousseau era un músico autodidacta. Sus citas provienen de su famoso trabajo autobiográfico *Las confesiones.*

108. El poema anónimo (c. 1740) fue traducido al inglés por Baldauf-Berdes y M. Civera desde R. Giazotto, *Vivaldi* (Turin: ERI, 1973).

109. Lady Anna Riggs Miller, *Letters from Italy Describing the Manners, Customs, Antiquities, Paintings, etc. of that Country in the Years MDCCLXX and MDCLXXI,* vol. 2 (Impreso por E. y C. Dilly, 1777), 360–361.

110. D. E. Kaley, «The Church of the Pietà» (Venice: International Fund for Monuments, 1980).

111. De una de las muchas listas de músicos e instrumentos que Baldauf-Berdes compiló en su investigación de archivos. Esta en especial está en la caja 1 de las 48 que se encuentran en la Biblioteca Rubinstein de la Universidad de Duke.

112. Baldauf-Berdes, *Women Musicians of Venice* (Oxford: Oxford University Press, 1996).

113. Scholes, ed., *Burney's Musical Tours in Europe,* vol. 1.

114. Arnold y Baldauf-Berdes, *Maddalena Lombardini Sirmen.*

115. Una de las muchas huérfanas de la lista. También se trata ampliamente su figura en el documental de Micky White para la BBC titulado *Vivaldi's Women.*

116. R. Rolland, *A Musical Tour Through the Land of the Past* (New York: Henry Holt, 1922).

117. M. Pincherle, «Vivaldi and the "Ospitali" of Venice», *Musical Quarterly* 24, n.° 3 (1938): 300–312.

118. D. Arnold. «Venetian Motets and Their Singers», *Musical Times* 119 (1978): 319–321. (La pieza musical que se discute es *Exsultate, jubilate,* que el autor muestra como representativa de la música sacra de Mozart.)

119. Arnold y Baldauf-Berdes, *Maddalena Lombardini Sirmen.*

120. En una propuesta de investigación realizada para la *Gladys Krieble Delmas Foundation* en 1989, Baldauf-Berdes contó esta y otras ocasiones en las cuales las *figlie* fueron olvidadas. Las series que tenía intención de publicar, desafortunadamente, fueron una de las cosas que no pudo acabar.

121. Baldauf-Berdes, «Anna Maria della Pietà».

122. G. J. Buelow, ed., *The Late Baroque Era* (Basingstoke: Macmillan, 1993).

123. R. Lane, «How to Choose a Musical Instrument for My Child», Upperbeachesmusic.com, 5 de enero de 2017.

124. M. Steinberg, «Yo-Yo Ma on Intonation, Practice, and the Role of Music in Our Lives», *Strings,* 17de septiembre de 2015, edición *online.*

125. J. A. Sloboda *et al.,* «The Role of Practice in the Development of Performing Musicians», *British Journal of Psychology* 87 (1996): 287–309. Ver también: G. E. McPherson *et al.,* «Playing an Instrument», en *The Child as Musician,* ed. G. E. McPherson (Oxford: Oxford University Press, 2006). («Se ha descubierto que algunos de los aprendices jóvenes más exitosos son aquellos que han practicado con una amplia lista de instrumentos musicales»), y J. A. Sloboda y M. J. A. Howe, «Biographical Precursors of Musical Excellence», *Psychology of Music* 19 (1991): 3–21. («Los niños excepcionales practican mucho menos que el promedio con el primer instrumento, pero mucho más que el promedio con su tercer instrumento.»)

126. S. A. O'Neill, «Developing a Young Musician's Growth Mindset», en *Music and the Mind,* ed. I. Deliege y J. W. Davidson (Oxford: Oxford University Press, 2011).

127. Sloboda y Howe, «Biographical Precursors of Musical Excellence».

128. A. Ivaldi, «Routes to Adolescent Musical Expertise», en *Music and the Mind,* ed. Deliege y Davidson.

129. P. Gorner, «Cecchini's Guitar Truly Classical», *Chicago Tribune,* 13 de julio de 1968. (Studs Terkel entrevistó a Cecchini el día anterior al concierto. Esa fantástica conversación sobre música puede escucharse en: http://jackcecchini.com/Interviews.html.)

130. T. Teachout, *Duke: A Life of Duke Ellington* (New York: Gotham Books, 2013).

131. Kerman y Tomlinson, *Listen,* 394.

132. L. Flanagan, *Moonlight in Vermont: The Official Biography of Johnny Smith* (Anaheim Hills, CA: Centerstream, 2015).

133. F. M. Hall, *It's About Time: The Dave Brubeck Story.* (Fayetteville: University of Arkansas Press, 1996).

134. M. Dregni, *Django: The Life and Music of a Gypsy Legend* (Oxford: Oxford University Press, 2004 [Kindle ebook]). Otras dos fuentes con detalles acerca de la vida de Django son: C. Delaunay, *Django Reinhardt* (New York: DaCapo, 1961). (En la contraportada, James Lincoln Collier, autor de *The Making of Jazz,* considera a Django, sin ninguna duda, como el guitarrista más impor-

tante.) Una edición especial de *Guitar Player Magazine* (de noviembre de 1976) dedica el número a Django e incluye historias de grandes guitarristas que lo habían conocido.

135. El set de cinco CD «Django Reinhardt. Musette to Maestro 1928–1937: The Early Work of a Guitar Genius» (JSP Records, 2010) incluye grabaciones de un joven Reinhardt antes y después de su accidente.

136. Jacob McMurray, curador del Seattle's Museum of Pop Culture, amablemente confirmó esto con la colección permanente del museo.

137. «Django Reinhardt Clip Performing Live (1945)», YouTube, www.youtube.com/watch?v=aZ308aOOX04. (La fecha en el vídeo de YouTube es incorrecta. El clip proviene de una película de 1938 titulada *Jazz Hot*).

138. Y otras citas de Berliner: P. F. Berliner, *Thinking in Jazz* (Chicago: University of Chicago Press, 1994).

139. C. Kalb, «Who Is a Genius?», *National Geographic,* mayo de 2017.

140. *Guitar Player,* noviembre de 1976.

141. Dregni, *Django.*

142. A. Midgette, «Concerto on the Fly: Can Classical Musicians Learn to Improvise», *Washington Post,* 15 de junio de 2012, edición *online*.

143. Y detalles acerca de golpear con violines a sus hermanos: S. Suzuki, *Nurtured by Love,* trans. W. Suzuki (Alfred Music, 1993 [Kindle ebook]).

144. J. S. Dacey, «Discriminating Characteristics of the Families of Highly Creative Adolescents», *Journal of Creative Behavior* 23, n.º 4 (1989): 263–271. (Grant menciona el estudio realizado en: «How to Raise a Creative Child. Step One: Back Off», *The New York Times*, 30 de junio de 2016.)

4: Aprender rápido, aprender despacio

145. La escena de la clase de primaria es de un vídeo transcrito y analizado por Trends in International Mathematics and Science Study (TIMSS). Este vídeo en especial es «M-US2 Writing Variable Expressions».

146. La maestra se equivocó y dijo «dos». Se ha corregido para que quede claro.

147. J. Hiebert *et al.*, «Teaching Mathematics in Seven Countries», National Center for Education Statistics, 2003, cap. 5.

148. E. R. A. Kuehnert *et al.* «Bansho: Visually Sequencing Mathematical Ideas», *Teaching Children Mathematics* 24, n.º 6 (2018): 362–369.

149. L. E. Richland *et al.*, «Teaching the Conceptual Structure of Mathematics», *Educational Psychology* 47, n.º 3 (2012): 189–203.

150. N. Kornell y J. Metcalfe, «The Effects of Memory Retrieval, Errors and Feedback on Learning», en *Applying Science of Learning in Education*, V. A. Benassi *et al.*, ed. (Society for the Teaching of Psychology, 2014); J. Metcalfe y N. Kornell, «Principles of Cognitive Science in Education», *Psychonomic Bulletin and Review* 14, n.º 2 (2007): 225–229.

151. T. S. Eich *et al.*, «The Hypercorrection Effect in Younger and Older Adults», *Neuropsychology, Development and Cognition. Section B, Aging, Neuropsychology and Cognition* 20, n.º 5 (2013): 511–521; J. Metcalfe *et al.*, «Neural Correlates of People's Hypercorrection of Their False Beliefs», *Journal of Cognitive Neuroscience* 24, n.º 7 (2012): 1571–1583.

152. N. Kornell y H. S. Terrace, «The Generation Effect in Monkeys», *Psychological Science* 18, n.º 8 (2007): 682–685.

153. N. Kornell *et al.*, «Retrieval Attempts Enhance Learning, but Retrieval Success (Versus Failure) Does Not Matter», *Journal of Experimental Psychology: Learning, Memory, and Cognition* 41, n.º 1 (2015): 283–294.

154. H. P. Bahrick y E. Phelps, «Retention of Spanish Vocabulary over 8 Years», *Journal of Experimental Psychology: Learning, Memory, and Cognition* 13, n.º 2 (1987): 344–349.

155. L. L. Jacoby y W. H. Bartz, «Rehearsal and Transfer to LTM», *Journal of Verbal Learning and Verbal Behavior* 11 (1972): 561–565.

156. N. J. Cepeda *et al.*, «Spacing Effects in Learning», *Psychological Science* 19, n.º 11 (2008): 1095–1102.

157. H. Pashler *et al.*, «Organizing Instruction and Study to Improve Student Learning», National Center for Education Research, 2007.

158. S. E. Carrell y J. E. West, «Does Professor Quality Matter?», *Journal of Political Economy* 118, n.º 3 (2010): 409–432.

159. M. Braga *et al.*, «Evaluating Students' Evaluations of Professors», *Economics of Education Review* 41 (2014): 71–88.

160. R. A. Bjork, «Institutional Impediments to Effective Training», en *Learning, Remembering, Believing: Enhancing Human Performance,* ed. D. Druckman y R. A. Bjork (Washington, DC: National Academies Press, 1994), 295–306.

161. C. M. Clark y R. A. Bjork, «When and Why Introducing Difficulties and Errors Can Enhance Instruction», en *Applying the Science of Learning in Education,* ed. V. A. Benassi *et al.* (Society for the Teaching of Psychology, 2014 [ebook]).

162. C. Rampell, «Actually, Public Education is Getting Better, Not Worse», *Washington Post*, 18 de septiembre de 2014.

163. G. Duncan y R. J. Murnane, *Restoring Opportunity* (Cambridge, MA: Harvard Education Press, 2014 [Kindle ebook]).

164. D. Rohrer y K. Taylor, «The Shuffling of Mathematics Problems Improves Learning», *Instructional Science* 35 (2007): 481–498.

165. M. S. Birnbaum *et al.*, «Why Interleaving Enhances Inductive Learning», *Memory and Cognition* 41 (2013): 392–402.

166. C. L. Holladay y M. A. Quiñones, «Practice Variability and Transfer of Training», *Journal of Applied Psychology* 88, n.º 6 (2003): 1094–1103.

167. N. Kornell y A. Bjork, «Learning Concepts and Categories: Is Spacing the "Enemy of Induction"?», *Psychological Science* 19, n.º 6 (2008): 585–592.

168. M. Bangert *et al.*, «When Less of the Same Is More: Benefits of Variability of Practice in Pianists», *Proceedings of the International Symposium on Performance Science* (2013): 117–122.

169. Bjork sugirió esto en el libro de Daniel Coyle's *The Talent Code* (New York: Bantam, 2009).

170. Ver, por ejemplo: M. T. H. Chi *et al.*, «Categorization and Representation of Physics Problems by Experts and Novices», *Cognitive Science* 5, n.º 2 (1981): 121–152, y J. F. Voss *et al.*, «Individual Differences in the Solving of Social Science Problems», en *Individual Differences in Cognition,* vol. 1, ed. R. F. Dillon y R. R. Schmeck (New York: Academic Press, 1983).

171. D. Bailey *et al.*, «Persistence and Fadeout in Impacts of Child and Adolescent Interventions», *Journal of Research on Educational Effectiveness* 10, n.° 1 (2017): 7–39.

172. S. G. Paris, «Reinterpreting the Development of Reading Skills», *Reading Research Quarterly* 40, n.° 2 (2005): 184–202.

5: Pensar más allá de la experiencia

173. A. A. Martínez, «Giordano Bruno and the Heresy of Many Worlds», *Annals of Science* 73, n.° 4 (2016): 345–374.

174. Algunas fuentes que brindan un excelente contexto sobre la visión del mundo en la época del joven Kepler y sus analogías transformativas son: D. Gentner *et al.*, «Analogical Reasoning and Conceptual Change: A Case Study of Johannes Kepler», *Journal of the Learning Sciences* 6, n.° 1 (1997): 3–40; D. Gentner, «Analogy in Scientific Discovery: The Case of Johannes Kepler», en *Model-Based Reasoning: Science, Technology, Values,* ed. L. Magnani y N. J. Nersessian (New York: Kluwer Academic/Plenum Publishers, 2002), 21–39; D. Gentner *et al.*, «Analogy and Creativity in the Works of Johannes Kepler», en *Creative Thought: An Investigation of Conceptual Structures and Processes,* ed. T. B. Ward *et al.* (Washington, DC: American Psychological Association, 1997).

175. D. Gentner y A. B. Markman, «Structure Mapping in Analogy and Similarity», *American Psychologist* 52, n.° 1 (1997): 45–56. También, Kepler leyó una nueva publicación sobre magnetismo: A. Caswell, «Lectures on Astronomy», *Smithsonian Lectures on Astronomy,* 1858 (Colección del British Museum).

176. J. Gleick, *Isaac Newton* (New York: Vintage, 2007).

177. A. Koestler, *The Sleepwalkers: A History of Man's Changing Vision of the Universe* (New York: Penguin Classics, 2017).

178. B. Vickers, «Analogy Versus Identity» en: *Occult and Scientific Mentalities in the Renaissance,* ed. B. Vickers (Cambridge: Cambridge University Press, 1984).

179. Gentner *et al.*, «Analogy and Creativity in the Works of Johannes Kepler»; E. McMullin, «The Origins of the Field Concept in Physics», *Physics in Perspective* 4, n.° 1 (2002): 13–39.

180. M. L. Gick y K. J. Holyoak, «Analogical Problem Solving», *Cognitive Psychology* 12 (1980): 306–355.

181. M. L. Gick y K. J. Holyoak, «Schema Induction and Analogical Transfer», *Cognitive Psychology* 15 (1983): 1–38.

182. T. Gilovich, «Seeing the Past in the Present: The Effect of Associations to Familiar Events on Judgments and Decisions», *Journal of Personality and Social Psychology* 40, n.º 5 (1981): 797–808.

183. La historia de Kahneman está narrada en su libro *Thinking, Fast and Slow* (New York: Farrar, Straus & Giroux, 2011). El contexto y las distintas perspectivas también se pueden encontrar en: D. Kahneman y D. Lovallo, «Timid Choices and Bold Forecasts», *Management Science* 39, n.º 1 (1993): 17–31.

184. D. Lovallo, C. Clarke y C. Camerer, «Robust Analogizing and the Outside View», *Strategic Management Journal* 33, n.º 5 (2012): 496–512.

185. M. J. Mauboussin, *Think Twice: Harnessing the Power of Counterintuition* (Boston: Harvard Business Review Press, 2009).

186. L. van Boven y N. Epley, «The Unpacking Effect in Evaluative Judgments: When the Whole Is *Less* Than the Sum of Its Parts», *Journal of Experimental Social Psychology* 39 (2003): 263–269.

187. A. Tversky y D. J. Koehler, «Support Theory», *Psychological Review* 101, n.º 4 (1994): 547–567.

188. B. Flyvbjerg *et al.*, «What Causes Cost Overrun in Transport Infrastructure Projects?» *Transport Reviews* 24, n.º 1 (2004): 3–18.

189. B. Flyvbjerg, «Curbing Optimism Bias and Strategic Misrepresentation in Planning», *European Planning Studies* 16, n.º 1 (2008): 3–21. The £1 billion price tag: S. Brocklehurst, «Going off the Rails», *BBC Scotland*, 30 de mayo de 2014, edición *online*.

190. Lovallo, Clarke y Camerer, «Robust Analogizing and the Outside View».

191. T. Vanderbilt, «The Science Behind the Netflix Algorithms That Decide What You'll Watch Next», Wired.com, 7 de agosto de 2013, y C. Burger, «Personalized Recommendations at Netflix», Tastehit.com, 23 de febrero de 2016.

192. F. Dubin y D. Lovallo, «The Use and Misuse of Analogies in Business», Working Paper (Sydney: University of Sydney, 2008).

193. Una breve discusión acerca del ímpetu del Boston Consulting Group se puede encontrar en: D. Gray, «A Gallery of Metaphors», *Harvard Business Review,* septiembre de 2003.

194. B. M. Rottman *et al.*, «Causal Systems Categories: Differences in Novice and Expert Categorization of Causal Phenomena», *Cognitive Science* 36 (2012): 919–932.

195. M. T. H. Chi *et al.*, «Categorization and Representation of Physics Problems by Experts and Novices», *Cognitive Science* 5, n.º 2 (1981): 121–152.

196. Koestler, *The Sleepwalkers.*

197. N. Morvillo, *Science and Religion: Understanding the Issues* (Malden, MA: WileyBlackwell, 2010).

198. Koestler, *The Sleepwalkers.*

199. Una excelente fuente sobre el trabajo de Dunbar es: K. Dunbar, «What Scientific Thinking Reveals About the Nature of Cognition», en *Designing for Science,* ed. K. Crowley *et al.* (Mahwah, NJ: Lawrence Erlbaum Associates, 2001).

200. K. Dunbar, «How Scientists Really Reason», en *The Nature of Insight,* ed. R. J. Sternberg y J. E. Davidson (Cambridge, MA: MIT Press, 1995), 365–395.

6: El problema de tener demasiada tenacidad

201. Detalles de la vida de Van Gogh provienen de muchas fuentes, incluyendo cartas enviadas o recibidas por Van Gogh. Más de novecientas cartas están disponibles en *Vincent van Gogh: The Letters website* (vangoghletters.org), cortesía del museo Van Gogh y el Huygens Institute for the History of the Netherlands. De no haber tenido otras fuentes, no hubiese sabido qué cartas leer. Estas son: Steven Naifeh y Gregory White Smith, *Van Gogh: The Life* (New York: Random House, 2011). Naifeh y Smith crearon también una base de datos disponible en vangoghbiography.com/notes.php. Ha sido muy útil. Otras dos fuentes escritas muy útiles han sido: N. Denekamp *et al.*, *The Vincent van Gogh Atlas* (New Haven, CT: Yale University Press and the Van Gogh Museum, 2016), y J. Hulsker, *The Complete Van Gogh* (New York:

Harrison House/ H. N. Abrams, 1984). Finalmente, dos exhibiciones: «Van Gogh's Bedrooms» en el Art Institute of Chicago (2016), y las colecciones del Impresionismo y Posimpresionismo del Museo del Hermitage de San Petersburgo, Rusia.

202. Naifeh y Smith, *Van Gogh: The Life.*

203. Carta de Van Gogh a su hermano Theo de junio de 1884.

204. Naifeh y Smith, *Van Gogh: The Life.*

205. Carta de Van Gogh a su hermano Theo de septiembre de 1877.

206. Emile Zola, *Germinal,* trans. R. N. MacKenzie (Indianapolis: Hackett Publishing, 2011).

207. Carta de Van Gogh a su hermano Theo de junio de 1880.

208. Carta de Van Gogh a su hermano Theo de agosto de 1880.

209. Naifeh y Smith, *Van Gogh: The Life.*

210. Carta de Van Gogh a su hermano Theo de marzo de 1882 (traducción al inglés de Johanna van Gogh-Bonger).

211. Naifeh y Smith, *Van Gogh: The Life.*

212. Carta de Van Gogh a su hermano Theo de agosto de 1882. La pintura que hizo ese día es *Vista del mar en Scheveningen.* El cuadro fue robado del museo Van Gogh en 2002, pero recuperado una década más tarde.

213. El recuento de G. Albert Aurier, llevaba por título «*Les isolés:* Vincent Van Gogh».

214. El número exacto era de 39,84 y surge de la publicación *online Our World in Data* (ourworldindata.org).

215. *The Great Masters* (London: Quantum Publishing, 2003).

216. J. K. Rowling, texto de su discurso: «The Fringe Benefits of Failure, and the Importance of Imagination», *Harvard Gazette,* 5 de junio de 2008, edición *online.*

217. T. W. Schultz, «Resources for Higher Education», *Journal of Political Economy* 76, n.º 3 (1968): 327–347.

218. O. Malamud, «Discovering One's Talent: Learning from Academic Specialization», *Industrial and Labor Relations* 64, n.º 2 (2011): 375–405.

219. O. Malamud, «Breadth Versus Depth: The Timing of Specialization in Higher Education», *Labour* 24, n.º 4 (2010): 359–390.

220. D. Lederman, «When to Specialize?», *Inside Higher Ed,* 25 de noviembre de 2009.

221. Malamud, «Discovering One's Talent».

222. S. D. Levitt, «Heads or Tails: The Impact of a Coin Toss on Major Life Decisions and Subsequent Happiness», NBER Working Paper No. 22487 (2016).

223. Levitt, en el programa de radio de *Freakonomics,* «The Upside of Quitting», del 30 de septiembre de 2011.

224. C. K. Jackson, «Match Quality, Worker Productivity, and Worker Mobility: Direct Evidence from Teachers», *Review of Economics and Statistics* 95, n.º 4 (2013): 1096–1116.

225. A. L. Duckworth *et al.*, «Grit: Perseverance and Passion for LongTerm Goals», *Journal of Personality and Social Psychology* 92, n.º 6 (2007): 1087–1101. (Los nuevos cadetes eran un total de 1.223, por lo que Duckworth encuestó a casi todos.) La tabla 3 es un buen resumen de la cantidad de variación del coeficiente de *grit* en los resultados de West Point, del campeonato de deletreo (*The Scripps National Spelling Bee*) y de las notas de los estudiantes de la Ivy League, así como del nivel educativo de los adultos. Duckworth ha hecho que su trabajo sea muy fácil de entender en su libro *Grit: The Power of Passion and Perseverance* (New York: Scribner, 2016).

226. Un artículo crítico sobre el *grit* y todo el sistema de calificación de candidatos es: D. Engber, «Is *"Grit"* Really the Key to Success?», *Slate,* 8 de mayo de 2016.

227. A. Duckworth, «Don't Grade Schools on Grit», *The New York Times,* 26 de marzo de 2016.

228. Duckworth *et al.*, «*Grit*: Perseverance and Passion for LongTerm Goals».

229. M. Randall, «New Cadets March Back from "Beast Barracks" at West Point», *Times Herald-Record,* 8 de agosto de 2016.

230. R. A. Miller, «Job Matching and Occupational Choice», *Journal of Political Economy* 92, n.º 6 (1984): 1086–1120.

231. S. Godin, *The Dip: A Little Book That Teaches You When to Quit (and When to Stick)* (New York: Portfolio, 2007 [Kindle ebook]).

232. G. Cheadle (Brig. Gen. USAF [Ret.]), «Retention of USMA Graduates on Active Duty», ensayo realizado para la USMA Association of Graduates, 2004.

233. Esta monografía pertenece a una serie de seis sobre el desarrollo de oficiales y su retención: C. Wardynski *et al.*, «Towards a U.S. Army Officer Corps Strategy for Success: Retaining Talent», Strategic Studies Institute, 2010.

234. A. Tilghman, «At West Point, Millennial Cadets Say Rigid Military Career Tracks Are Outdated», *Military Times,* 26 de marzo de 2016.

235. D. Vergun, «Army Helping Cadets Match Talent to Branch Selection», *Army News Service*, 21 de marzo de 2017.

236. Puedes comparar tu coeficiente de *grit* respecto a otros adultos en https://angeladuckworth.com/grit-scale/.

237. S. Cohen, «Sasha Cohen: An Olympian's Guide to Retiring at 25», *The New York Times,* 24 de febrero de 2018.

238. Gallup's *State of the Global Workplace* report, 2017.

7: Coqueteando con tus distintas posibilidades

239. La información sobre la vida de Hesselbein proviene de muchas entrevistas con ella, así como de sus libros y de personas que la conocen bien. Su libro *My Life in Leadership* (San Francisco: Jossey-Bass, 2011) ha sido muy útil y contiene la cita de «una médica, una abogada y una aviadora».

240. E. Edersheim, «The Woman Drucker Said Was the Best CEO in America», *Management Matters Network*, 27 de abril de 2017.

241. J. A. Byrne, «Profiting from the Nonprofits», *Business Week,* 26 de marzo de 1990.

242. Cuando el presidente Bill Clinton entregó la medalla a Hesselbein, le pidió en broma que, en lugar de subir al estrado, fuera hacia él, ya que a ella no le gustaban las jerárquicas palabras de «arriba» o «abajo».

243. *Good Morning America*, 26 de abril de 2016.

244. Phil Knight, *Shoe Dog* (New York: Scribner, 2016).

245. Este y otros detalles de la biografía de Darwin se pueden encontrar en *The Autobiography of Charles Darwin*. Versión libre glosada: Darwin-online. org.uk

246. Hay mucha información, como la invitación del profesor J. S. Henslow (en una carta del 24 de agosto de 1831), disponible públicamente en la University of Cambridge's Darwin Correspondence Project (www. darwinproject.ac.uk).

247. *The Autobiography of Charles Darwin*.

248. Biografía en su página web: www.michaelcrichton.com.

249. J. Quoidbach, D. T. Gilbert, y T. D. Wilson, «The End of History Illusion», *Science* 339, n.º 6115 (2013): 96–98.

250. B. W. Roberts *et al.*, «Patterns of Mean-Level Change in Personality Traits Across the Life Course», *Psychological Bulletin* 132, n.º 1 (2006): 1-25. Ver también: B. W. Roberts y D. Mroczek, «Personality Trait Change in Adulthood», *Current Directions in Psychological Science* 17, n.º 1 (2009): 31–35. Para repasar investigaciones sobre personalidad explicadas para el público general, ver: M. B. Donnellan, «Personality Stability and Change», en *Noba Textbook Series: Psychology*, ed. R. Biswas-Diener y E. Diener (Champaign, IL: DEF Publishers, 2018), nobaproject.com.

251. W. Mischel, *The Marshmallow Test* (New York: Little, Brown, 2014 [Kindle ebook]).

252. Shoda aprovechó la ocasión, al ganar un premio de investigación, de dejar claro nuevamente este punto. El 2 de junio de 2015, una nota de prensa de la Universidad de Washington, que anunciaba el premio, decía que: «Agradecido por el honor del premio, Shoda manifestó su preocupación por la incorrecta cobertura mediática que ha tenido el experimento durante todos estos años y la idea de que los padres pueden predecir el destino de sus hijos haciendo el estudio ellos mismos. Agregó que la relación que existe entre lo que se

haga en el test y lo que suceda en la vida, está lejos de ser perfecta y que existe mucho espacio para el cambio».

253. Y. Shoda *et al.*, eds., *Persons in Context: Building a Science of the Individual* (New York: Guilford Press, 2007 [Kindle ebook]).

254. T. W. Watts *et al.*, «Revisiting the Marshmallow Test», *Psychological Science* 29, n.º 7 (2018): 1159–1177.

255. T. Rose, *The End of Average: How We Succeed in a World That Values Sameness* (New York: HarperOne, 2016 [Kindle ebook]).

256. H. Ibarra, *Working Identity* (Boston: Harvard Business Review Press, 2003).

257. P. Capell, «Taking the Painless Path to a New Career», *Wall Street Journal Europe*, 2 de enero de 2002.

258. «What You'll Wish You'd Known», www.paulgraham.com/hs.html.

259. W. Wallace, «Michelangelo: Separating Theory and Practice», in *Imitation, Representation and Printing in the Italian Renaissance,* ed. R. Eriksen and M. Malmanger (Pisa and Rome: Fabrizio Serra Editore, 2009).

260. *The Complete Poems of Michelangelo,* trad. al inglés: J. F. Nims (Chicago: University of Chicago Press, 1998): poema 5 (pintura); p. 8 (a medio acabar).

261. «Haruki Murakami, The Art of Fiction, n.º 182.» *The Paris Review,* 170 (2004).

262. H. Murakami, «The Moment I Became a Novelist», *Literary Hub,* 25 de junio de 2015.

263. Biografía que se encuentra en patrickrothfuss.com.

264. Entrevista con Maryam Mirzakhani, *The Guardian,* 12 de agosto de 2014, republicada con permiso del Clay Mathematics Institute.

265. A. Myers y B. Carey, «Maryam Mirzakhani, Stanford Mathematician and Fields Medal Winner, Dies», *Stanford News,* 15 de julio de 2007.

266. «A new beginning», chrissiewellington.org, 12 de marzo de 2012.

267. H. Finster, tal como se lo contó a T. Patterson, *Howard Finster: Stranger from Another World* (New York: Abbeville Press, 1989).

8: La ventaja de los marginales (outsiders)

268. K. R. Lakhani, «InnoCentive.com (A)», HBS n.º 9608170, Harvard Business School Publishing, 2009. Ver también: S. Page, *The Difference* (Princeton, NJ: Princeton University Press, 2008).

269. T. Standage, *An Edible History of Humanity* (New York: Bloomsbury, 2009).

270. «Selected Innovation Prizes and Rewards Programs», Knowledge Ecology International, KEI Research Note, 2008: 1.

271. J. H. Collins, *The Story of Canned Foods* (New York: E. P. Dutton, 1924).

272. Standage, *An Edible History of Humanity*.

273. Presentación de Cragin en la entrega de los premios *Collaborative Innovation: Public Sector Prizes,* 12 de junio de 2012, Washington, D.C., The Case Foundation y The Joyce Foundation.

274. J. Travis, «Science by the Masses», *Science* 319, n.º 5871 (2008): 1750–1752.

275. C. Dean, «If You Have a Problem, Ask Everyone», *The New York Times,* julio de 2008. Ver también: Entrevista de L. Moise con K. Lakhani, «5 Questions with Dr. Karim Lakhani», *InnoCentive Innovation Blog,* 25 de julio de 2008.

276. K. R. Lakhani *et al.*, «Open Innovation and Organizational Boundaries», en A. Grandori, ed., *Handbook of Economic Organization* (Cheltenham: Edward Elgar, 2013).

277. S. Joni, «Stop Relying on Experts for Innovation: A Conversation with Karim Lakhani», *Forbes,* 23 de octubre de 2013, edición *online.*

278. Equipo de Kaggle, «Profiling Top Kagglers: Bestfitting, Currently #1 in the World» (blog oficial de Kaggle), 7 de mayo de 2018.

279. Copia de un memorándum del 17 de diciembre de 1962 emitido por la oficina de Relaciones Públicas de la Universidad de Chicago (n.º 62-583).

280. D. R. Swanson, «On the Fragmentation of Knowledge, the Connection Explosion, and Assembling Other People's Ideas», *Bulletin of the American Society for Information Science and Technology* 27, n.º 3 (2005): 12–14.

281. K. J. Boudreau *et al.*, «Looking Across and Looking Beyond the Knowledge Frontier», *Management Science* 62, n.º 10 (2016): 2765–2783.

282. D. R. Swanson, «Migraine and Magnesium: Eleven Neglected Connections», *Perspectives in Biology and Medicine* 31, n.º 4 (1988): 526–557.

283. Entrevista de L. Moise con K. Lakhani, «5 Questions with Dr. Karim Lakhani.»

284. El estudio era: F. Deymeer *et al.*, «EmeryDreifuss Muscular Dystrophy with Unusual Features», *Muscle and Nerve* 16 (1993): 1359–1365.

285. El equipo de investigación italiano pronto publicó sus resultados (y le dio las gracias a Jill): G. Bonne *et al.*, «Mutations in the Gene Encoding 179–Lamin A/C Cause Autosomal Dominant Emery-Dreifuss Muscular Dystrophy», *Nature Genetics* 21, n.º 3 (1999): 285–288.

9: Pensamiento lateral con tecnología obsoleta

286. Varias fuentes se han utilizado para la historia de Nintendo, en especial: F. Gorges with I. Yamazaki, *The History of Nintendo,* vol. 1, *1889–1980* (Triel-sur-Seine: Pix'N Love, 2010). F. Gorges with I. Yamazaki, *The History of Nintendo,* vol. 2, *1980–1991* (Triel-sur-Seine: Pix'N Love, 2012); E. Voskuil, *Before Mario: The Fantastic Toys from the Video Game Giant's Early Days* (Chatillon: Omake Books, 2014); J. Parish, *Game Boy World 1989* (Norfolk, VA: CreateSpace, 2016); D. Sheff, *Game Over: How Nintendo Conquered the World* (New York: Vintage, 2011).

287. Para saber la fuente de las citas de Yokoi, ver la nota al pie de la página 203.

288. Gorges con Yamazaki, *The History of Nintendo, vol. 2,* 1980–1991.

289. E. de Bono, *Lateral Thinking: Creativity Step by Step* (New York: HarperCollins, 2010).

290. Las simples patentes de Yokoi son un tesoro de la historia de la invención. Esta patente (U.S. n.º 4398804) y otras pueden encontrarse utilizando *Google Patents.*

291. B. Edwards, «Happy 20th b-day, Game Boy», *Ars Technica,* 21 de abril de 2009.

292. shmuplations.com (traducción), «Console Gaming Then and Now: A Fascinating 1997 Interview with Nintendo's Legendary Gunpei Yokoi», techspot.com, 10 de julio de 2015.

293. Para una excelente descripción de este acertijo, ver: D. Pink, *Drive* (New York: Riverhead, 2011).

294. Texto del prólogo de Satoru Okada, en el libro *Before Mario*.

295. IGN staff, «Okada on the Game Boy Advance», IGN.com, 13 de septiembre de 2000.

296. M. Kodama, *Knowledge Integration Dynamics* (Singapore: World Scientific): 211.

297. C. Christensen y S. C. Anthony, «What Should Sony Do Next?», *Forbes*, 1 de agosto de 2007, edición *online*.

298. F. Dyson, «Bird and Frogs», *Notices of the American Mathematical Society* 56, n.º 2 (2009): 212–223. (Dyson tal vez sea un sapo matemático, pero es también un excelente escritor.)

299. M. F. Weber *et al.*, «Giant Birefringent Optics in Multilayer Polymer Mirrors», *Science* 287 (2000): 2451–2456; y R. F. Service, «Mirror Film Is the Fairest of Them All», *Science* 287 (2000): 2387–2389.

300. R. Ahmed *et al.*, «Morpho Butterfly-Inspired Optical Diffraction, Diffusion, and Biochemical Sensing», *RSC Advances* 8 (2018): 27111–27118.

301. La charla de Ouderkirk en el TEDxHHL, del 14 de octubre de 2016.

302. W. F. Boh, R. Evaristo y A. Ouderkirk, «Balancing Breadth and Depth of Expertise for Innovation: A 3M Story», *Research Policy* 43 (2013): 349–366.

303. Charla de Ouderkirk en el TEDxHHL, del 14 de octubre de 2016.

304. G. D. Glenn y R. L. Poole, *The Opera Houses of Iowa* (Ames: Iowa State University Press, 1993). Para más información acerca de este fenómeno, ver: R. H. Frank, *Luxury Fever* (New York: The Free Press, 1999), cap. 3.

305. B. Jaruzelski *et al.*, «Proven Paths to Innovation Success», *Strategy+ Business*, invierno de 2014, número 77.

306. E. Melero y N. Palomeras, «The *Renaissance Man* Is Not Dead! The Role of Generalists in Teams of Inventors», *Research Policy* 44 (2015): 154–167.

307. A. Taylor y H. R. Greve, «Superman or the Fantastic Four? Knowledge Combination and Experience in Innovative Teams», *Academy of Management Journal* 49, n.° 4 (2006): 723–740.

308. C. L. Tilley, the Innocent: Fredric Wertham and the Falsifications That Helped Condemn Comics», *Information and Culture* 47, n.° 4 (2012): 383-413.

309. M. Maruthappu *et al.*, «The Influence of Volume and Experience on Individual Surgical Performance: A Systematic Review», *Annals of Surgery* 261, n.° 4 (2015): 642–647; N. R. Sahni *et al.*, «Surgeon Specialization and Operative Mortality in the United States: Retrospective Analysis», *BMJ* 354 (2016): i3571; A. Kurmann *et al.*, «Impact of Team Familiarity in the Operating Room on Surgical Complications», *World Journal of Surgery* 38, n.° 12 (2014): 3047–3052; M. Maruthappu, «The Impact of Team Familiarity and Surgical Experience on Operative Efficiency», *Journal of the Royal Society of Medicine* 109, n.° 4 (2016): 147–153.

310. «Incluyó los grandes accidentes de importantes empresas aéreas de Estados Unidos entre 1978 y 1990», National Transportation Safety Board, Safety Study NTSB/ SS-94/ 01, 1994.

311. A. Griffin, R. L. Price y B. Vojak, *Serial Innovators: How Individuals Create and Deliver Breakthrough Innovations in Mature Firms* (Stanford, CA: Stanford Business Books, 2012 [Kindle ebook]).

312. D. K. Simonton, *Origins of Genius* (Oxford: Oxford University Press, 1999).

313. H. E. Gruber, *Darwin on Man: A Psychological Study of Scientific Creativity* (Chicago: University of Chicago Press, 1981).

314. T. Veak, «Exploring Darwin's Correspondence», *Archives of Natural History* 30, n.° 1 (2003): 118–138.

315. H. E. Gruber, «The Evolving Systems Approach to Creative Work», *Creativity Research Journal* 1, n.° 1 (1988): 27–51.

316. R. Mead, «All About the Hamiltons», *The New Yorker*, 9 de febrero de 2015.

10: Engañado por la especialización

317. El libro del profesor de Historia de Yale Paul Sabin *The Bet* (New Haven, CT: Yale University Press, 2013) brinda un análisis y un contexto fascinantes. Un resumen de dicho análisis se puede encontrar en C. R. Sunstein, «The Battle of Two Hedgehogs», *New York Review of Books,* 5 de diciembre de 2013.

318. P. Ehrlich, *Eco-Catastrophe!* (San Francisco: City Lights Books, 1969).

319. G. S. Morson y M. Schapiro, *Cents and Sensibility* (Princeton, NJ: Princeton University Press, 2017 [ebook]).

320. Las otras estadísticas del párrafo (porcentaje de ciudadanos malnutridos, muertos por hambre, tasas de nacimiento, trayectoria de crecimiento de la población) se han sacado de *Our World in Data,* creado por el economista de la Universidad de Oxford Max Roser. Por ejemplo, la oferta de calorías por persona y por día puede encontrarse aquí: https://slides.our.worldindata.org/hungerandfoodprovision/#/kcalcapitaday-byworldregions-mg-png.

321. Naciones Unidas, Department of Economic and Social Affairs, Population Division, «World Population Prospects: The 2017 Revision, Key Findings and Advance Tables», Working Paper No. ESA/P/ WP/248.

322. P. R. Ehrlich y A. H. Ehrlich, *The Population Explosion* (New York: Simon & Schuster, 1990).

323. K. Kiel *et al.,* «Luck or Skill? An Examination of the Ehrlich-Simon Bet», *Ecological Economics* 69, n.º 7 (2010): 1365–1367.

324. Tetlock publica los resultados de su trabajo con gran detalle en *Expert Political Judgment: How Good Is It? How Can We Know?* (Princeton, NJ: Princeton University Press, 2005).

325. Tetlock, *Expert Political Judgment.*

326. P. E. Tetlock *et al.,* «Bringing Probability Judgments into Policy Debates via Forecasting Tournaments», *Science* 355 (2017): 481–483.

327. G. Gigerenzer, *Risk Savvy* (New York: Penguin, 2014).

328. J. Baron *et al.,* «Reflective Thought and Actively OpenMinded Thinking», in *Individual Differences in Judgment and Decision Making,* ed. M. E. Toplak y J. A. Weller (New York: Routledge, 2017 [Kindle ebook]).

329. J. A. Frimer *et al.*, «Liberals and Conservatives Are Similarly Motivated to Avoid Exposure to One Another's Opinions», *Journal of Experimental Social Psychology* 72 (2017): 1–12.

330. Online Privacy Foundation, «Irrational Thinking and the EU Referendum Result» (2016).

331. D. Kahan *et al.*, «Motivated Numeracy and Enlightened Self-Government», *Behavioural Public Policy* 1, n.º 1 (2017): 54–86.

332. D. M. Kahan *et al.*, «Science Curiosity and Political Information Processing», *Advances in Political Psychology* 38, n.º 51 (2017): 179–199.

333. Baron *et al.*, «Reflective Thought and Actively Open-Minded Thinking.»

334. H. E. Gruber, *Darwin on Man: A Psychological Study of Scientific Creativity*, 127.

335. *The Autobiography of Charles Darwin.*

336. J. Browne, *Charles Darwin: A Biography,* vol. 1, *Voyaging* (New York: Alfred A. Knopf, 1995), 186.

337. Para encontrar una de las tantas referencias a la cualidad de erizo de Einstein, ver: Morson and Schapiro, *Cents and Sensibility.*

338. G. Mackie, «Einstein's Folly», *The Conversation,* 29 de noviembre de 2015.

339. C. P. Snow, *The Physicists,* (London: Little, Brown and Co., 1981). Einstein también expresó esta idea en: H. Dukas y B. Hoffmann eds., *Albert Einstein, The Human Side: Glimpses from His Archives* (Princeton, NJ: Princeton University Press, 1979), 68.

340. W. Chang *et al.*, «Developing Expert Political Judgment: The Impact of Training and Practice on Judgmental Accuracy in Geopolitical Forecasting Tournaments», *Judgment and Decision Making* 11, n.º 5 (2016): 509–526.

11: Aprender a abandonar las herramientas habituales

341. El profesor Max Bazerman, amablemente, me permitió observar el estudio del caso Carter Racing dictado en la Harvard Business School durante dos días en octubre de 2016. (El estudio del caso fue creado en 1986 por Jack W. Brittain y Sim B. Sitkin.)

342. F. Lighthall, «Launching the Space Shuttle Challenger: Disciplinary Deficiencies in the Analysis of Engineering Data», *IEEE Transactions on Engineering Management* 38, n.º 1 (1991): 63–74. La cita de Boisjoly, «Lejos de ser bueno», es de una transcripción del 25 de febrero de 1986 durante las audiencias de la comisión presidencial.

343. R. P. Boisjoly *et al.*, «Roger Boisjoly and the Challenger Disaster», *Journal of Business Ethics* 8, n.º 4 (1989): 217–230.

344. J. M. Logsdon, «Was the Space Shuttle a Mistake?», *MIT Technology Review*, julio de 2011.

345. Transcripciones de las audiencias de la comisión presidencial de donde se sacaron citas e información, están disponibles en https://history.nasa.gov/rogersrep/genindex.htm. Allan McDonald también hace un recuento fascinante de la investigación y del retorno de los vuelos del transbordador en *Truth, Lies, and O-Rings* (Gainesville: University Press of Florida, 2009).

346. Del libro de Diane Vaughan que incluye una fascinante exploración de la «normalización de la desviación» en la toma de decisiones: *The Challenger Launch Decision: Risky Technology, Culture, and Deviance at NASA* (Chicago: University of Chicago Press, 1996).

347. Una serie de entrevistas con ingenieros y directores actuales y pasados de la NASA durante una visita al Johnson Space Center en 2017 aportó contexto. El propio portal de la NASA APPEL Knowledge Services es muy útil y tiene información y enlaces al voluminoso «Lessons Learned System».

348. K. E. Weick, «The Collapse of Sensemaking in Organizations: Gulch Disaster», *Administrative Science Quarterly* 38, n.º 4 (1993): 628-652.; K. E. Weick, «Drop Your Tools: An Allegory for Organizational Studies», *Administrative Science Quarterly* 41, n.º 2 (1996): 301–313; K. E. Weick, «Drop Your Tools: On Reconfiguring Management Education», *Journal of Management Education* 31, n.º 1 (2007): 5–16.

349. R. C. Rothermel, «Mann Gulch Fire: A Race That Couldn't Be Won», Department of Agriculture, Forest Service, Intermountain Research Station, General Technical Report INT299, Mayo de 1993.

350. K. E. Weick, «Tool Retention and Fatalities in Wildland Fire Settings», in *Linking Expertise and Naturalistic Decision Making*, ed. E. Salas y G. A. Klein (New York: Psychology Press, 2001 [Kindle ebook]).

351. USDA, USDI y USDC, *South Canyon Fire Investigation* (Report of the South Canyon Fire Accident Investigation Team), U.S. Government Printing Office, Region 8, Report 573183, 1994.

352. Weick, «Tool Retention and Fatalities in Wildland Fire Settings».

353. Weick, «Drop Your Tools: An Allegory for Organizational Studies».

354. J. Orasanu y L. Martin, «Errors in Aviation Decision Making», *Proceedings of the HESSD '98* (Workshop on Human Error, Safety and System Development) (1998): 100–107; J. Orasanu *et al.*, «Errors in Aviation Decision Making», Fourth Conference on Naturalistic Decision Making, 1998.

355. Weick, «Tool Retention and Fatalities in Wildland Fire Settings».

356. M. Kohut, «Entrevista con Bryan O'Connor», NASA's *ASK (Academy Sharing Knowledge)* magazine, número 45 (enero de 2012).

357. Transcripción de las audiencias de la comisión presidencial para estudiar el accidente del *Challenger*. Vol. 4, 25 de febrero de 1986.

358. Varios miembros del escuadrón de rescate 48 me brindaron un valiosísimo contexto y confirmación de datos.

359. C. Grupen, *Introduction to Radiation Protection* (Berlin: Springer, 2010), 90. El mensaje original de Shafer se encuentra en: https://yarchive.net/air/perfect_safety.html.

360. K. S. Cameron y S. J. Freeman, «Cultural Congruence, Strength, and Type: Relationships to Effectiveness», *Research in Organizational Change and Development* 5 (1991): 23–58.

361. K. S. Cameron y R. E. Quinn, *Diagnosing and Changing Organizational Culture*, 3rd Edition (San Francisco: Jossey-Bass, 2011).

362. S. V. Patil *et al.*, «Accountability Systems and Group Norms: Balancing the Risks of Mindless Conformity and Reckless Deviation», *Journal of Behavioral Decision Making* 30 (2017): 282–303.

363. G. Kranz, *Failure Is Not an Option* (New York: Simon & Schuster, 2000). Ver también: M. Dunn, «Remaking NASA one step at a time», Associated Press, October 12, 2003.

364. S. J. Dick, ed., *NASA's First 50 Years* (Washington, DC: NASA, 2011 [ebook]). Ver también las notas semanales de Von Braun en: http://history. msfc.nasa.gov/vonbraun/vb_weekly_notes.html.

365. R. Launius, «Comments on a Very Effective Communications System: Marshall Space Flight Center's Monday Notes», *Roger Launius's Blog,* 28 de febrero de 2011.

366. Columbia Accident Investigation Board, «History as Cause: *Columbia* and *Challenger*», en *Columbia Accident Investigation Board Report,* vol. 1, agosto de 2003.

367. La Universidad de Stanford tiene un copioso archivo con toda la información de la sonda (tanto técnico como para el público en general) en einstein. stanford.edu. Para profundizar en el aspecto científico, hay una edición especial de *Classical and Quantum Gravity* que se dedicó a la sonda GP-B (vol. 32, n.º 22 [noviembre de 2015]).

368. T. Reichhardt, «Unstoppable Force», *Nature* 426 (2003): 380–381.

369. NASA Case Study, «The Gravity Probe B Launch Decisions», NASA, Academy of Program/Project and Engineering Leadership.

370. Geveden también toca el tema de la tensión saludable en R. Wright *et al.*, eds., *NASA at 50: Interviews with NASA's Senior Leadership* (Washington, DC: NASA, 2012).

371. J. Overduin, «The Experimental Verdict on Spacetime from Gravity Probe B», en Vesselin Petkov, ed., *Space, Time, and Spacetime* (Berlin: Springer, 2010).

372. E. M. Anicich *et al.*, «Hierarchical Cultural Values Predict Success and Mortality in High-Stakes Teams», *Proceedings of the National Academy of Sciences of the United States of America* 112, n.º 5 (2015): 1338–1343.

373. Eric Topol es el cardiólogo que acuñó el término. (Para un paciente que está sufriendo un ataque de corazón, un *stent* puede ser su salvavidas.)

374. K. Stergiopoulos y D. L. Brown, «Initial Coronary Stent Implantation with Medical Therapy vs. Medical Therapy Alone for Stable Coronary Artery Disease: Metaanalysis of Randomized Controlled Trials», *Archives of Internal Medicine* 172, n.º 4 (2012): 19.

375. G. A. Lin *et al.*, «Cardiologists' Use of Percutaneous Coronary Interventions for Stable Coronary Artery Disease», *Archives of Internal Medicine* 167, n.º 15 (2007): 1604–1609.

376. A. B. Jena *et al.*, «Mortality and Treatment Patterns among Patients Hospitalized with Acute Cardiovascular Conditions during Dates of National Cardiology Meetings», *JAMA Internal Medicine* 175, n.º 2 (2015): 237–244. Ver también: A. B. Jena *et al.*, «Acute Myocardial Infarction during Dates of National Interventional Cardiology Meetings», *Journal of the American Heart Association* 7, n.º 6 (2018): e008230.

377. R. F. Redberg, «Cardiac Patient Outcomes during National Cardiology Meetings», *JAMA Internal Medicine* 175, n.º 2 (2015): 245.

378. R. Sihvonen *et al.*, «Arthroscopic Partial Meniscectomy Versus Sham Surgery for a Degenerative Meniscal Tear», *New England Journal of Medicine* 369 (2013): 2515–2524. Enlaces a otros estudios que apoyan este descubrimiento se pueden encontrar en: D. Epstein, «When Evidence Says No, But Doctors Say Yes», *ProPublica,* 22 de febrero de 2017.

12: *Amateurs* **deliberados**

379. Smithies comentó su trabajo y sus anotaciones en su discurso de aceptación del Premio Nobel, que es público: «Turning Pages» (7 de diciembre de 2007). La Universidad de Carolina del Norte mantiene en un archivo digitalizado los cuadernos de sesenta años de investigación de Smithies. Él me dijo que uno siempre debe tener una libreta, incluso los sábados. El archivo fue muy práctico para poder preparar la entrevista, y puede encontrarse en smithies.lib.unc.edu/notebooks.

380. A. Clauset *et al.*, «Data-Driven Predictions in the Science of Science», *Science* 355 (2017): 477–480.

381. P. McKenna, «Nobel Prize Goes to Modest Woman Who Beat Malaria for China», *New Scientist,* 9 de noviembre de 2011, edición *online*.

382. El alquimista y experto en plantas medicinales Ge Hong escribió *A Handbook of Prescriptions for Emergencies* en el siglo IV, durante la dinastía Jin. Tu aporta la historia en su discurso de aceptación del Premio Nobel: «Artemisinina: Un regalo de la medicina tradicional china» (7 de diciembre de 2015). Ella comparte una foto de una copia del siglo XVI del libro en: Y. Tu, «The

Discovery of Artemisinin (Qinghaosu) and Gifts from Chinese Medicine», *Nature Medicine* 17, n.º 10 (2011): 1217–1220.

383. Bhatt *et al.*, «The Effect of Malaria Control on *Plasmodium falciparum* in Africa Between 2000 and 2015», *Nature* 526 (2015): 207–211.

384. G. Watts, «Obituary: Oliver Smithies», *Lancet* 389 (2017): 1004. (En inglés es «NBGBOKFO»).

385. Los detalles del descubrimiento de Geim están en su discurso de aceptación del Premio Nobel, apropiadamente titulado «Caminata aleatoria hacia el grafeno» (8 de diciembre de 2010). Entre los subtítulos de este se encuentran: «Zombie Management», «Mejor estar equivocado que aburrido» y «La leyenda de la cinta Scotch».

386. C. Lee *et al.*, «Measurement of the Elastic Properties and Intrinsic Strength of Monolayer Graphene», *Science* 321 (2008): 385–388.

387. E. Lepore *et al.*, «Spider Silk Reinforced by Graphene or Carbon Nanotubes», *2D Materials* 4, n.º 3 (2017): 031013.

388. J. Colapinto, «Material Question», *The New Yorker,* diciembre de 2014, edición *online.*

389. Del fascinante libro de Sarah Lewis sobre creatividad: *The Rise: Creativity, the Gift of Failure, and the Search for Mastery* (New York: Simon & Schuster, 2014).

390. «U. Manchester's Andre Geim: Sticking with Graphene. For Now», *Science Watch* newsletter interview, agosto de 2008.

391. Lewis, *The Rise*.

392. Max Delbruck entrevista con Carolyn Harding en 1978, California Institute of Technology Oral History Project, 1979.

393. E. Pain, «Sharing a Nobel Prize at 36», *Science, online ed. career profiles*, 25 de febrero de 2011.

394. A. Casadevall, «Crisis in Biomedical Sciences: Time for Reform?», Johns Hopkins Bloomberg School of Public Health Dean's Lecture Series, 21 de febrero de 2017, www.youtube.com/watch?v=05Sk3u90Jo. Ver también: F. C. Fang *et al.*, «Misconduct Accounts for the Majority of Retracted Scientific Publications», *Proceedings of the National Academy of Sciences of the USA* 109, n.º 42 (2012): 17028–17033.

395. «Why High-Profile Journals Have More Retractions», *Nature,* edición *online,* 17 de septiembre de 2014.

396 A. K. Manrai *et al.,* «Medicine's Uncomfortable Relationship with Math», *JAMA Internal Medicine* 174, n.º 6 (2014): 991–993.

397. A. Casadevall y F. C. Fang, «Specialized Science», *Infection and Immunity* 82, n.º 4 (2014): 1355–1360.

398. A. Bowen y A. Casadevall, «Increasing Disparities Between Resource Inputs and Outcome, as Measured by Certain Health Deliverables, in Biomedical Research», *Proceedings of the National Academy of Sciences of the USA* 112, n.º 36 (2015): 11335–13340.

399. J. Y. Ho y A. S. Hendi, «Recent Trends in Life Expectancy Across High Income Countries», *BMJ* (2018), 362:k2562.

400. R. Guimera *et al.,* «Team Assembly Mechanisms Determine Collaboration Network Structure and Team Performance», *Science* 308 (2005): 697–702.

401. «Dream Teams Thrive on Mix of Old and New Blood», *Northwestern Now,* May 3, 2005.

402. B. Uzzi y J. Spiro, «Collaboration and Creativity», *American Journal of Sociology* 111, n.º 2 (2005): 447–504.

403. «Teaming Up to Drive Scientific Discovery», Brian Uzzi at TEDxNorthwesternU, junio de 2012.

404. C. Franzoni *et al.,* «The Mover's Advantage: The Superior Performance of Migrant Scientists», *Economic Letters* 122, n.º 1 (2014): 89–93; véase también: A. M. Petersen, «Multiscale Impact of Researcher Mobility», *Journal of the Royal Society Interface* 15, n.º 146 (2018): 20180580.

405. D. K. Simonton, «Foreign Influence and National Achievement: The Impact of Open Milieus on Japanese Civilization», *Journal of Personality and Social Psychology* 72, n.º 1 (1997): 86–94.

406. B. Uzzi *et al.,* «Atypical Combinations and Scientific Impact», *Science* 342 (2013): 468–472.

407. J. Wang *et al.,* «Bias Against Novelty in Science», *Research Policy* 46, n.º 8 (2017): 1416–1436.

408. K. J. Boudreau *et al.*, «Looking Across and Looking Beyond the Knowledge Frontier: Intellectual Distance, Novelty, and Resource Allocation in Science», *Management Science* 62, n.º 10 (2016): 2765–2783.

409. E. Dadachova *et al.*, «Ionizing Radiation Changes the Electronic Properties of Melanin and Enhances the Growth of Melanized Fungi», *PLoS ONE* 2, n.º 5 (2007): e457.

410. Por ejemplo: D. Epstein, «Senatorial Peer Review», *Inside Higher Ed,* May 3, 2006, y: D. Epstein, «Science Bill Advances», *Inside Higher Ed,* 19 de mayo de 2006. Es interesante que, en esas audiencias, el senador por New Hampshire (y doctor en Ingeniería) John Sununu, normalmente un halcón restringiendo presupuestos, se enfrentara a Hutchinson y abogara por financiar investigación que no tuviese una aplicación clara. «Si se puede identificar un beneficio económico, no debería ser algo que financiara el Estado —dijo—; para eso tenemos una comunidad de capitalistas de inversiones.»

411. Clauset *et al.*, «Data-Driven Predictions in the Science of Science».

412. M. Hornig *et al.*, «Practice and Play in the Development of German Top-Level Professional Football Players», *European Journal of Sport Science* 16, n.º 1 (2016): 96–105.

413. J. Gifford, *100 Great Business Leaders* (Singapore: Marshall Cavendish Business, 2013).

CONCLUSIÓN: Expande tu amplitud

414. Hay información y debates excelentes sobre este estudio (incluyendo las patentes de Edison en el capítulo 10 del libro de S. B. Kaufman y C. Gregoire *Wired to Create* (New York: Perigee, 2015). Un interesante análisis de las obras de Shakespeare según su popularidad es: D. K. Simonton, «Popularity, Content, and Context in 37 Shakespeare Plays», *Poetics* 15 (1986): 493–510.

415. W. Osgerby, «Young British Artists», in *ART: The Whole Story,* ed. S. Farthing (London: Thames & Hudson, 2010).

416. M. Simmons, «Forget the 10,000- Hour Rule», *Medium,* 26 de octubre de 2017.

417. W. Moskalew *et al.*, *Svetik: A Family Memoir of Sviatoslav Richter* (London: *Toccata Press*, 2015).

418. «My Amazing Journey—Steve Nash», NBA.com, 2007–08 Season Preview.

419. C. Pelling, *Plutarch and History* (Swansea: Classical Press of Wales, 2002).

420. Abrams v. United States, 250 U.S. 616 (1919) (del fallo en minoría de Holmes).